그림으로 배우는
리눅스 구조

그림으로 배우는 리눅스 구조

실습하며 배우는 OS, 가상 머신, 그리고 컨테이너 기본 지식까지

초판 1쇄 발행 2023년 9월 8일
초판 2쇄 발행 2024년 8월 10일

지은이 타케우치 사토루 / **옮긴이** 서수환 / **펴낸이** 전태호
펴낸곳 한빛미디어(주) / **주소** 서울시 서대문구 연희로2길 62 한빛미디어(주) IT출판2부
전화 02-325-5544 / **팩스** 02-336-7124
등록 1999년 6월 24일 제25100-2017-000058호 / **ISBN** 979-11-6921-135-2 93000

총괄 송경석 / **책임편집** 박민아 / **기획** 김민경 / **편집** 김민경
디자인 표지 · 내지 박정우 / **전산편집** 강창효
영업 김형진, 장경환, 조유미 / **마케팅** 박상용, 한종진, 이행은, 김선아, 고광일, 성화정, 김한솔 / **제작** 박성우, 김정우

이 책에 대한 의견이나 오탈자 및 잘못된 내용에 대한 수정 정보는 한빛미디어(주)의 홈페이지나 아래 이메일로
알려주십시오. 파본은 구매처에서 교환하실 수 있습니다. 책값은 뒤표지에 표시되어 있습니다.

한빛미디어 홈페이지 www.hanbit.co.kr / **이메일** ask@hanbit.co.kr

지금 하지 않으면 할 수 없는 일이 있습니다.
책으로 펴내고 싶은 아이디어나 원고를 메일(writer@hanbit.co.kr)로 보내주세요.
한빛미디어(주)는 여러분의 소중한 경험과 지식을 기다리고 있습니다.

그림으로 배우는 리눅스 구조

타케우치 사토루 지음
서수환 옮김

한빛미디어
Hanbit Media, Inc.

● 책을 읽기 전에

이 책에 나오는 내용은 정보 제공이 목적입니다. 따라서 실제로 이용한다면 반드시 자신의 책임 하에 판단해야 합니다. 이 책의 내용에 따른 결과에 대해서는 출판사 및 필자가 책임을 지지 않습니다.

이 책은 2022년 8월을 기준으로 집필되었으므로, 내용이 변경될 가능성이 있습니다.
특히 소프트웨어 관련 내용은 책에 기재된 버전이 아니라면 다를 수 있습니다.
주의 사항을 확인한 후에 이 책을 이용하기 바랍니다. 이런 주의 사항을 확인하지 않은 문의는 대응이 어렵습니다.
본문에 등장하는 제품 명칭은 모두 각 사의 상표 또는 등록 상표입니다. TM, ®, © 등은 명시하지 않습니다.

책에서 사용하는 데이터 용량 표기법은 KiB(키비 바이트=2^{10}바이트=1024바이트), MiB(미비 바이트=2^{20}바이트), GiB(기비 바이트=2^{30}바이트), TiB(티비 바이트=2^{40}바이트) 같은 단위를 사용합니다. 이런 단위는 KB(킬로 바이트=10^{3}바이트=1000바이트), MB(메가 바이트=10^{6}바이트), GB(기가 바이트=10^{9}바이트), TB(테라 바이트=10^{12}바이트)와는 다른 단위입니다. 업계 관례에 따라 1000바이트도 1024바이트도 1KB라고 표기하는 경우가 있으나(MB도 동일) 이 책에서는 혼란을 피하기 위해 KiB 같은 단위를 사용합니다.

실습 프로그램 소스 코드는 다음 홈페이지에서 다운로드 가능합니다.

소스 코드

http://www.hanbit.co.kr/src/11135

● 이 책에 대하여

이 책의 실습 내용은 직접 해보지 않아도 책을 읽는 데 문제가 없겠지만 여러분이 자신의 PC에서 실제로 실행하고 결과를 확인해보는 걸 추천합니다. 단순히 책을 읽기만 하는 것과 읽고 실제로 해보는 것을 비교하면 실습한 쪽이 학습 효과가 높기 때문입니다.

실습 프로그램의 소스 코드는 모두 본문에 등장하고 홈페이지에도 제공하고 있습니다.

스크립트 언어로 작성된 실습 프로그램은 python3 foo.py처럼 인터프리터를 지정해서 실행하는 대신에 직접 ./foo.py로 실행한다고 가정합니다. 한빛 홈페이지에서 다운로드한 후 실행하는 경우라면 처음부터 실행 권한이 지정되어 있지만 책을 보고 직접 소스 코드를 작성했다면 실행하기 전에 chmod +x 〈소스 코드명〉으로 실행 권한을 지정하기 바랍니다.

실습 프로그램은 물리 기기에 설치된 우분투 20.04/x86_64에서 실행한다고 가정합니다. 그 외의 환경이라면 실습 프로그램이 동작하지 않거나 예상과 다른 성능 특성이 나오는 문제가 생길 수 있어서 추천하지 않습니다.

실습 프로그램을 실행하려면 미리 필요한 패키지를 설치해두고 평소에 사용하는 사용자를 특정 그룹에 추가합니다.

다음을 주의하면 실습 프로그램을 실행할 때 예상과 다른 결과가 나올 가능성이 줄어듭니다.

- 실습 프로그램 이외에는 큰 부하(예를 들어, 게임, 문서 편집, 프로그램 빌드 등)를 주는 작업이 없는 상태에서 실행합니다. 그렇지 않으면 다른 프로그램 동작 상황에 따라 실습 결과가 영향을 받는 경우가 있습니다.

- 가능하면 프로그램을 2회 실행하고 두 번째 데이터 결과를 확인합니다. 8장 캐시 메모리에서 설명할 캐시 메모리의 영향을 배제하기 위함입니다.

필자의 실습 프로그램 실행한 환경 정보

- **하드웨어**
  - CPU: AMD Ryzen 5 PRO 2400GE(4코어, 8스레드)
  - 메모리: 16GiB PC4-21300 DDR4 SO-DIMM(8GiB x 2)
  - NVMe SSD: Samsung PM981 256GB
  - HDD: ST3000DM001 3TB
- **소프트웨어**
  - OS: Ubuntu 20.04/x86_64
  - 파일 시스템: ext4

● 베타리더의 후기

옆에서 알려주는 듯한 친절한 설명과 다양한 그림으로 리눅스에 대해 쉽게 이해할 수 있습니다. 또한 리눅스의 핵심인 커널을 친절하게 설명하고 있습니다. 처음에는 이해하기 어려울 수 있지만, 반복해서 읽다 보면 리눅스와 친해질 거라고 확신합니다.

이장훈, DevOps 엔지니어

신입부터 경력자까지 개발자라면 무조건 읽어야 하는 리눅스 필독서입니다. 단순히 리눅스를 알려주기보다 리눅스를 통해 컴퓨터 구조와 OS에 대한 이해를 몸소 체험하게 해줍니다. 쉬운 이론 설명과 핸즈온을 통해 직접 확인함으로써 리눅스 구조를 쉽고 재밌게 익힐 수 있습니다.

김삼영, 쿼리파이(체커) 검색 클라우드 개발자

리눅스 커널 책의 두께와 기술적 깊이에 질려 중간에 포기한 경험이 있는 엔지니어라면, 이 책의 이해를 더하는 수많은 그림과 실습 코드로 충분히 다시 도전해 볼 만하다고 생각합니다.

최규민, 국가정보자원관리원(NIRS)

재미있게 리눅스 구조를 공부하고 싶은 분들께 적극 추천합니다. 이 책은 실습 예제와 그림을 통해 막연하게 알고 있던 OS의 핵심 원리를 쉽게 익힐 수 있게 하고, 리눅스 시스템의 동작 방식에 대해 명쾌한 설명을 함께 제공합니다.

이영은, LG CNS 백엔드 개발자

● 베타리더의 후기

이런 리눅스 책은 처음입니다. 선배가 옆에서 하나하나 알려주듯 그림과 실습으로 어렵지 않게 리눅스를 이해할 수 있습니다. matpotlib을 활용하여 메모리의 타임 슬라이스 단위로 프로세스의 CPU 점유를 시각적으로 확인하며, 스루풋과 레이턴시 등 성능 지표를 직접 체감하며 익힐 수 있도록 도와줍니다. 나아가 애플리케이션의 관측성에 대한 이해뿐만 아니라 가상화, 메모리 등 많은 내용도 다룹니다. IT 분야에서 깊이 있는 지식을 원하는 분들에게 추천합니다.

최치영, 클라우드메이트 클라우드 엔지니어

이 책은 복잡한 개념을 쉽게 이해할 수 있도록 설명합니다. 기본 개념부터 깊이 파고들어야 비로소 배울 수 있는 심화 내용까지 다루고 있습니다. 특히 어려운 개념은 그림과 함께 친절하고 자세하게 설명하여 리눅스 커널 및 OS 전반의 고급 개념을 이해하는 데 큰 도움이 됩니다.

최지원, 카카오 개발자

학부 시절 어렵게만 느껴졌던 OS에 대한 내용을 그림과 실습으로 설명해 쉬운 이해를 도와줍니다. 처음 코딩을 시작할 때 이런 개념이 왜 필요할까? 왜 공부해야 할까?에 대한 의문이 있었습니다. 실무에 적용하다 보니 개념이 확실하게 정리되어야 모든 과정이 수월하다는 걸 깨닫게 되었습니다. 이러한 측면에서 이 책은 개발자라면 필독서로 한 번쯤 읽어보는 것이 좋다고 생각합니다.

백혜림, 이포쉬림 대표 겸 AI 강사

Python, Go, Bash 스크립트 등으로 작성된 실습 코드 기반으로 리눅스 OS에서 어떤 일들이 일어나는지 직접 따라해 보며 쉽게 설명합니다. OS에 필요한 기본 개념을 코드와 그래프로 확인하면서 자세하고 직관적으로 이해할 수 있습니다. 실제로 리눅스를 기반으로 서버를 운용하는 엔지니어에게 이 책의 일독을 권합니다.

안다혜, 무신사 SRE

● 지은이 / 옮긴이 소개

지은이 타케우치 사토루

2005년부터 2017년까지 후지쯔 주식회사에서 엔터 프라이즈 리눅스, 특히 커널 개발과 지원을 담당하였다. 2017년 사이보우즈 주식회사 기술 고문에 취임해서 2018년부터 cybozu.com의 새로운 인프라 저장소 개발을 담당하고 있다.

옮긴이 서수환

일본에서 IT 시스템을 설계, 개발하는 엔지니어다. 귀찮은 일이 생기면 대신해 줄 무언가를 찾다가 없으면 만드는 게 취미. 또 뭐하며 놀까 늘 고민한다.

● 지은이의 말

이 책은 2017년에 출판된 저의 저서 『실습과 그림으로 배우는 리눅스 구조』를 보강 개정한 책입니다. 초판이 대학이나 기업에서 참고서로 사용한다는 이야기를 많이 들었습니다. 이 책은 초판 내용에 『Software Design』 잡지에 연재한 내용을 포함해서 독자 여러분께서 초판과 연재에 보내주신 피드백을 바탕으로 새로운 내용을 추가했습니다. 따라서 이전에 초판을 보신 분을 위해 중요한 차이점을 정리하고자 합니다.

우선 책이 흑백에서 컬러로 바뀌었습니다. 따라서 도표와 책 내용을 이해하는 데 도움이 되리라 생각합니다. 초판에는 실습에 사용했던 소스 코드가 독자 여러분이 익숙하지 않은 C 언어로 작성된 점과 주석이 거의 없어서 이해하기 어려웠다는 의견이 많았습니다. 따라서 개정판에서는 Go 언어나 파이썬으로 다시 작성하고 주석도 곳곳에 추가했습니다. 그리고 실습 코드 실행 결과를 실습 코드 내부에서 그래프를 출력하도록 수정했습니다.

구체적인 내용을 살펴보자면 디바이스 드라이버를 포함한 장치 조작 관련 내용을 담은 '장치 접근', 그리고 현대 소프트웨어 시스템을 다루는 데 빠질 수 없는 '가상화 기능', '컨테이너', 'cgroup'을 새롭게 추가했습니다. 초판에서 받은 피드백을 바탕으로 기존 내용도 대폭 수정하고 조금 깊은 내용을 다룬 Column도 곳곳에 추가했습니다. 또한 이 책을 읽었지만 앞으로 뭘 해야 할지 모르겠다는 이야기도 많았으므로 참조 문헌, 사이트 소개처럼 다음 단계를 향한 길잡이 내용도 충실히 보충했습니다.

이렇듯 초판보다 많은 내용을 대폭 추가한 이 책에 흥미가 생기신 분은 꼭 한 번 읽어 보시기 바랍니다.

타케우치 사토루

● 옮긴이의 말

공부나 업무를 하다 보면 지금껏 열심히 해온 노력에도 불구하고 우리는 때로는 어려움과 정체기에 직면하곤 합니다. 이런 상황을 극복하려면 물론 발상의 전환이나 기발한 아이디어도 중요하지만, 많은 전문가 사이에서 공감하는 노하우가 있습니다. 그건 바로 '기본 기초부터 탄탄하게!'라는 겁니다. 당연한 얘기 같이 들리겠지만 막상 실천하려면 쉽지 않은 법입니다. 그런데도 기본기가 탄탄하다면 마주한 어려움에 맞서며 훨씬 더 쉽고 강력한 해결책을 찾을 수 있게 됩니다.

물론 최신 기술 유행을 따라가는 것도 중요합니다. 클라우드, 빅데이터, 인공지능 등 빠르게 발전하는 기술들을 따라가지 않으면 세상과 시대에 뒤처지게 될 수도 있습니다. 하지만 우리가 지금까지 경험해 온 것처럼 정말로 발전하는 데 있어서 필수적인 건 바로 '기본기 쌓기'입니다. 최신 기술이 쏟아지는 속도는 무시할 수 없지만 그 발전의 뿌리에는 바로 기본기가 깔려 있습니다. 이런 눈부시게 발전하는 기술의 기반에는 리눅스 시스템이 있고 그래서 리눅스를 배운다는 건 최신 기술을 배울 때에도 탄탄한 기초를 갖출 수 있도록 도움이 됩니다.

그리고 리눅스를 잘 배우려고 한다면 리눅스의 핵심인 커널에 대한 이해가 빠질 수 없습니다. 커널은 리눅스 시스템의 모든 기능과 동작의 기반이 되기 때문에 커널을 얼마나 잘 이해하고 관련 지식을 갖추는가에 따라 점점 더 실력 차이가 크게 생기게 됩니다. 하지만 커널은 그 중요도만큼이나 깊고 복잡해서 이런 도전은 시작부터 막히는 경우도 많습니다. 이 책은 이렇게 중요한 커널 지식을 쉽고 친절하게 설명하면서 기본기를 익힐 수 있도록 돕는 좋은 책입니다.

실습과 예제를 통해 접근하기 쉽도록 설명한 이 책을 통해서 여러분도 기초 지식과 실력을 마음껏 키워보시기를 바랍니다.

언제나 저에게 새로운 깨달음을 주는 가족에게 고맙다는 말을 전하며..

2023년 여름
서수환

제0장 시작하면서

제1장 리눅스 개요

제2장 프로세스 관리(기초편)

제3장 프로세스 스케줄러

제4장 메모리 관리 시스템

제 5 장 프로세스 관리(응용편)

제**8**장

메모리 계층

제**9**장

블록 계층

제10장 가상화 기능

제11장 컨테이너

제12장 cgroup

제13장 이 책에서 배운 내용과 활용법

제0장

시작하면서

이 책의 목적은 컴퓨터 시스템을 구성하는 오퍼레이팅 시스템^{Operating System}(운영체제, 이후 OS 로 표기)이나 하드웨어를 실제로 직접 동작을 확인해 보면서 배우는 것입니다. 설명에서 다루는 OS는 리눅스^{Linux}입니다.

리눅스는 커널^{Kernel}이라는 시스템 핵심이 되는 프로그램과 그 외로 나뉩니다. 정확하게 리눅스 라는 말은 커널 자체를 가리키지만, 이 책에서는 리눅스 커널에서 동작하는 유닉스^{UNIX}와 유사한 인터페이스의 OS를 편의상 리눅스라고 하겠습니다. 커널 부분은 리눅스 커널 또는 단순히 커널이라고 표기합니다.

현대 컴퓨터 시스템은 계층화, 세분화되어서 OS나 하드웨어를 직접 의식할 일이 별로 없습니다. 리눅스도 마찬가지입니다. 이런 계층화는 종종 [그림 00-01]처럼 정형적인 모델로 그려집니다.

그림 00-01 컴퓨터 시스템 계층(정형적인 모델)

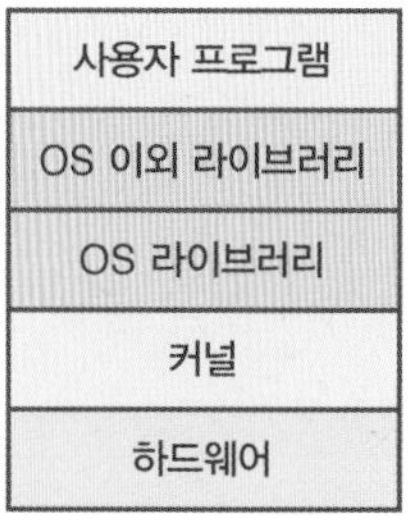

사용자 프로그램
OS 이외 라이브러리
OS 라이브러리
커널
하드웨어

예를 들어, '운용 관리자라면 애플리케이션 외부 사양까지만 알면 되고, 애플리케이션 개발자라면 라이브러리까지만 알면 충분하다'라는 말처럼 직접 관련된 하위 계층까지만 알고 있으면 충분하다는 이야기를 종종 듣곤 합니다.

하지만 실제 현실의 시스템은 [그림 00-02]처럼 수많은 계층이 다른 계층과 복잡하게 얽혀 있어서 일부만 알아서는 해결할 수 없는 문제도 많습니다. 게다가 이렇게 넓은 계층에 걸친 지식은 실제 업무를 통해 오랜 시간에 걸쳐 스스로 배워야만 하는 경우도 많습니다.

그림 00-02 컴퓨터 시스템 계층(현실)

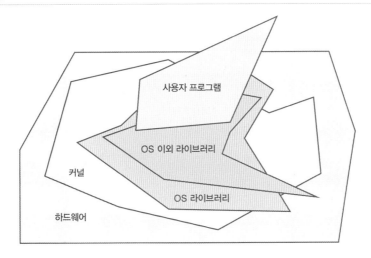

이 책을 통해 여러분은 리눅스와 커널, 그리고 하드웨어가 상위 계층과 직접 연결된 부분을 배우고 이해합니다. 그렇다면 다음과 같은 일을 어느 정도 해낼 수 있습니다.

- 커널, 하드웨어 등 저수준 계층이 원인인 문제 상황을 해석
- 성능을 의식한 코딩
- 시스템의 각종 통계 정보, 튜닝 파라미터 의미를 이해

이미 OS 구조를 다룬 책과 기사는 수없이 존재합니다. 그럼에도 불구하고 굳이 새로운 책을 내는 이유가 무엇일까요? 그것은 기존 책과 기사 대부분이 특정 OS에 의존하지 않는 이론을 설명하거나 또는 리눅스 같은 특정 OS 구현에 주목한 소스 코드를 설명하는 경우가 많기 때문입니다. 그런 접근법은 앞서 말한 목표를 달성하려면 빙빙 돌아와야 합니다. 이 책을 읽기 전부터 OS에 남다른 관심이 있었다면 좋겠지만 그렇지 않은 대다수 여러분에게는 너무 장벽이 높습니다. 따라서 초보나 경력자 관계 없이 'OS는 신비롭고 어려운 무언가'라고 생각하기 쉽습니다.

실제로 [그림 00-03]처럼 OS를 잘 아는 사람과 그렇지 않은 사람 사이에 발생하는 의사소통 문제를 필자는 몇 번이나 봤었고 심지어 직접 경험했던 적이 있습니다. 여러분에게도 그런 기억이 있지 않은가요?

그림 00-03 OS를 잘 아는 사람과 그렇지 않은 사람 사이의 의사 소통 문제

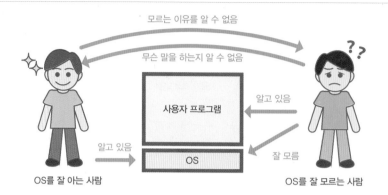

이런 상황을 개선하기 위해서 이 책은 어려운 이론을 다루는 대신에 리눅스로 설명 대상을 한 정하여 리눅스 구조에 대해 설명합니다. 직접 해보고 이해한다는 개념대로 이 책은 모두 [그림 00-04]와 같은 순서로 리눅스 기능을 직감적으로 이해할 수 있도록 구성했습니다.

그림 00-04 책 내용을 이해하는 순서

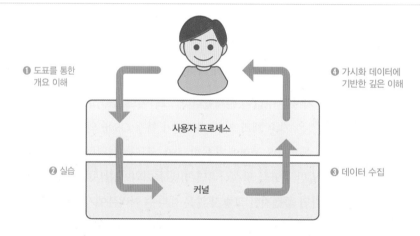

이 책의 실습 내용은 직접 해보지 않더라도 책을 읽는 데 문제가 없겠지만 가능하다면 자신의 PC에서 실제로 실행하고 결과를 확인해보는 걸 추천합니다. 단순히 책을 읽기만 하는 것과 읽 고 실제로 해보는 것을 비교하면 실습한 쪽이 학습 효과가 높기 때문입니다.

실습 프로그램의 소스 코드는 모두 본문에 등장하고 홈페이지[1]에도 제공하고 있습니다.

스크립트 언어로 작성된 실습 프로그램은 `python3 foo.py`처럼 인터프리터를 지정해서 실행 하는 대신에 직접 `./foo.py`로 실행한다고 가정합니다. 홈페이지에서 다운로드한 후 실행하는

---

1 http://www.hanbit.co.kr/src/11135

경우라면 처음부터 실행 권한이 지정되어 있지만 책을 보고 직접 소스 코드를 작성했다면 실행하기 전에 **chmod +x <소스 코드명>**으로 실행 권한을 지정하기 바랍니다.

실습 프로그램은 물리 기기에 설치된 우분투 20.04/x86_64에서 실행한다고 가정합니다. 그외의 환경이라면 실습 프로그램이 동작하지 않거나 예상과 다른 성능 특성이 나오는 문제가 생길 수 있어서 추천하지 않습니다.

실습 프로그램을 실행하려면 미리 필요한 패키지를 설치해두고 평소에 사용하는 사용자를 특정 그룹에 추가합니다.

```
$ sudo apt install binutils build-essential golang sysstat python3-matplotlib
python3-pil 'fonts-nanum*' fio qemu-kvm virt-manager libvirt-clients virtinst
jq docker.io containerd libvirt-daemon-system
$ sudo adduser `id -un` libvirt
$ sudo adduser `id -un` libvirt-qemu
$ sudo adduser `id -un` kvm
```

다음과 같은 점에 주의하면 실습 프로그램을 실행할 때 예상과 다른 결과가 나올 가능성이 줄어듭니다.

- 실습 프로그램 이외에는 큰 부하(예를 들어, 게임, 문서 편집, 프로그램 빌드 등)를 주는 작업이 없는 상태에서 실행합니다. 그렇지 않으면 다른 프로그램 동작 상황에 따라 실습 결과가 영향을 받는 경우가 있습니다.
- 가능하면 프로그램을 2회 실행하고 두 번째 데이터 결과를 확인합니다. 8장 캐시 메모리에서 설명할 캐시 메모리의 영향을 배제하기 위함입니다.

마지막으로 다음은 필자가 실습 프로그램을 실행한 환경 정보입니다.

- 하드웨어
  - CPU: AMD Ryzen 5 PRO 2400GE(4코어, 8스레드[2])
  - 메모리: 16GiB PC4-21300 DDR4 SO-DIMM(8GiB x 2)
  - NVMe SSD: Samsung PM981 256GB

---

2 여기서 말하는 스레드는 하드웨어 스레드를 말합니다. 자세한 내용은 8장 Simultaneous Multi Threading(SMT)를 참조하기 바랍니다.

      ◦ HDD: ST3000DM001 3TB

- 소프트웨어

      ◦ OS: Ubuntu 20.04/x86_64

      ◦ 파일 시스템: ext4

제 **1** 장

리눅스 개요

1장에서는 리눅스와 그 일부인 커널이 무엇인지, 시스템 전체에서 리눅스와 그외가 어떻게 다른지 설명합니다. 그리고 프로그램과 프로세스처럼 같은 문맥으로 사용되는 용어의 의미를 알아봅니다.

프로그램과 프로세스

리눅스에서는 다양한 프로그램^{program}이 동작합니다. **프로그램**이란 컴퓨터에서 동작하는 관련된 명령 및 데이터를 하나로 묶은 것입니다. Go 언어와 같은 컴파일러^{compiler}형 언어라면 소스 코드를 빌드^{build}해서 만들어진 실행 파일$^{executable\ file}$을 프로그램이라고 부릅니다. 파이썬^{Python} 같은 스크립트^{script} 언어는 소스 코드 그 자체가 프로그램이 됩니다. **커널**^{Kernel}도 프로그램의 일종입니다.

컴퓨터를 켜면 처음에 커널이 실행됩니다[1]. 그외의 모든 프로그램은 커널 이후에 실행됩니다.

리눅스에서 동작하는 프로그램은 다음과 같은 다양한 종류가 있습니다.

- 웹브라우저: 크롬^{Chrome}, 파이어폭스^{Firefox} 등
- 오피스 프로그램: 리브레오피스^{LibreOffice} 등
- 웹서버: 아파치^{Apache}, 엔진엑스^{Nginx} 등
- 텍스트 에디터: 빔^{Vim}, 이맥스^{Emacs} 등
- 프로그래밍 언어 관련: C 컴파일러, Go 컴파일러, 파이썬 인터프리터^{interpreter} 등
- 셸^{shell}: bash, zsh 등
- 시스템 전체 관리 소프트웨어: systemd 등

실행되어서 동작 중인 프로그램을 **프로세스**^{Process}라고 부릅니다. 때로는 동작 중인 프로세스를 프로그램이라고 부르기도 하므로 프로그램은 프로세스보다 넓은 의미를 가진 말이라 하겠습니다.

---

1   정확하게 따지면 펌웨어(Firmware)나 부트로더(Bootloader) 같은 프로그램이 제일 먼저 동작합니다. 이건 2장의 프로세스 부모자식 관계에서 설명합니다.

커널

이번에는 커널이 무엇이고 왜 필요한지, 시스템에 연결된 HDD나 SSD 같은 저장 장치에 접근하는 방법을 예로 들어 설명하겠습니다.

먼저 프로세스가 저장 장치에 직접 접근 가능한 시스템을 생각해 봅시다(그림 01-01).

그림 01-01 프로세스에서 저장 장치에 직접 접근하기

이때 동시에 여러 프로세스가 장치를 제어하려고 하면 문제가 발생합니다.

저장 장치에서 데이터를 읽고 쓰려면 다음과 같은 두 가지 명령어를 호출해야 한다고 합시다.

- 명령 A: 데이터를 읽고 쓸 장소를 지정합니다.
- 명령 B: 명령 A에서 지정한 장소에 데이터를 읽고 씁니다.

이런 시스템에서 프로세스 0이 데이터를 쓰는 작업과 프로세스 1이 다른 장소에서 데이터를 읽는 작업이 동시에 발생하면 다음과 같은 순서로 명령이 호출될 가능성이 있습니다.

❶ 프로세스 0이 데이터를 쓸 장소를 지정(프로세스 0이 명령 A를 호출)

❷ 프로세스 1이 데이터를 읽을 장소를 지정(프로세스 1이 명령 A를 호출)

❸ 프로세스 0이 데이터를 쓰기(프로세스 0이 명령 B를 호출)

❸번 처리에서 데이터를 쓰고 싶었던 원래 장소는 ❶에서 지정한 장소이지만, ❷번 처리가 끼어들어서 의도와는 다르게 ❷에서 지정한 장소에 쓰기가 실행되면서 원래 있던 데이터가 손상됩니다. 지금 본 것처럼 직접 저장 장치에 접근한다면 명령 실행 순서를 올바르게 제어하지 않으면 무척 위험합니다.[2]

이런 문제 말고도 원래라면 접근 불가능이어야 할 프로그램이 장치에 접근 가능한 문제도 생길 수 있습니다.

이런 문제를 해결하기 위해 커널은 하드웨어 도움을 받아 프로세스가 장치에 직접 접근할 수 없

---

2 고장이 나서 장치를 두 번 다시 사용할 수 없게 되는 최악의 경우도 있습니다. 이렇게 사용 불가능 상태가 된 장치를 먹통(깡통)이 되다. 영어로는 brick이라고 부르기도 합니다.

도록 합니다. 구체적으로는 CPU에 내장된 **모드**^{mode} 기능을 사용합니다.

PC나 서버에서 사용하는 일반적인 CPU에는 **커널 모드**와 **사용자 모드** 두 종류의 모드가 있습니다. 정확하게 말하면 CPU 아키텍처에 따라 세 종류 이상의 모드가 존재하지만 여기서는 자세한 설명을 생략합니다.[3] 프로세스가 사용자 모드로 실행되고 있으면 **사용자 공간**^{userland}에서 프로세스를 실행한다라고 합니다.

CPU가 커널 모드라면 그 어떤 명령을 실행하는 데 아무런 제약이 없는 반면에, 사용자 모드로 실행 중이라면 특정한 명령을 실행하지 못하도록 하는 등의 제약이 걸립니다.

리눅스라면 커널만이 커널 모드로 동작해서 장치에 접근할 수 있습니다. 이에 비해 프로세스는 사용자 모드로 동작하므로 장치에 직접 접근할 수 없습니다. 따라서 프로세스는 커널을 통해서 간접적으로 장치에 접근합니다(그림 01-02).

그림 01-02 **커널을 이용한 저장 장치에 간접적으로 접근하기**

커널을 이용해서 저장 장치를 비롯한 다른 장치에 접근하는 기능은 6장에서 자세히 설명합니다.

커널은 커널 모드로 동작하면서 다른 프로세스에서는 불가능한 장치 제어, 시스템 자원 관리 및 배분 기능을 제공합니다. 이런 장치 제어뿐만 아니라 시스템 내부의 모든 프로세스가 공유하는 자원을 한 곳에서 관리하고 시스템에서 동작하는 프로세스에 배분할 목적으로 커널 모드로 동작하는 프로그램입니다.

---

3 예를 들어 x86_64 아키텍처라면 네 종류의 CPU 모드가 존재하지만 리눅스 커널은 두 종류만 사용합니다.

시스템 콜

시스템 콜^{System Call}은 프로세스가 커널에 처리를 요청하는 방법입니다. 새로운 프로세스 생성이나 하드웨어 조작처럼 커널의 도움이 필요할 때 사용합니다. 구체적으로 다음과 같은 시스템 콜이 있습니다.

- 프로세스 생성, 삭제
- 메모리 확보, 해제
- 통신 처리
- 파일 시스템 조작
- 장치 조작

시스템 콜은 CPU의 특수한 명령을 실행해서 처리됩니다. 프로세스는 앞에서 설명한 것처럼 사용자 모드로 실행되지만 커널에 처리를 요청하기 위해 시스템 콜을 호출하면 CPU에서는 **예외**^{exception}라는 이벤트가 발생합니다(예외 관련 이야기는 4장 페이지 테이블에서 설명합니다). 이를 계기로 CPU 모드가 사용자 모드에서 커널 모드로 바뀌고 요청 내용에 따라 커널 처리가 동작합니다. 커널 내부에서 시스템 콜 처리가 끝나면 또다시 사용자 모드로 돌아와서 프로세스 동작이 이어집니다(그림 01-03).

그림 01-03　**시스템 콜**

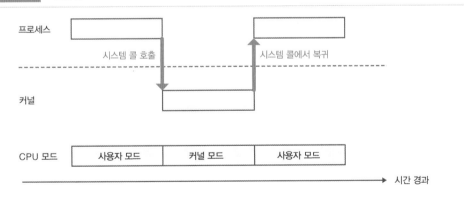

시스템 콜 처리를 하기 전에 커널은 프로세스에서 온 요청이 올바른지 확인합니다. 예를 들어 시스템에서 처리 가능한 범위 이상으로 메모리를 요청하는가 등 올바르지 않은 요청이라면 시스템 콜은 실패하게 됩니다.

시스템 콜을 통하지 않고 프로세스에서 직접 CPU 모드를 변경하는 방법은 존재하지 않습니다. 만약 있다고 하면 커널이 존재할 의미가 없습니다. 예를 들어 악의적인 사용자가 프로세스에서 CPU를 커널 모드로 변경해서 직접 장치를 조작한다면 다른 사용자의 데이터를 훔쳐보거나 파괴할지도 모릅니다.

시스템 콜 호출 확인해 보기

프로세스가 어떤 시스템 콜을 호출하는지 **strace** 명령어로 확인할 수 있습니다. hello world 라고 화면에 출력하는 hello 프로그램(코드 01-01)을 **strace**를 사용해서 실행해 봅시다.

코드 01-01　hello.go

```go
package main

import (
    "fmt"
)

func main() {
    fmt.Println("hello world")
}
```

일단 빌드해서 **strace** 없이 실행해 봅시다.

```
$ go build hello.go
$ ./hello
hello world
```

예상대로 hello world라고 표시되었습니다. 그러면 **strace**를 사용해서 이 프로그램이 어떤 시스템 콜을 호출하는지 확인해 봅시다. **strace** 출력 결과는 **-o** 옵션으로 파일로 저장 가능합니다.

```
$ strace -o hello.log ./hello
hello world
```

이전과 똑같은 출력 결과가 나오고 프로그램이 끝났습니다. 그러면 **strace** 출력 결과가 저장
된 hello.log 내용을 살펴봅시다.

```
$ cat hello.log
...
write(1, "hello world\n", 12)      = 12   ❶
...
```

strace 출력 각각의 줄이 1개의 시스템 콜 호출입니다. 세세한 숫자 등은 무시하고 ❶만 살펴
봅시다. ❶은 데이터를 화면이나 파일 등에 출력하는 **write()** 시스템 콜로 **hello world\n**
문자열을 표시합니다(**\n**은 줄바꿈 문자 코드를 의미합니다).

필자의 환경에서는 시스템 콜이 모두 합쳐서 150번 호출되었습니다. 대부분 hello.go에 있는
main() 함수 전후에 실행된 프로그램 시작과 종료 처리(OS가 제공하는 기능 중 하나)가 호출
한 것으로 크게 신경 쓸 필요가 없습니다.

Go 언어뿐만 아니라 어떤 프로그래밍 언어로 만들어졌든지 프로그램은 커널에 처리를 요청하
려면 시스템 콜을 호출합니다. 정말 그런지 확인해 봅시다.

Go 언어로 작성한 hello 프로그램과 같은 일을 하도록 파이썬으로 작성한 프로그램이 hello.
py(코드 01-02)입니다.

코드 01-02 hello.py

```
#!/usr/bin/python3
print("hello world")
```

hello.py 프로그램을 **strace**로 실행해 봅시다.

```
$ strace -o hello.py.log ./hello.py
hello world
```

추적 정보를 확인합니다.

```
$ cat hello.py.log
...
write(1, "hello world\n", 12)     = 12  ❷
...
```

❷를 보면 Go 언어로 작성한 hello 프로그램과 마찬가지로 **write()** 시스템 콜을 호출하는 걸 알 수 있습니다. 여러분도 원하는 프로그래밍 언어로 프로그램을 작성해서 다양하게 실습해 보기 바랍니다. 좀 더 복잡한 프로그램을 **strace**로 실행해 보면 재미있는 결과가 나올지도 모릅니다. 다만, **strace** 출력 내용은 용량이 커지기 마련이므로 파일 시스템의 남은 공간에 주의하기 바랍니다.

시스템 콜을 처리하는 시간 비율

시스템에 설치된 **논리 CPU**[4]가 실행하고 있는 명령 비율은 **sar** 명령어를 사용하면 알 수 있습니다. 우선 **sar -P 0 1 1** 명령어로 CPU 코어 0이 어떤 종류의 처리를 실행하는지 정보를 수집해 봅시다. **-P 0** 옵션은 논리 CPU 0의 데이터를 수집한다는 뜻이고 그 다음 **1**은 1초마다 수집한다는 의미입니다. 그리고 마지막 **1**은 한 번만 데이터를 수집한다는 뜻입니다.

```
$ sar -P 0 1 1
Linux 5.4.0-66-generic (coffee)      02/27/2021 _x86_64_      (8 CPU)
09:51:03 AM  CPU    %user    %nice   %system   %iowait    %steal    %idle  ❶
09:51:04 AM    0     0.00     0.00      0.00      0.00      0.00    100.00
Average:       0     0.00     0.00      0.00      0.00      0.00    100.00
```

출력된 결과를 보는 방법을 설명합니다. ❶은 헤더이고 다음 줄은 헤더의 첫 번째 필드 (**09:51:03 AM**)에서 다음 줄 첫 번째 필드(**09:51:04 AM**) 사이의 1초 동안 두 번째 필드에 표

---

4 커널이 CPU로 인식하고 있는 대상을 뜻합니다. CPU가 1코어라면 하나의 CPU, 멀티 코어 CPU라면 하나의 코어, SMT(8장 Simultaneous Multi Threading(SMT) 참조)가 유효한 시스템이라면 CPU 코어 안에 있는 스레드를 가리킵니다. 이 책에서는 간단히 논리 CPU로 통일합니다.

시된 논리 CPU를 어떤 용도로 사용했는지 관련 정보를 출력합니다.

용도는 세 번째 필드(**%user**)부터 여덟 번째 필드(**%idle**)까지 여섯 종류로 각각 %단위입니다. 모두 합치면 100이 됩니다. 사용자 모드에서 프로세스를 실행하는 시간 비율은 **%user**와 **%nice** 합계로 얻을 수 있습니다. **%user**와 **%nice** 차이는 3장 타임 슬라이스 구조 컬럼에서 설명합니다. **%system**은 커널이 시스템 콜을 처리한 시간 비율, **%idle**은 아무 것도 하지 않는 아이들 상태 비율을 나타냅니다. 나머지는 설명을 생략합니다.

예제 출력에서는 **%idle**이 100.00입니다. 즉 CPU는 거의 아무 일도 하지 않았다는 뜻입니다.

그러면 무한 반복만 하는 inf-loop.py 프로그램(코드 01-03)을 백그라운드로 실행하면서 **sar** 출력 결과를 확인해 봅시다.

코드 01-03　inf-loop.py

```
#!/usr/bin/python3
while True:
    pass
```

OS가 제공하는 **taskset** 명령어를 이용해서 inf-loop.py 프로그램을 CPU 0에서 동작시켜 봅시다. **taskset -c <논리 CPU 번호> <명령어>**를 실행하면 **<명령어>** 인수로 지정한 명령어를 **-c <논리 CPU 번호>** 인수로 지정한 CPU에서 실행 가능합니다. 명령어를 백그라운드에서 실행한 상태로 **sar -P 0 1 1** 명령어를 실행해서 나온 통계 정보를 살펴봅시다.

```
$ taskset -c 0 ./inf-loop.py &
[1] 1911
$ sar -P 0 1 1
Linux 5.4.0-66-generic (coffee)      02/27/2021  _x86_64_    (8 CPU)
09:59:57 AM  CPU   %user   %nice  %system  %iowait   %steal   %idle
09:59:58 AM   0   100.00   0.00    0.00     0.00      0.00     0.00  ❷
Average:      0   100.00   0.00    0.00     0.00      0.00     0.00
```

❷를 보면 논리 CPU 0에서 inf-loop.py 프로그램이 계속 동작 중이라서 **%user**가 100임을 알 수 있습니다. 이때 논리 CPU 0 상태가 [그림 01-04]입니다.

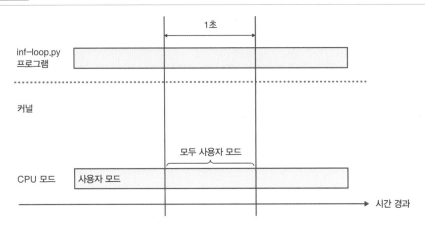

그림 01-04 inf-loop.py 프로그램 실행 상황

실습이 끝났으면 **kill <loop 프로그램의 프로세스 ID>**[5]로 inf-loop.py 프로그램을 종료합니다.

```
$ kill 1911
```

이어서 부모 프로세스의 프로세스 ID를 얻는 단순한 시스템 콜 **getppid()**를 무한히 발생시키는 syscall-inf-loop.py 프로그램(코드 01-04)으로 실행해 봅시다.

코드 01-04 syscall-inf-loop.py

```python
#!/usr/bin/python3

import os

while True:
    os.getppid()
```

---

5 역자주_ 백그라운드로 실행했을 때 출력은 프로세스 ID를 참고합니다.

```
$ taskset -c 0 ./syscall-inf-loop.py &
[1] 2005
$ sar -P 0 1 1
Linux 5.4.0-66-generic (coffee)      02/27/2021 _x86_64_     (8 CPU)
10:03:58 AM  CPU    %user   %nice   %system   %iowait   %steal   %idle
10:03:59 AM   0     35.00   0.00    65.00     0.00      0.00     0.00
Average:      0     35.00   0.00    65.00     0.00      0.00     0.00
```

이번에는 시스템 콜을 끊임없이 호출해서 **%system**이 많아졌습니다. 이때 CPU 상태는 [그림 01-05]입니다.

그림 01-05 syscall-inf-loop.py 실행 상황

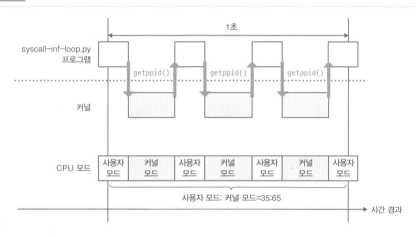

실습이 끝났다면 syscall-inf-loop.py를 종료하기 바랍니다.

모니터링, 경고 알림 및 대시 보드

시스템이 예상한 대로 동작하는지 확인하려면 **sar** 명령어를 비롯한 도구를 사용해서 시스템 통계 정보를 수집하는 것이 무척 중요합니다. 보통 업무 시스템이라면 이런 통계 정보를 계속해서 수집합니다. 이렇게 수집, 관리하는 구조를 모니터링(monitoring)라고 부릅니다. 모니터링 도구에는 프로메테우스(Prometheus)나[6] 자빅스(Zabbix)[7], 데이터독(Datadog)[8] 등이 유명합니다.

---

6 https://github.com/prometheus/prometheus

7 https://github.com/zabbix/zabbix

8 https://www.datadoghq.com/

인간이 계속해서 통계 정보를 직접 확인하는 건 힘들기 때문에 일반적으로 어떤 상태가 정상인지 미리 정의해두고 이상이 발생하면 운용 관리자 등에게 통지하는 경고 알림(alert) 기능을 모니터링 도구와 함께 사용합니다. 알림 도구는 모니터링 도구와 일체화인 경우도 있지만 Alert Manager[9]처럼 독립적인 소프트웨어인 경우도 있습니다.

시스템에 이상 상태가 발생하면 최종적으로 사람이 문제 해결(trouble shooting)을 하게 되는데 이때 숫자 나열만 보는 것은 효율적이지 않습니다. 따라서 수집한 데이터를 가시화해서 확인 가능한 대시 보드 기능을 자주 사용합니다. 모니터링 도구나 알림 도구와 일체화된 경우도 있고 Grafana Dashboards[10]처럼 독립 소프트웨어를 사용하는 경우도 있습니다.

시스템 콜 소요 시간

strace에 -T 옵션을 사용하면 각종 시스템 콜 처리에 걸린 시간을 마이크로 초 수준으로 정밀하게 측정할 수 있습니다. %system 값이 높아서 구체적으로 어떤 시스템 콜에 시간이 걸리는지 확인할 때 이 기능을 사용하면 편리합니다. 다음은 hello 프로그램에 strace -T를 실행한 결과입니다.

```
$ strace -T -o hello.log ./hello
hello world
$ cat hello.log
...
write(1, "hello world\n", 12)        = 12 <0.000017>
...
```

hello world\n 문자열을 출력하는 처리에 17마이크로 초가 걸린 것을 알 수 있습니다.

그외에도 strace에는 시스템 콜 호출 시각을 마이크로 초 단위로 표시하는 -tt 옵션 등이 있습니다. 필요에 따라 활용하기 바랍니다.

---

9 https://github.com/prometheus/alertmanager

10 https://github.com/grafana/grafana

라이브러리

이 절에서는 OS가 제공하는 **라이브러리**^{library}를 살펴봅니다. 여러 프로그래밍 언어에는 다수의 프로그램에서 공통으로 사용하는 처리를 라이브러리로 합쳐서 제공하는 기능이 있습니다. 이걸 사용해서 프로그래머는 미리 만들어진 대량의 라이브러리에서 필요한 걸 골라서 효율적으로 프로그램을 개발할 수 있습니다. 라이브러리 중에는 OS가 미리 공통된 기능을 가진 라이브러리를 준비해서 제공하는 경우도 있습니다.

프로세스가 라이브러리를 사용할 때 소프트웨어 계층은 [그림 01-06]과 같습니다.

그림 01-06 **프로세스의 소프트웨어 계층**

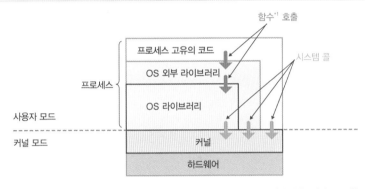

*1 객체 지향 프로그래밍 언어는 메서드도 포함

표준 C 라이브러리

C 언어는 **국제 표준화 기구**^{International Organization for Standardization}(ISO)¹¹에서 정한 표준 라이브러리가 존재합니다. 리눅스에도 이런 표준 C 라이브러리가 제공됩니다. 일반적으로 **GNU 프로젝트**¹²에서 제공하는 **glibc**¹³를 표준 C 라이브러리로 사용합니다. 이 책에서는 앞으로 glibc를 libc라고 표기합니다.

C 언어로 작성된 대부분의 C 프로그램은 libc를 **링크**^{linking}합니다.

---

11 https://www.iso.org/home.html

12 https://www.gnu.org/gnu/thegnuproject.ko.html

13 https://www.gnu.org/software/libc

프로그램이 어떤 라이브러리를 링크하는지 알아보려면 **ldd** 명령어를 사용해서 확인합니다. **echo** 명령어에 **ldd** 명령어를 실행한 결과를 살펴봅시다.

```
$ ldd /bin/echo
      linux-vdso.so.1 (0x00007ffef73a9000)
      libc.so.6 => /lib/x86_64-linux-gnu/libc.so.6 (0x00007f2925ebd000)
      /lib64/ld-linux-x86_64.so.2 (0x00007f29260d1000)
$
```

출력 결과에서 **libc.so.6**은 표준 C 라이브러리를 뜻합니다. 그리고 **ld-linux-x86-64.so.2**는 공유 라이브러리를 로드하는 특별한 라이브러리입니다. 이것도 OS가 제공하는 라이브러리 중 하나입니다.

cat 명령어도 살펴봅시다.

```
$ ldd /bin/cat
      linux-vdso.so.1 (0x00007ffc3b155000)
      libc.so.6 => /lib/x86_64-linux-gnu/libc.so.6 (0x00007fabd1194000)
      /lib64/ld-linux-x86-64.so.2 (0x00007fabd13a9000)
$
```

이번에도 마찬가지로 libc를 링크하고 있습니다. 파이썬3을 실행하는 **python3** 명령어도 확인해 봅시다.

```
$ ldd /usr/bin/python3
      linux-vdso.so.1 (0x00007ffc91126000)
      libc.so.6 => /lib/x86_64-linux-gnu/libc.so.6 (0x00007f5fb7206000)
...
      /lib64/ld-linux-x86-64.so.2 (0x00007f5fb740f000)
$
```

이것도 마찬가지로 libc를 링크하고 있습니다. 즉 파이썬 프로그램을 실행할 때 내부적으로는 표준 C 라이브러리를 사용합니다. 최근에는 C 언어를 직접 사용하는 일이 드물어졌다고 하지만 OS 수준에서는 안 보이는 곳에서 막강한 힘을 발휘하는 여전히 중요한 언어라는 걸 알 수 있습니다.

그외에도 시스템에 존재하는 다양한 프로그램에 **ldd** 명령어를 실행해 보면 libc가 많이 링크되어 있는 걸 알 수 있습니다. 꼭 해보시길 바랍니다.

리눅스는 이외에도 C++ 같은 다양한 프로그래밍 언어의 표준 라이브러리를 제공합니다. 뿐만 아니라 표준 라이브러리는 아니지만 프로그래머가 자주 사용하는 라이브러리도 많이 있습니다.

```
$ dpkg-query -W | grep ^lib
```

우분투의 라이브러리 파일은 lib라는 이름으로 시작하는 경우가 많은데 필자의 환경에서는 명령어를 실행하니 패키지가 1,000개 이상 표시되었습니다.

시스템 콜 래퍼 함수

libc는 표준 C 라이브러리뿐만 아니라 **시스템 콜 래퍼**^wrapper 함수도 제공합니다. 시스템 콜은 일반 함수 호출과 다르게 C 언어 같은 고급 언어에서 직접 호출할 수 없습니다. 아키텍처에 의존하는 어셈블리 코드를 사용해서 호출해야 합니다.

예를 들어 x86_64 아키텍처 CPU라면 **getppid()** 시스템 콜은 어셈블리 코드 레벨에서 다음과 같이 호출합니다.

```
mov     $0x6e, %eax
syscall
```

첫 번째 줄은 **getppid()**의 시스템 콜 번호 **0x6e**를 **eax** 레지스터에 대입합니다. 이건 리눅스 시스템 콜 호출 규약에 정해진 내용입니다. 이어서 두 번째 줄은 **syscall** 명령으로 시스템 콜을 호출하고 커널 모드로 전환합니다. 그런 다음에 **getppid()**를 처리하는 커널 코드가 실행됩니다. 평소에 어셈블리 언어를 볼 기회가 없었다면 코드 내용이 어떤 의미인지 자세히 이해할 필요 없이, 평소에 보던 코드와 완전 다르다는 분위기만 느끼면 충분합니다.

스마트폰이나 태블릿에서 주로 사용하는 arm64 아키텍처는 어셈블리 코드 레벨에서 **getppid()** 시스템 콜을 다음처럼 호출합니다.

```
mov   x8, <시스템 콜 번호>
svc   #0
```

앞에서 본 코드와 많이 다릅니다. 만약 libc의 도움이 없었다면 시스템 콜을 호출할 때마다 아키텍처 의존 어셈블리 코드를 작성해서 고급 언어에서 계속 호출해야 합니다(그림 01-07).

그림 01-07 만약 OS 도움이 없었다면

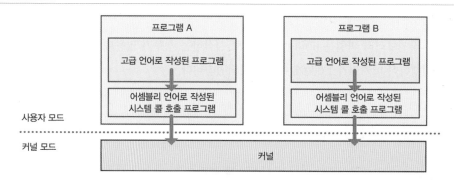

이렇게 되면 프로그램 작성이 번거롭고 다른 아키텍처로 이식할 때 동작을 보장할 수 없는 등 여러 문제가 생깁니다. 이런 문제점을 해결하기 위해 libc는 내부적으로 시스템 콜을 호출할 뿐인 시스템 콜 래퍼 함수를 제공합니다. 래퍼 함수는 아키텍처별로 존재합니다. 고급 언어로 작성된 사용자 프로그램에서는 언어마다 준비된 시스템 콜의 래퍼 함수를 호출하기만 하면 끝납니다(그림 01-08).

그림 01-08 사용자 프로그램은 래퍼 함수를 호출하면 끝

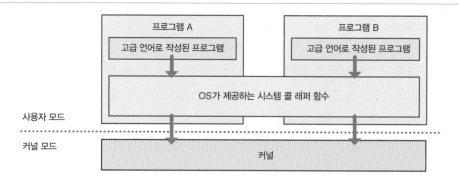

정적 라이브러리와 공유 라이브러리

라이브러리는 **정적**static **라이브러리**와 **공유**shared(또는 **동적**dynamic) **라이브러리**의 두 종류로 분류할 수 있습니다. 모두 같은 기능을 제공하지만 프로그램과 결합하는 방식이 다릅니다.

프로그램을 생성하려면 우선 소스 코드를 컴파일해서 오브젝트object 파일을 만듭니다. 그리고 오브젝트 파일이 사용하는 라이브러리를 링크해서 실행 파일을 만듭니다. 정적 라이브러리는 링크할 때 라이브러리에 있는 함수를 프로그램에 집어 넣습니다. 반면에 공유 라이브러리는 링크할 때 '이 라이브러리의 이런 함수를 호출한다'라는 정보만 실행 파일에 포함합니다. 그리고 프로그램 시작하거나 실행 중에 라이브러리를 메모리에 로드load하고 프로그램은 그 안에 있는 함수를 호출합니다.

하는 일 없이 **pause()** 시스템 콜만 호출하는 pause.c 프로그램(코드 01-05)을 통해 각 라이브러리 차이점을 설명하는 [그림 01-09]를 살펴봅시다.

그림 01-09 정적 라이브러리와 공유 라이브러리

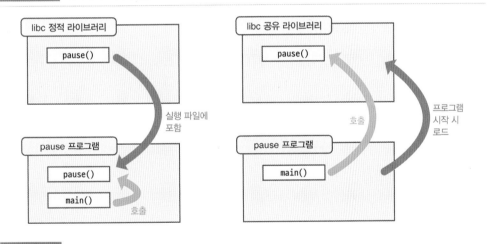

코드 01-05 pause.c

```c
#include <unistd.h>

int main(void) {
    pause();
    return 0;
}
```

코드 실행 후 [그림 01-09]와 같이 되는지 다음 관점에서 확인해 봅시다.

- 파일 크기
- 공유 라이브러리와 링크 상태

예를 들어 프로그램에 libc를 링크하는 경우를 생각해 봅시다. 우선 libc 정적 라이브러리인 libc.a[14]를 사용한 경우를 확인합니다.

```
$ cc -static -o pause pause.c
$ ls -l pause
-rwxrwxr-x 1 sat sat 871688 27 Feb 10:29 pause   ❶
$ ldd pause
      not a dynamic executable   ❷
$
```

실행 결과에서 다음을 알 수 있습니다.

❶ 프로그램 크기는 900KiB 정도
❷ 공유 라이브러리는 링크되어 있지 않음

이 프로그램은 libc를 이미 포함하므로 libc.a를 삭제해도 동작하겠지만, 그렇게 되면 이후에 다른 프로그램이 libc와 정적 링크할 수 없게 되므로 실제로 삭제하는 건 무척 위험한 행동입니다. 이어서 공유 라이브러리 libc.so[15]를 사용한 경우를 살펴봅시다.

```
$ cc -o pause pause.c
$ ls -l pause
-rwxrwxr-x 1 sat sat 16696 27 Feb 10:43 pause
$ ldd pause
      linux-vsdo.so.1 (0x00007ffc18a75000)
      libc.so.6 => /lib/x86_64-linux-gnu/libc.so.6 (0x00007f64ad4e9000)
      /lib64/ld-linux-x86-64.so.2 (0x00007f64ad6f7000)
$
```

---

14 우분투 20.04에서는 libc6-dev 패키지가 제공합니다.

15 우분투 20.04에서는 libc6 패키지가 제공합니다.

실행 결과에서 다음을 알 수 있습니다.

- 파일 크기는 16KiB 정도로 libc를 정적 링크했을 때 보다 수십 분의 일 크기
- libc(/lib/x86_64-linux-gnu/libc.so.6)를 동적 링크함

libc를 동적 링크한 pause 프로그램은 libc.so를 삭제하면 실행이 안 됩니다. 게다가 libc.so를 링크하는 프로그램도 모두 실행 불가능해져서 libc.a를 삭제했을 때보다 훨씬 심각한 일이 발생합니다. 만약 실수라도 하면 복잡한 절차를 거쳐 복구하거나 OS 전체를 다시 설치해야 하는 일이 발생하므로 절대로 삭제하면 안됩니다.

파일 크기가 작은 이유는 libc가 프로그램 자체에 포함되는 게 아니라 실행 시 메모리에 로드되기 때문입니다. libc 코드는 프로그램마다 각각의 복사본을 사용하는 대신에 libc를 사용하는 모든 프로그램에서 같은 내용을 공유합니다.

정적 라이브러리와 공유 라이브러리는 모두 장단점이 있으므로 어느 쪽이 꼭 좋다고 단정 지을 수 없지만, 다음과 같은 이유로 공유 라이브러리를 자주 사용합니다.

- 시스템에서 차지하는 크기를 줄일 수 있습니다.
- 라이브러리에 문제가 있을 때 공유 라이브러리를 수정 버전으로 교체하기만 하면 해당 라이브러리를 사용하는 모든 프로그램에서 문제가 수정 가능합니다.

재미삼아 여러분이 사용하는 프로그램 실행 파일에 **ldd** 명령어를 실행해 어떤 공유 라이브러리가 링크되어 있는지 확인해 보세요.

정적 링크가 돌아왔다

공유 라이브러리가 자주 사용된다고 설명했지만 최근에는 조금 상황이 달라졌습니다. 예를 들어 최근에 인기가 좋은 Go 언어는 기본적으로 라이브러리를 모두 정적 링크합니다. 따라서 일반적인 Go 프로그램은 그 어떤 공유 라이브러리에도 의존하지 않습니다. 예를 들어 [코드 01-01]을 빌드해서 만든 hello 프로그램에 **ldd** 명령어를 실행해서 정말 그런지 확인해 봅시다.

```
$ ldd hello
    not a dynamic executable
```

다음과 같은 이유로 정적 링크를 사용합니다.

- 대용량 메모리나 저장 장치가 널리 사용되어서 파일 크기 문제는 상대적으로 별 문제가 되지 않습니다.
- 실행 파일 하나로 프로그램이 동작한다면 해당 파일만 복사하면 다른 환경에서도 동작하므로 사용이 편리합니다.
- 실행할 때 공유 라이브러리를 링크하지 않아도 되어서 시작 시간이 빠릅니다.
- 공유 라이브러리의 DLL 지옥[16] 문제 회피가 가능합니다.

좋고 나쁨을 판단하는 방법은 다양하고 시대가 바뀌면 적절한 방법도 변하기 마련입니다.

---

16 공유 라이브러리를 사용하는 입장에서는 라이브러리가 버전업해도 하위 호환성을 유지할 것으로 기대합니다. 하지만 미묘하게 호환성이 달라져서 버전업하면 일부 프로그램이 동작하지 않는 경우도 있습니다. 이런 문제는 간단히 해결 안되는 일이 많으므로 DLL 지옥이라고 부릅니다.

제 2장

프로세스 관리
(기초편)

시스템에는 다양한 프로세스가 존재합니다. 시스템에 존재하는 모든 프로세스를 확인하려면 **ps aux** 명령어를 실행해 봅니다.

```
$ ps aux
 USER    PID   %CPU  %MEM  VSZ    RSS   TTY    STAT  START   TIME COMMAND    ❶
 ...
 sat    19261  0.0   0.0   13840  5360 ?       S     18:24   0:00 sshd: sat@pts/0
 sat    19262  0.0   0.0   12120  5232 pts/0   Ss    18:24   0:00 -bash
 ...
 sat    19280  0.0   0.0   12752  3692 pts/0   R+    18:25   0:00 ps aux
 $
```

❶은 이후에 출력되는 행의 의미를 나타내는 헤더이고, 그후에 줄마다 하나의 프로세스를 표시합니다. **COMMAND** 필드는 명령어 명을 의미합니다. 자세한 내용은 생략하지만 실행 결과를 보면 ssh 서버인 sshd(PID=19261)가 bash(PID=19262)를 실행하고 거기서 **ps aux**를 실행했음을 알 수 있습니다.

ps 명령어는 **--no-header** 옵션으로 헤더 출력을 제거 가능합니다. 그러면 필자의 환경에서 프로세스 개수를 조사해 봅시다.

```
$ ps aux --no-header ¦ wc -l
216
$
```

프로세스가 216개 존재합니다. 이렇게 많은 프로세스는 무엇을 하고 어떻게 관리되고 있을까요?

2장에서는 리눅스가 프로세스를 관리하는 프로세스 관리 시스템에 대해 설명합니다.

프로세스 생성

새로운 프로세스를 생성하는 목적은 다음 두 종류입니다.

[목적1] 동일한 프로그램 처리를 여러 프로세스에 나눠서 처리하기(예: 웹서버에서 다수의 요청 받기)

[목적2] 다른 프로그램을 생성하기(예: bash에서 각종 프로그램을 새로 생성)

프로세스 생성을 실제로 실행하는 방법으로 리눅스는 **fork()** 함수와 **execve()** 함수를 사용합니다.[1] 내부적으로는 각각 **clone()**, **execve()** 시스템 콜을 호출합니다. [목적1]이라면 **fork()** 함수만 사용하고, [목적2]이라면 **fork()** 함수와 **execve()** 함수 둘 다 사용합니다.

같은 프로세스를 두 개로 분열시키는 fork() 함수

fork() 함수를 호출하면 해당 프로세스의 복사본을 만들고 양쪽 모두 **fork()** 함수에서 복귀합니다. 원본 프로세스를 **부모 프로세스**parent process, 생성된 프로세스를 **자식 프로세스**child process라고 부릅니다. 이때 순서는 다음과 같습니다(그림 02-01).

① 부모 프로세스가 **fork()** 함수 호출합니다.

② 자식 프로세스용 메모리 영역을 확보한 후 그곳에 부모 프로세스의 메모리를 복사합니다.

③ 부모 프로세스와 자식 프로세스는 둘 다 **fork()** 함수에서 복귀합니다. 부모 프로세스와 자식 프로세스는 나중에 설명하듯 **fork()** 함수 반환값이 서로 달라서 처리 분기가 가능합니다([코드 02-01] 설명 참고).

---

1 **man 3 exec**를 실행하면 **execve()** 함수의 변종이 많이 등장합니다.

그림 02-01 fork() 함수를 사용한 프로세스 생성

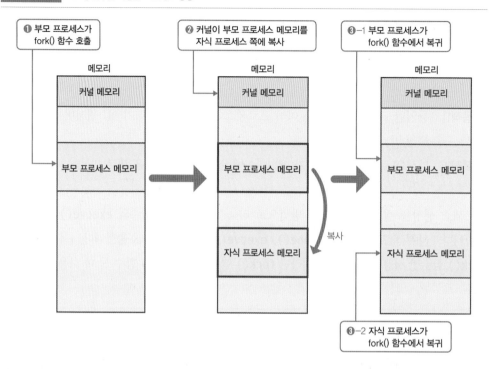

하지만 실제로는 부모 프로세스에서 자식 프로세스로 메모리를 복사하는 작업은 7장에서 설명할 카피 온 라이트^{Copy-on-Write} 기능 덕분에 무척 적은 비용으로 끝납니다. 따라서 리눅스에서 동일한 프로그램 작업을 여러 프로세스로 나눠서 처리할 때 생기는 오버헤드^{overhead}는 많지 않습니다.

다음과 같은 내용으로 fork.py 프로그램(코드 02-01)을 만들어서 **fork()** 함수로 프로세스가 생성되는 과정을 살펴봅시다.

❶ **fork()** 함수를 호출해서 프로세스 동작 흐름을 분기합니다.

❷ 부모 프로세스는 자신의 프로세스 ID와 자식 프로세스의 프로세스 ID를 출력하고 종료합니다. 자식 프로세스는 자신의 프로세스 ID를 출력하고 종료합니다.

코드 02-01 fork.py

```python
#!/usr/bin/python3

import os, sys

ret = os.fork()
if ret == 0:
    print("자식 프로세스: pid={}, 부모 프로세스의 pid={}".format(os.getpid(),
os.getppid()))
    exit()
elif ret > 0:
    print("부모 프로세스: pid={}, 자식 프로세스의 pid={}".format(os.getpid(),
ret))
    exit()

sys.exit(1)
```

fork.py 프로그램은 **fork()** 함수에서 복귀할 때, 부모 프로세스라면 자식 프로세스의 프로세스 ID를 반환하고, 자식 프로세스라면 0을 반환합니다. 프로세스 ID는 반드시 1 이상이므로 이 점을 이용하면 부모 프로세스와 자식 프로세스를 구분해서 **fork()** 함수를 호출한 이후의 처리를 나눌 수 있습니다.

그렇다면 실행해 봅시다.

```
$ ./fork.py
부모 프로세스: pid=132767, 자식 프로세스의 pid=132768
자식 프로세스: pid=132768, 부모 프로세스의 pid=132767
```

프로세스 ID가 132767인 프로세스가 분기해서 새롭게 프로세스 ID가 132768인 프로세스가 생성되고, **fork()** 함수 호출 후에는 **fork()** 함수 반환값에 따라 처리가 각각 분기하는 걸 알 수 있습니다. 처음이라면 **fork()** 함수가 무슨 일을 하고 있는지 알기 어렵겠지만 이 절에서 설명한 내용과 예제 코드를 반복해서 읽으며 꼭 이해하길 바랍니다.

다른 프로그램을 기동하는 execve() 함수

fork() 함수로 프로세스 복사본을 만들었으면 자식 프로세스에서 execve() 함수를 호출합니다. 그러면 자식 프로세스는 새로운 프로그램으로 바뀝니다. 이때 처리 순서는 다음과 같습니다.

1. **execve()** 함수를 호출합니다.
2. **execve()** 함수 인수로 지정한 실행 파일에서 프로그램을 읽어서, 메모리에 배치(메모리 맵이라고 부름)하는 데 필요한 정보를 가져옵니다.
3. 현재 프로세스의 메모리를 새로운 프로세스 데이터로 덮어 씁니다.
4. 프로세스를 새로운 프로세스의 최초에 실행할 명령(엔트리 포인트^{entry point})부터 실행하기 시작합니다.

즉, **fork()** 함수는 프로세스 개수가 늘어나는 것이지만 전혀 다른 프로그램을 생성하는 경우라면 어떤 프로세스를 새롭게 치환하는 형태가 됩니다(그림 02-02).

그림 02-02 execve() 함수로 다른 프로세스로 치환하기

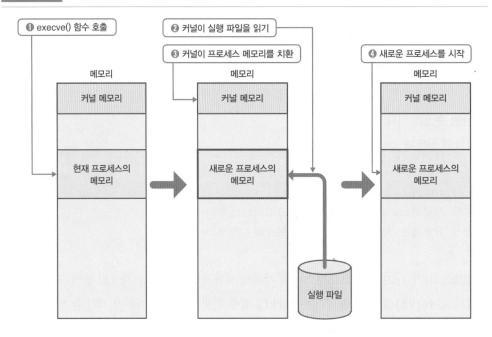

이걸 프로그램으로 만들면 fork-and-exec.py(코드 02-02)입니다. **fork()** 함수를 호출한 후에 자식 프로세스는 **execve()** 함수에 의해서 인수로 지정한 **"echo pid=<pid>에서 안녕"** 명령어로 바뀝니다.

코드 02-02 fork-and-exec.py

```python
#!/usr/bin/python3

import os, sys

ret = os.fork()
if ret == 0:
    print("자식 프로세스: pid={}, 부모 프로세스 pid={}".format(os.getpid(),
os.getppid()))
    os.execve("/bin/echo", ["echo", "pid={}에서 안녕".format(os.getpid())], {})
    exit()
elif ret > 0:
    print("부모 프로세스: pid={}, 자식 프로세스 pid={}".format(os.getpid(),
ret))
    exit()

sys.exit(1)
```

실행 결과는 다음과 같습니다.

```
$ ./fork-and-exec.py
부모 프로세스: pid=5843, 자식 프로세스 pid=5844
자식 프로세스: pid=5844, 부모 프로세스 pid=5843
pid=5844에서 안녕
```

실행 결과를 [그림 02-03]처럼 표현할 수 있습니다. 커널에서 프로그램 읽기, 읽어온 프로그램을 메모리에 복사하는 부분은 생략합니다.

그림 02-03 fork-and-exec.py 프로그램 행동

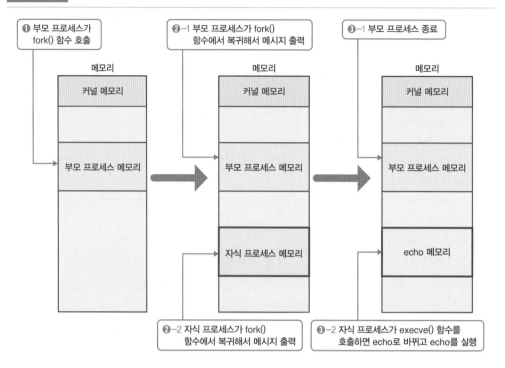

execve() 함수가 동작하려면 실행 파일은 프로그램 코드와 데이터 이외에도 다음과 같은 데이터가 필요합니다.

- 코드 영역의 파일 오프셋, 크기 및 메모리 맵 시작 주소
- 데이터 영역의 파일 오프셋, 크기 및 메모리 맵 시작 주소
- 최초로 실행할 명령의 메모리 주소(엔트리 포인트)

리눅스 실행 파일이 이런 정보를 어떻게 가지고 있는지 살펴봅시다. 리눅스 실행 파일은 보통 **Executable and Linking Format(ELF)** 포맷을 사용합니다. ELF 각종 정보는 **readelf** 명령어로 확인합니다.

1장에서 사용한 pause 프로그램(1장 정적 라이브러리와 공유 라이브러리 참고)을 다시 한 번 사용합니다. 일단 빌드해 봅시다.

```
$ cc -o pause -no-pie pause.c
```

이번에는 pause 프로그램을 **-no-pie** 옵션을 지정해서 빌드했습니다(옵션 의미는 'ASLR로 보

안 강화' 참고).

프로그램 시작 주소는 **readelf -h**로 확인합니다.

```
$ readelf -h pause
 Entry point address:    0x400400
...
```

Entry point address 다음에 있는 **0x400400** 값이 프로그램의 엔트리 포인트입니다.

코드와 데이터의 파일 오프셋, 크기, 시작 주소는 **readelf -S** 명령어로 확인합니다.

```
$ readelf -S pause
There are 29 section headers, starting at offset 0x18e8:

Section Headers:
 [Nr] Name                 Type             Address           Offset
      Size                 EntSize          Flags  Link  Info  Align
...
 [13] .text                PROGBITS         0000000000400400  00000400
      0000000000000172     0000000000000000  AX     0     0     16
...
 [23] .data                PROGBITS         0000000000601020  00001020
      0000000000000010     0000000000000000  WA     0     0     8
...
```

많은 내용이 출력되지만 다음 내용만 이해하면 충분합니다.

- 실행 파일은 여러 영역으로 나눠져 있고 각각을 섹션^section^이라고 부릅니다.
- 섹션 정보는 두 줄이 한 묶음으로 표시됩니다.
- 숫자는 모두 16진수
- 섹션의 주요 정보는 다음과 같습니다.
    - 섹션명: 첫 줄의 두 번째 필드(Name)
    - 메모리 맵 시작 주소: 첫 줄의 네 번째 필드(Address)
    - 파일 오프셋: 첫 줄의 다섯 번째 필드(Offset)
    - 크기: 두 번째 줄 첫 번째 필드(Size)

◦ 섹션명이 **.text**라면 코드 섹션, **.data**라면 데이터 섹션

이런 정보를 정리하면 [표 02-01]입니다.

표 02-01 pause 프로그램을 실행하는 데 필요한 정보

이름	값
코드 파일 오프셋	0x400
코드 크기	0x172
코드 메모리 맵 시작 주소	0x400400
데이터 파일 오프셋	0x1020
데이터 크기	0x10
데이터 메모리 맵 시작 주소	0x601020
엔트리 포인트	0x400400

프로그램에서 작성한 프로세스의 메모리 맵은 **/proc/<pid>/maps** 파일에서 확인합니다. 그러면 실제로 pause 프로그램의 메모리 맵을 살펴봅시다.

```
$ ./pause &
[3] 12492
$ cat /proc/12492/maps
00400000-00401000 r-xp 00000000 08:02 788371          .../pause  ❶
00600000-00601000 r--p 00000000 08:02 788371          .../pause
00601000-00602000 rw-p 00001000 08:02 788371          .../pause  ❷
...
```

❶은 코드 영역, ❷는 데이터 영역입니다. 각각 [표02-01]에서 살펴본 메모리 맵 범위 안에 있는 걸 알 수 있습니다. 이제 pause 프로세스를 종료합시다.

```
$ kill 12492
```

ASLR로 보안 강화

앞에서 pause 프로그램을 빌드할 때 지정한 **-no-pie** 옵션 의미를 설명합니다. **-no-pie** 옵션은 리눅스 커널의 **Address Space Layout Randomization(ASLR)** 보안 기능과 관련된 옵션입니다. ASLR은 프로그램을 실행할 때마다 각 섹션을 다른 주소에 맵핑합니다. 덕분에 공격 대상 코드나 데이터가 고정된 특정 주소에 존재한다는 조건의 공격이 어려워집니다. 이러한 기능을 이용하려면 다음과 같은 조건이 있습니다.

- 커널의 **ASLR** 기능이 유효한 상태이어야 합니다. 우분투 20.04는 기본 설정[2]
- 프로그램이 **ASLR**에 대응해야 합니다. 대응하는 프로그램을 **Position Independent Execuable(PIE)**라고 합니다.

우분투 20.04의 **gcc**[3](책에서는 **cc** 명령어)는 기본값이 모든 프로그램을 PIE로 빌드하는 데 **-no-pie** 옵션을 사용하면 PIE를 무효화합니다.

이전 절에서는 쉽게 예제를 설명하기 위해 pause 프로그램은 PIE를 사용하지 않았습니다. 만약 PIE를 무효화하지 않았다면 **/proc/\<pid\>/maps**가 실행 파일에 적혀 있는 것과 다르거나 매번 달라지기 때문입니다. ELF 정보를 확인하는 예제로는 별로 좋지 않은 현상입니다.

프로그램이 PIE 지원 여부는 file 명령어로 확인합니다. 대응한다면 다음처럼 출력됩니다.

```
$ file pause
pause: ELF 64-bit LSB shared object, ...
$
```

PIE가 아니라면 다음과 같이 출력됩니다.

```
$ file pause
pause: ELF 64-bit LSB executable, ...
$
```

참고로 **-no-pie** 옵션 없이 그냥 빌드한 pause 프로그램을 두 번 실행시켜서 각각 코드 섹션이

---

2 참고로 커널 ASLR을 무효화하려면 sysctl의 `kernel.randomize_va_space` 매개변수를 0으로 설정합니다.

3 https://gcc.gnu.org/

어디에 메모리 맵되는지 확인해 봅시다.

```
$ cc -o pause pause.c
$ ./pause &
[5] 15406
$ cat /proc/15406/maps
559c5778f000-559c57790000 r-xp 00000000 08:02 788372
.../pause
...
$ ./pause &
[6] 15536
$ cat /proc/15536/maps
5568d2506000-5568d2507000 r-xp 00000000 08:02 788372
.../pause
...
$ kill 15406 15536
```

1회와 2회 실행 결과로 전혀 다른 장소에 메모리 맵되는 걸 알 수 있습니다.

우분투 20.04에 포함된 배포 프로그램은 대부분 PIE입니다. 사용자나 프로그래머가 의식할 필요 없이 보안 강화가 되어 있다니 좋은 일입니다. 이렇게 칭찬해 놓고 이야기하기 좀 그렇지만 사실은 ASLR을 우회하는 보안 공격도 존재합니다. 보안 기술의 역사는 이렇게 물고 물리는 창과 방패의 역사입니다.

프로세스의 부모 자식 관계

앞에서 프로세스를 새로 생성하려면 부모 프로세스가 자식 프로세스를 생성해야 한다고 했습니다. 그러면 부모 프로세스의 부모 프로세스의... 이렇게 따라가다 보면 최종적으로 어디까지 가게 될까요? 이 절에서는 이런 내용을 자세히 살펴봅시다.

컴퓨터 전원을 켜면 다음과 같은 순서로 시스템이 초기화됩니다.

❶ 컴퓨터 전원을 켭니다.

❷ BIOS나 UEFI 같은 펌웨어를 기동하고 하드웨어를 초기화합니다.

❸ 펌웨어가 GRUB 같은 부트 로더를 기동합니다.

❹ 부트 로더가 OS 커널을 기동합니다(여기서는 리눅스 커널로 가정).

❺ 리눅스 커널이 init 프로세스를 기동합니다.

❻ init 프로세스가 자식 프로세스를 기동하고 그리고 그 자식 프로세스를... 이렇게 이어
져서 프로세스 트리 구조를 만듭니다.

그러면 정말로 이렇게 되는지 확인해 봅시다.

pstree 명령어를 사용하면 프로세스의 부모 자식 관계를 트리 구조로 표시합니다. **pstree** 기
본값은 명령어만 표시하지만 **-p** 옵션을 사용하면 PID도 표시하므로 편리합니다. 다음은 필자
가 테스트한 결과입니다.

```
$ pstree -p
systemd(1)─┬─ModemManager(688)─┬─{ModemManager}(723)
           │                    └─{ModemManager}(728)
...
           ├─sshd(960)──sshd(19191)──sshd(19261)──bash(19262)──pstree(19638)
...
$
```

결과를 보면 모든 프로세스의 조상은 pid=1인 **init** 프로세스(**pstree** 명령어 출력 결과에서
systemd로 표시됨)라는 걸 알 수 있습니다. 그외에도 bash(19262)에서 pstree(19638)를 실행
했다는 것도 알 수 있습니다.

---

fork() 함수와 execve() 함수 이외의 프로세스 생성 방법 `Column`

어떤 프로세스에서 새로운 프로그램을 생성하기 위해 fork() 함수와 execve() 함수를 순서대로 호출하
는 건 좀 번거로운 작업입니다. 이럴 때 유닉스 계통 OS의 C 언어 인터페이스 규격인 POSIX에 정의된
posix_spawn() 함수를 사용하면 간단히 처리할 수 있습니다.

[코드 02-03]은 **posix_spawn()** 함수를 써서 **echo** 명령어를 자식 프로세스로 생성하는 spawn.py 프로
그램입니다.

코드 02-03   spawn.py

```
#!/usr/bin/python3

import os

os.posix_spawn("/bin/echo", ["echo", "echo", "posix_spawn()로 생성되었습
니다"], {})
print("echo 명령어를 생성했습니다")
```

```
$ ./spawn.py
echo 명령어를 생성했습니다
echo posix_spawn()로 생성되었습니다
```

동일한 처리를 **fork()** 함수와 **execve()** 함수로 구현하면 spawn-by-fork-and-exec.py 프로그램(코드 02-04)이 됩니다.

코드 02-04   spawn-by-fork-and-exec.py

```
#!/usr/bin/python3

import os

ret = os.fork()
if ret == 0:
    os.execve("/bin/echo", ["echo", "fork()와 execve()로 생성되었습니다"],
{})
elif ret > 0:
        print("echo 명령어를 생성했습니다")
```

```
$ ./spawn-by-fork-and-exec.py
echo 명령어를 생성했습니다
fork()와 execve()로 생성되었습니다
```

보다시피 spawn.py 소스 코드가 훨씬 깔끔합니다.

posix_spawn() 함수를 사용한 프로세스 생성은 비교적 직관적이지만 셸 구현과 같은 세세한 작업을 하려면 fork() 함수와 execve() 함수를 사용할 때보다 오히려 복잡해진다는 문제점도 있습니다.

참고로 필자는 fork() 함수 호출 직후에 곧바로 execve() 함수를 호출할 때만 posix_spawn() 함수를 사용하고 그외 상황이라면 모두 fork() 함수와 execve() 함수를 사용합니다.

프로세스 상태

이 절에서는 **프로세스 상태**^{process states} 개념을 설명합니다.

앞서 본 것처럼 리눅스 시스템에는 언제나 수많은 프로세스가 존재합니다. 그렇다면 이런 프로세스는 계속해서 CPU를 사용하고 있을까요? 사실은 그렇지 않습니다.

시스템에서 동작하는 프로세스를 기동한 시각 및 사용한 CPU 시간 합계는 **ps aux**의 **START** 필드 및 **TIME** 필드에서 확인 가능합니다.

```
$ ps aux
USER    PID    %CPU   %MEM   VSZ    RSS TTY     STAT START   TIME COMMAND
...
sat     19262  0.0    0.0    5336   3632 pts/0   Ss   18:24   0:00 -bash
...
```

출력 결과를 보면 bash(19262)는 18:24에 실행되었고 거의 CPU 시간을 사용하지 않았다는 걸 알 수 있습니다. 필자가 원고를 작성한 시각이 20시 조금 넘었을 때인데 프로세스를 실행한 지한 시간 이상 경과했지만 프로세스가 CPU를 사용한 건 1초도 넘지 않았다는 말이 됩니다. 출력 결과에서는 생략했지만 다른 프로세스도 마찬가지입니다.

각 프로세스는 실행된 후 어떤 이벤트가 발생할 때까지 CPU를 사용하지 않고 가만히 있는 **슬립**^{sleep} **상태**로 기다리고 있었습니다. bash(19262)는 사용자 입력이 있을 때까지 할 일이 없으므로 사용자 입력을 기다립니다. 프로세스 상태는 **ps** 출력 결과에서 **STAT** 필드를 보면 알 수 있습니다. **STAT** 필드의 첫 번째 글자가 **S**인 프로세스는 슬립 상태를 뜻합니다.

한편, CPU를 사용하고 싶어하는 프로세스는 **실행 가능**^{runnable} **상태**라고 부릅니다. 이때 **STAT** 첫

글자는 **R**입니다. 실제로 CPU를 사용하는 상태는 **실행**running **상태**라고 합니다. 프로세스가 실행 상태와 실행 가능 상태를 어떻게 오고 가는지 3장 타임 슬라이스와 컨텍스트 스위치 절에서 살펴봅니다.

프로세스를 종료하면 **좀비**zombie **상태**(STAT 필드가 **Z**)가 되고 조금 있다가 소멸합니다. 좀비 상태가 어떤 의미인지 나중에 설명하겠습니다.

프로세스 상태를 정리하면 [그림 02-04]와 같습니다.

그림 02-04　**프로세스 상태**

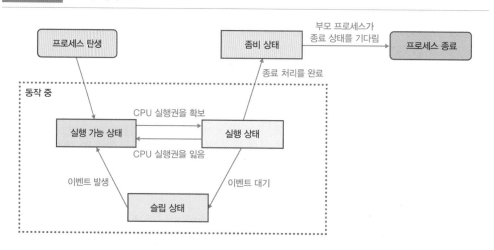

[그림02-04]에서 설명했듯이 프로세스는 종료할 때까지 계속해서 다양한 상태를 오고 갑니다. 시스템의 모든 프로세스가 슬립 상태라면 논리 CPU에서는 무슨 일이 일어날까요? 그럴 때 논리 CPU는 **아이들**idle **프로세스**라고 하는 '아무 일도 하지 않는' 특수한 프로세스를 동작시킵니다. 아이들 프로세스는 **ps**에서는 보이지 않습니다.

이런 아이들 프로세스를 만드는 가장 단순한 구현 방법으로는 새로운 프로세스가 생성되거나 슬립 상태인 프로세스가 깨어날 때까지 쓸데 없는 반복문을 실행하는 방법이 있습니다. 하지만 이런 방법은 그저 전기 낭비에 불과하므로 보통은 사용하지 않습니다. 대신에 CPU 특수 명령을 사용해서 논리 CPU를 휴식 상태로 전환하고, 하나 이상의 프로세스가 실행 가능 상태가 될 때까지 소비 전력을 억제하면서 대기합니다.

여러분이 사용하는 노트 PC나 스마트폰 등은 아무런 프로그램도 동작하지 않을 때 배터리가 오래가는 건 논리 CPU가 아이들 상태인 시간이 길어서 소비 전력이 줄어들기 때문입니다.

프로세스 종료

프로세스를 종료하려면 **exit_group()** 시스템 콜을 호출합니다. fork.py와 fork-and-exec. py처럼 **exit()** 함수를 호출하면 내부에서는 이 시스템 콜을 부르는 함수가 호출됩니다. 프로그램 자신이 부르지 않더라도 libc 등에서 내부적으로 호출합니다. **exit_group()** 함수 내부에서 커널이 메모리 같은 프로세스가 사용한 자원을 회수합니다(그림 02-05).

그림 02-05 프로그램 종료 시 커널이 프로세스 메모리를 회수

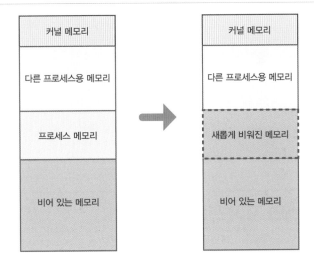

프로세스가 종료하면 부모 프로세스는 **wait()**나 **waitpid()** 같은 시스템 콜을 호출해서 다음과 같은 정보를 얻을 수 있습니다.

- 프로세스 반환값. **exit()** 함수의 인수를 256으로 나눈 나머지와 같습니다. 알기 쉽게 설명하면 **exit()** 인수에 0~255를 지정하면 인수값이 그대로 반환값이 됩니다.
- 시그널에 따라 종료했는지 여부
- 종료할 때까지 얼마나 CPU 시간을 사용했는지 정보

예를 들어 프로세스 반환값에 따라 프로세스의 정상, 비정상 종료 여부를 판정해서 에러 로그를 출력하는 후속 처리가 가능합니다.

bash에 내장된 **wait** 명령어를 사용하면 백그라운드로 실행 중인 프로세스에 **wait()** 시스템 콜을 호출해서 프로세스 종료 상태를 얻을 수 있습니다.

반드시 1을 돌려주는 **false** 명령어로 반환값을 받아서 출력하는 wait-ret.sh 프로그램(코드 02-05)를 실행해 봅시다.

코드 02-05 wait-ret.sh

```bash
#!/bin/bash

false &
# false 프로세스 종료를 기다린다. false 명령어의 PID는 `$!` 변수로 확인
wait $!

# wait후 false 프로세스 반환값은 `$?` 변수로 확인
echo "false 명령어가 종료되었습니다: $?"
```

```
$ ./wait-ret.sh
false 명령어가 종료되었습니다: 1
```

좀비 프로세스와 고아 프로세스

부모 프로세스가 자식 프로세스 상태를 **wait()** 계열 시스템 콜을 해서 얻을 수 있다는 말은 반대로 이야기하면, 자식 프로세스가 종료되어도 부모 프로세스가 이런 시스템 콜을 호출할 때까지 종료된 자식 프로세스는 시스템 내에 어떠한 형태로든 존재한다는 뜻입니다. 이렇게 종료했지만 부모가 종료 상태를 확인하지 않은 상태의 프로세스를 가리켜 **좀비 프로세스**^{zombie process}라고 부릅니다. '죽었는데 죽은 게 아닌' 좀비를 본따서 붙인 이름인가 싶지만 무척이나 강렬한 명칭입니다.

일반적으로 시스템에 좀비 프로세스가 가득해서 자원만 잡아먹지 않도록, 부모 프로세스는 자식 프로세스 종료 상태를 제때 회수해서 남아 있는 자원을 커널로 돌려줘야 합니다. 만약 시스템을 기동했는데 좀비 프로세스가 대량으로 존재한다면 부모 프로세스에 버그가 있지 않은가 의심해보는 게 좋습니다.

wait() 계열 시스템 콜을 실행하기 전에 부모 프로세스가 종료되면 해당하는 자식 프로세스는 **고아 프로세스**^{orphan process}가 됩니다. 커널은 init를 고아 프로세스의 새로운 부모로 지정합니다. 참고로 좀비 프로세스의 부모가 종료되면 init에 좀비 프로세스가 달려듭니다. init 입장으로는 난감한 문제이겠지만 init는 똑똑하므로 정기적으로 wait() 계열 시스템 콜 실행을 호출해서 시스템 자원을 회수합니다. 준비가 참 잘되어 있군요.

시그널

프로세스는 기본적으로 어떤 실행 순서에 따라 실행됩니다. '조건 분기 명령이 있는데?'라는 생각이 들겠지만 조건 분기도 미리 정의된 조건문에 따라 정해진 순서로 이동할 뿐입니다. 이에 비해 **시그널**^{signal}은 어떤 프로세스가 다른 프로세스에 어떤 신호를 보내서 외부에서 실행 순서를 강제적으로 바꾸는 방법입니다.

시그널에는 여러 종류가 있지만 대표적으로 **SIGINT**를 자주 사용합니다. SIGINT 시그널은 bash 같은 셸에서 Ctrl + C를 눌렀을 때 발생합니다. SIGINT를 받은 프로세스는 곧바로 종료하는 것이 기본값입니다. 프로그램이 어떤 식으로 만들어졌는지 관계없이 시그널을 호출한 순간 바로 프로세스가 종료하기 때문에 편리해서 리눅스 사용자는 SIGINT 시그널을 알게 모르게 사용하고 있습니다.

시그널을 보내는 방법으로 bash 이외에도 **kill** 명령어가 있습니다. 예를 들어 SIGINT를 보내고 싶다면 **kill -INT <pid>**를 실행합니다. SIGINT 이외에도 시그널에는 다음과 같은 종류가 있습니다.

- **SIGCHLD**: 자식 프로세스 종료 시 부모 프로세스에 보내는 시그널. 보통은 시그널 핸들러 내부에서 wait() 계열 시스템 콜 실행을 호출합니다.
- **SIGSTOP**: 프로세스 실행을 일시적으로 정지합니다. bash에서 Ctrl + Z를 누르면 실행 중인 프로그램 동작을 정지시킬 수 있는데 이때 bash는 프로세스에 이 시그널을 보냅니다.
- **SIGCONT**: SIGSTOP 등으로 정지한 프로세스 실행을 재개합니다.

시그널 목록은 **man 7 signal** 명령어를 실행하면 볼 수 있습니다.

앞에서 SIGINT를 받은 프로세스는 보통 곧바로 종료한다고 설명했지만 꼭 그런 건 아닙니다.

프로세스는 각 시그널에 **시그널 핸들러**signal handler를 미리 등록해 둡니다. 프로세스를 실행하다가 해당하는 시그널을 수신하면 실행 중인 처리를 일단 중단하고 시그널 핸들러에 등록한 처리를 동작시킨 다음에, 원래 장소로 돌아가서 이전에 하던 동작을 재개합니다(그림 02-06). 시그널을 무시하도록 설정할 수도 있습니다.

그림 02-06 **시그널을 수신했을 때 프로세스 동작**

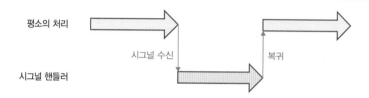

시그널 핸들러를 사용하면 [Ctrl]+[C]를 눌러도 종료하지 않는 처치 곤란한 프로그램을 만들 수 있습니다. 예를 들어 [코드 02-06]처럼 파이썬으로 만들어 봅시다.

코드 02-06 intignore.py

```python
#!/usr/bin/python3

import signal

# SIGINT 시그널을 무시하도록 설정.
# 첫 번째 인수는 핸들러를 설정할 시그널(여기서는 signal.SIGINT)
# 두 번째 인수에는 시그널 핸들러(여기서는 signal.SIG_IGN)를 지정
signal.signal(signal.SIGINT, signal.SIG_IGN)

while True:
    pass
```

이 프로그램을 실행하면 다음처럼 됩니다.

```
$ ./intignore.py
^C^C^C
```

^C는 [Ctrl]+[C]를 눌렀을 때 출력되는 표시입니다. 정말 곤란하네요.

이렇게 안 죽는 프로그램을 종료하고 싶다면 Ctrl + Z 로 intignore.py를 백그라운드 처리로 바꾸고 **kill**로 종료하는 방법 등을 사용합니다. 이런 방법을 사용하면 기본값 SIGTERM 시그널이 가서 프로그램을 종료할 수 있습니다.

반드시 죽이는 SIGKILL 시그널과 절대로 죽지 않는 프로세스 (Column)

시그널 중 하나로 **SIGKILL**이라는 것이 있습니다. 이는 SIGINT 등을 써도 프로세스가 종료되지 않을 때 사용하는 최후의 수단 같은 시그널입니다.

SIGKILL은 시그널 중에서도 특별한 존재입니다. 이 시그널을 받은 프로세스는 반드시 종료됩니다. 시그널 핸들러를 이용한 동작 변경은 불가능합니다. 시그널 이름에 KILL이 붙은 만큼 반드시 죽이고 말겠다는 강한 의지를 느낄 수 있습니다.

그런데 가끔 SIGKILL을 보내도 종료하지 않는 흉악한 프로세스가 있습니다. 이런 프로세스는 어떤 이유 (네트워크나 디스크 자원 요청 대기 등)로 오랫동안 시그널을 받아 들이지 않는 **uninterruptible sleep**이라는 특별한 상태에 빠져 있습니다. 이런 상태에 빠진 프로세스는 **ps aux** 결과의 **STAT** 필드 첫 글자가 **D**로 출력됩니다. 그외에도 커널에 어떤 문제가 생겨서 SIGKILL로 종료할 수 없는 경우도 있습니다. 어느 쪽이든 사용자 입장에서는 손 쓸 방법이 없는게 보통입니다.

셸 작업 관리 구현

이번에는 셸 작업 관리에 사용하는 **세션**session과 **프로세스 그룹**process group 개념을 설명합니다.

작업job에 대해 간략하게 설명하자면, 작업은 bash같은 셸이 백그라운드로 실행한 프로세스를 제어하는 동작 구조입니다. 사용법을 예를 들어 봅시다.

```
$ sleep infinity &
[1] 6176                                      [1]이 작업 번호
$ sleep infinity &
[2] 6200                                      [2]가 작업 번호
$ jobs                                        작업 목록 표시
[1]-  Running       sleep infinity &
[2]+  Running       sleep infinity &
$ fg 1                                        1번 작업을 포그라운드 작업으로 만듬
sleep infinity
^Z                                            Ctrl + Z 를 눌러서 다시 bash로 제어가 돌아옴
[1]+ Stopped        sleep infinity
$
```

세션

세션^session 은 사용자가 gterm 같은 **단말 에뮬레이터**^terminal emulator 또는 ssh 등을 사용해서 시스템에 로그인했을 때의 로그인 세션에 대응하는 개념입니다. 모든 세션에는 해당 세션을 제어하는 **단말**^terminal4이 존재합니다.

세션 내부 프로세스를 조작하고 싶으면 단말을 이용해서 셸을 비롯한 프로세스에 지시하거나 프로세스 출력을 받습니다. 보통은 **pty/<n>** 이렇게 이름 붙은 가상 단말이 각각의 세션에 할당됩니다.

예를 들어 다음과 같은 3개의 세션이 존재한다고 합시다.

- A의 세션: 로그인 셸은 bash. **vim**으로 Go 프로그램을 개발하고 있고 지금은 **go build** 로 프로그램을 빌드 중
- B의 세션: 로그인 셸은 zsh. **ps aux**를 사용해서 시스템에 존재하는 모든 프로세스 목록을 출력하고 결과를 **less**로 받는 중
- B의 세션2: 로그인 셸은 zsh. 자작한 계산 프로그램인 **calc**을 실행 중

---

4 한마디로 정의하기 어렵지만 여기에서는 bash 같은 셸을 통해서 명령어를 실행할 목적으로 사용하는 문자로만 구성된 흑백 화면 또는 창을 뜻한다고 생각하면 됩니다.

이런 상황을 그림으로 그리면 [그림 02-07]과 같습니다.

그림 02-07 세션 예제

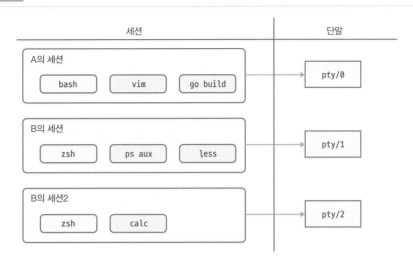

세션에는 **세션 ID** 또는 **SID**라고 부르는 값이 할당됩니다. 그리고 **세션 리더**^{session leader}라고 하는 프로세스가 존재하고 보통은 bash 같은 셸입니다. 세션 리더 PID는 세션 ID와 같습니다. 세션 관련 정보는 **ps ajx** 같은 명령어로 확인 가능합니다. 필자의 환경에서는 다음과 같이 출력되었습니다.

```
$ ps ajx
  PPID    PID   PGID   SID TTY      TPGID STAT   UID    TIME COMMAND
  ...
 19261  19262  19262  19262 pts/0   19647 Ss     1000   0:00 -bash
  ...
 19262  19647  19647  19262 pts/0   19647 R+     1000   0:00 ps ajx
  ...
```

여기서 bash(19262)가 세션 리더인 세션(SID=19262)이 존재하고 이 세션에 **ps ajx** (PID=19647)가 소속된 걸 알 수 있습니다. 보통은 bash(19262)에서 실행된 명령어는 해당하는 세션에 소속됩니다. **ps ajx**나 이전에 사용한 **ps aux**에서 본 **TTY** 필드에 출력된 값이 단말의 이름입니다. 예제에서는 **pts/0**이라는 이름으로 가상 단말이 할당되어 있습니다.

세션에 할당된 단말이 **행업**[hang up]하거나 해서 연결이 끊기면 세션 리더에는 **SIGHUP** 시그널이 갑니다. 단말 에뮬레이터 창을 닫을 때도 동일한 상황이 됩니다. 이때 bash는 자신이 관리하던 작업을 종료시키고 자신도 종료합니다. 실행에 시간이 오래 걸리는 프로세스를 실행 중에 bash 가 종료되는 것을 원하지 않는 경우에는 다음과 같은 방법을 사용하면 편리합니다.

- **nohup** 명령어: SIGHUP을 무시하도록 설정하고 프로세스를 기동합니다. 만약 세션이 종료되어서 SIGHUP 시그널이 오더라도 프로세스를 종료하지 않습니다.
- bash의 **disown** 내장 명령어: 실행 중인 작업을 bash 관리 대상에서 제외합니다. 그러면 bash가 종료해도 해당하는 작업에는 SIGHUP을 보내지 않습니다.

프로세스 그룹

프로세스 그룹[process group]은 여러 프로세스를 하나로 묶어서 한꺼번에 관리합니다. 세션 내부에는 여러 개의 프로세스 그룹이 존재합니다. 기본적으로 셸이 만든 작업이 프로세스 그룹에 해당한다고 생각하면 됩니다.[5]

그러면 예제로 프로세스 그룹을 살펴봅시다. 어떤 세션이 다음과 같이 되어 있다고 가정합니다.

- 로그인 셸은 bash
- bash에서 `go build <소스코드명> &` 실행
- bash에서 `ps aux | less` 실행

이때 bash는 `go build <소스코드명> &`와 `ps aux | less`에 대응하는 2개의 프로세스 그룹(작업)을 작성합니다.

프로세스 그룹을 사용하면 해당하는 프로세스 그룹에 소속된 모든 프로세스에 시그널을 보낼 수 있습니다. 셸은 이 기능을 이용해서 작업을 제어합니다. 여러분도 **kill** 명령어로 프로세스 ID를 지정하는 인수에 음수값을 지정하면 프로세스 그룹에 시그널을 보낼 수 있습니다. 예를 들어 PGID가 100인 프로세스 그룹에 시그널을 보내고 싶다면 **kill -100** 이렇게 실행하면 됩니다.

---

5 정확하게 이야기하면 셸도 자신 고유의 프로세스 그룹을 가지고 있지만 설명이 번잡해지므로 여기에서는 생략합니다.

어떤 세션 내부에 있는 프로세스 그룹은 두 종류로 나뉩니다.

- **포그라운드**^{foreground} **프로세스 그룹:** 셸의 포그라운드 작업에 대응합니다. 세션당 하나만 존재하고 세션 단말에 직접 접근 가능합니다.
- **백그라운드**^{background} **프로세스 그룹:** 셸의 백그라운드 작업에 대응합니다. 백그라운드 프로세스가 단말을 조작하려고 하면 SIGSTOP을 받았을 때처럼 실행이 일시 중단되고, **fg** 내장 명령어 등으로 프로세스가 포그라운드 프로세스 그룹(또는 포그라운드 작업)이 될 때까지 이 상태가 유지됩니다.

단말에 직접 접근하려면 포그라운드 프로세스 그룹(포그라운드 작업)이 된 이후에 가능합니다. 이런 내용을 그림으로 표현하면 [그림 02–08]이 됩니다.

그림 02-08 **세션과 프로세스 그룹(작업) 관계**

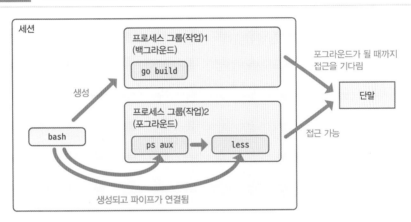

프로세스 그룹에는 고유의 ID인 **PGID**가 할당됩니다. 이 값은 **ps ajx**의 PGID 필드에서 확인 가능합니다. 예제를 살펴봅시다.

```
$ ps ajx | less
  PPID    PID    PGID    SID TTY     TPGID STAT   UID    TIME COMMAND
  ...
 19261  19262   19262   19262 pts/0   19653 Ss    1000    0:00 -bash
  ...
 19262  19653   19653   19262 pts/0   19653 R+    1000    0:00 ps ajx
 19262  19654   19653   19262 pts/0   19653 S+    1000    0:00 less
  ...
```

출력 결과를 보면 bash(19262)가 리더인 로그인 세션이 있고 해당 세션에는 PGID가 19653인 프로세스 그룹이 존재합니다. 이 프로세스 그룹은 ps ajx(19653)와 해당 프로세스를 **파이프**^{pipe} (¦)로 연결한 less(19654)로 구성됩니다.

여기서 포그라운드 프로세스 그룹을 구분하는 방법을 설명합니다. `ps ajx` 출력 결과에서 **STAT** 필드에 **+**가 붙은 프로세스가 포그라운드 프로세스 그룹에 속한 프로세스입니다.

세션이나 프로세스 그룹 개념이 어려워 보이겠지만 각각을 셸에서 시작하는 로그인 세션과 작업으로 치환해서 `ps ajx` 출력 결과와 비교해보면 조금씩 정체가 보이기 시작할 것입니다.

데몬

유닉스나 리눅스에서 **데몬**^{daemon}이라는 이름을 들어본 적이 있을 겁니다. 이 절에서는 데몬이 무엇이고 일반 프로세스와 다른 점을 설명합니다.

간단하게 말하면 데몬은 **상주하는 프로세스**입니다. 보통은 프로세스라면 사용자가 실행하고 어떤 작업 처리가 끝나면 종료합니다. 하지만 데몬은 조금 다르게 시스템 시작부터 종료할 때까지 계속해서 존재하며 실행됩니다.

데몬은 다음과 같은 특징이 있습니다.

- 단말의 입출력이 필요 없기 때문에 단말이 할당되지 않습니다.
- 로그인 세션을 종료해도 영향을 받지 않도록 독자적인 세션을 가집니다.
- 데몬을 생성한 프로세스가 데몬 종료 여부를 신경 쓸 필요 없이 init가 부모가 됩니다.

이런 내용을 [그림 02-09]에서 그림으로 표현했습니다.

그림 02-09 데몬

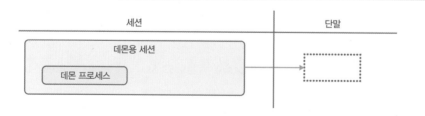

하지만 이런 조건을 다 만족하지 않더라도 상주 프로세스라면 편의상 데몬이라고 부르는 경우도 있습니다.

어떤 프로세스가 데몬인가 확인하려면 **ps ajx** 결과를 보면 알 수 있습니다. 여기서는 ssh 서버로 동작 중인 **sshd**를 살펴봅시다.

```
$ ps ajx
  PPID    PID   PGID    SID TTY    TPGID STAT    UID    TIME COMMAND
...
    1     960    960    960 ?        -1 Ss        0    0:00 sshd: /usr/sbin/
sshd -D [listener] 0 of 10-100 startups
...
```

부모 프로세스는 init(PPID가 1)이고 세션 ID는 **PID**와 동일합니다. 그리고 **TTY** 필드값이 단말과 연결되지 않은 걸 뜻하는 '**?**'입니다.

데몬에는 단말이 존재하지 않으므로 단말의 행업을 뜻하는 SIGHUP을 다른 용도로 사용합니다. 보통은 데몬이 설정 파일을 다시 읽는 시그널로 사용합니다.

제 3 장

프로세스 스케줄러

2장에서는 시스템에 존재하는 프로세스는 대부분 슬립 상태라고 설명했습니다. 그러면 시스템에 여러 개의 실행 가능한 프로세스가 존재할 때 커널은 어떻게 각 프로세스를 CPU에서 실행시킬까요?

이번 장에서는 프로세스에 CPU 자원 할당을 담당하는 리눅스 커널 기능인 **프로세스 스케줄러**
process scheduler(앞으로 스케줄러로 표기)를 설명합니다.

컴퓨터 관련 교과서에서는 스케줄러를 다음과 같이 설명합니다.

- 하나의 논리 CPU는 동시에 하나의 프로세스만 처리합니다.
- 실행 가능한 여러 프로세스가 **타임 슬라이스**time slice 단위로 순서대로 CPU를 사용합니다.

예를 들어 p0, p1, p2라는 세 가지 프로세스가 존재한다면 [그림 03-01]처럼 동작합니다.

그림 03-01   교과서에서 설명하는 스케줄러 동작

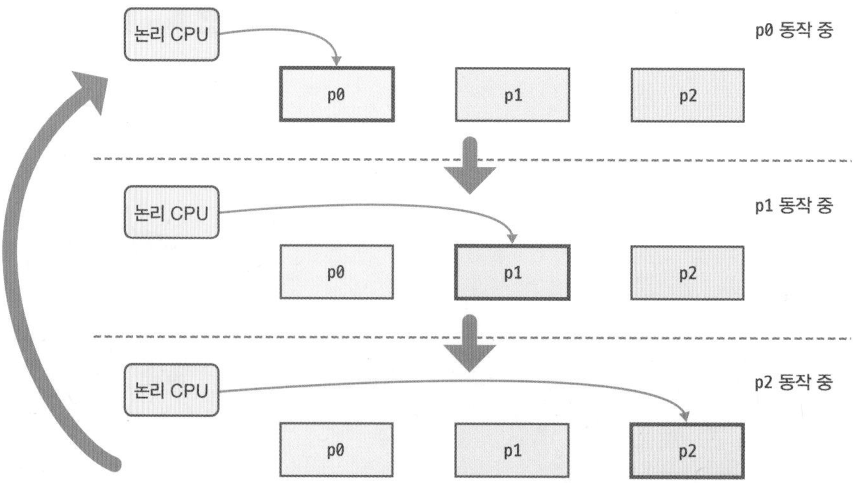

그렇다면 리눅스에서 실제로 이렇게 동작하는지 확인해 봅시다.

기본 지식: 경과 시간과 사용 시간

이 장에서 설명하는 내용을 이해하려면 프로세스와 관련된 **경과 시간**elapsed time과 **사용 시간**CPU time 개념을 알아야 합니다. 이 절에서는 이런 시간 개념을 설명합니다. 각각의 정의는 다음과 같습니다.

- 경과 시간: 프로세스 시작부터 종료할 때까지 경과한 시간. 초시계로 프로세스 시작부터 종료할 때까지 측정한 값에 해당합니다.
- 사용 시간: 프로세스가 실제로 논리 CPU를 사용한 시간

빠른 이해를 위해 실험을 통해 확인해 봅시다.

time 명령어를 사용해서 프로세스를 실행하면 대상 프로세스의 시작부터 종료까지 경과 시간과 사용 시간을 알 수 있습니다. 다음은 어느 정도 CPU 자원을 소모하다가 종료하는 load.py 프로그램(코드 03-01)입니다.

코드 03-01 load.py

```
#!/usr/bin/python3

# 부하 정도를 조절하는 값
# time 명령어를 사용해서 실행했을 때 몇 초 정도에 끝나도록 조절하면 결과를 확
인하기 좋음
NLOOP=100000000

for _ in range(NLOOP):
    pass
```

```
$ time ./load.py
real    0m2.357s
user    0m2.357s
sys     0m0.000s
```

출력 결과를 보면 **real**, **user**, **sys**를 볼 수 있습니다. **real**은 경과 시간, **user**와 **sys**는 사용 시간을 뜻합니다. **user**는 프로세스가 사용자 공간에서 동작한 시간을 뜻하고, **sys**는 프로세스의 시스템 콜 호출 때문에 늘어난 커널이 동작한 시간을 뜻합니다.

load.py 프로그램은 프로세스 시작부터 끝날 때까지 CPU를 계속해서 사용하지만 시스템 콜을 호출하지 않으므로 **real**과 **user**는 거의 동일한 값이고 **sys**는 거의 0입니다. '거의'인 이유는 프로세스를 시작하거나 종료할 때 파이썬 인터프리터가 몇 종류의 시스템 콜을 호출하기 때문입니다.

이번에는 거의 CPU를 사용하지 않는 **sleep** 명령어로 실험해 봅시다.

```
$ time sleep 3
real    0m3.009s
user    0m0.002s
sys     0m0.000s
```

시작 후 3초 동안 기다렸으니 **real**은 약 3초입니다. 한편 이 명령어는 CPU를 사용하는 일 없이 슬립 상태에 들어가서 3초 뒤에 다시 CPU를 사용하지만 곧바로 종료하므로 **user**와 **sys**는 거의 0입니다. 경과 시간과 사용 시간 관점에서 차이점은 [그림 03-02]와 같습니다.

그림 03-02 경과 시간과 사용 시간

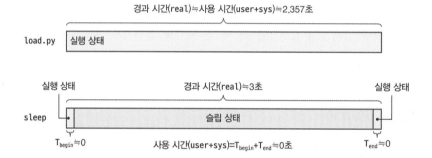

논리 CPU 하나만 사용하는 경우

우선 이해를 돕기 위해 논리 CPU가 하나인 경우를 생각해 봅시다. 실험에는 multiload.sh 프로그램(코드 03-02)을 사용합니다.

코드 03-02 multiload.sh

```bash
#!/bin/bash

MULTICPU=0
PROGNAME=$0
SCRIPT_DIR=$(cd $(dirname $0) && pwd)
```

```
usage() {
  exec >&2
  echo "사용법: $PROGNAME [-m] <프로세스 개수>
일정 시간 동작하는 부하 처리 프로세스를 <프로세스 개수>로 지정한 만큼 동작시
켜서 모두 끝날 때까지 기다립니다.
각 프로세스 실행에 걸린 시간을 출력합니다.
기본값은 모든 프로세스가 1개의 논리 CPU에서 동작합니다.

옵션 설명:
  -m: 각 프로세스를 여러 CPU에서 동작시킵니다."
  exit 1
}

while getopts "m" OPT ; do
  case $OPT in
    m)
      MULTICPU=1
      ;;
    \?)
      usage
      ;;
  esac
done

shift $((OPTIND - 1))

if [ $# -lt 1 ] ; then
  usage
fi

CONCURRENCY=$1

if [ $MULTICPU -eq 0 ] ; then
  # 부하 처리를 CPU0에서만 실행시킴
```

```
   taskset -p -c 0 $$ >/dev/null
fi

for ((i=0;i<CONCURRENCY;i++)) do
  time "${SCRIPT_DIR}/load.py" &
done

for ((i=0;i<CONCURRENCY;i++)) do
  wait
done
```

이 프로그램은 다음과 같이 사용합니다.

> **사용법** ./multiload.sh [−m] 〈프로세스 개수〉
>
> - 일정 시간 동작하는 부하 처리 프로세스를 〈프로세스 개수〉로 지정한 만큼 동작시켜서 모두 끝날 때까지 기다립니다.
> - 각 프로세스 실행에 걸린 시간을 출력합니다.
> - 기본값은 모든 프로세스가 1개의 논리 CPU에서 동작합니다.

> **옵션 설명**
>
> - −m: 각 프로세스를 여러 CPU에서 동작시킵니다.

우선 〈프로세스 개수〉를 1로 지정해서 실행해 봅시다. load 프로그램을 실행한 결과와 거의 동일합니다.

```
$ ./multiload.sh 1
real    0m2.359s
user    0m2.358s
sys     0m0.000s
```

필자 환경에서는 경과 시간이 2.359초였습니다. 그러면 프로세스 개수를 2와 3으로 지정하면 어떻게 될까요?

```
$ ./multiload.sh 2
real    0m4.730s
user    0m2.360s
sys     0m0.004s
real    0m4.739s
user    0m2.374s
sys     0m0.000s
$ ./multiload.sh 3
real    0m7.095s
user    0m2.360s
sys     0m0.004s
real    0m7.374s
user    0m2.499s
sys     0m0.000s
real    0m7.541s
user    0m2.676s
sys     0m0.000s
```

동시 실행을 2배, 3배로 바꾸더라도 개별 프로세스의 사용 시간은 거의 변하지 않지만 전체 실행 시간은 2배, 3배 가까이 늘어났습니다. 3장 초반부에 설명한 것처럼 한 개의 논리 CPU는 한 번에 프로세스 하나만 처리할 수 있으므로, 스케줄러가 각 프로세스에 순서대로 CPU 자원을 할당하기 때문에 전체 실행 시간은 프로세스 개수에 비례합니다.

논리 CPU 여러 개를 사용하는 경우

이어서 논리 CPU 여러 개를 사용하는 경우도 살펴봅시다.

multiload.sh 프로그램에 -m 옵션을 지정해서 실행하면 스케줄러가 부하 처리를 모든 논리 CPU에 균등하게 배분합니다. 이러면 예를 들어 논리 CPU가 2개이고 부하 처리가 2개인 경우는 [그림 03-03]처럼 2개의 부하 처리가 각각의 논리 CPU 자원을 독점합니다.

그림 03-03 스케줄러의 부하 분산 처리(논리 CPU 2개, 부하 처리 2개)

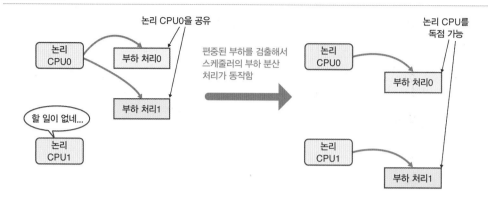

부하 분산 처리의 동작 이론은 매우 복잡하므로 이 책에서는 자세한 설명을 생략합니다.

그러면 실제로 확인해 봅시다. multiload.sh 프로그램에 **-m** 옵션을 지정하고 동시 실행 1~3을
테스트한 결과입니다.

```
$ ./multiload.sh -m 1
real    0m2.361s
user    0m2.361s
sys     0m0.000s
$ ./multiload.sh -m 2
real    0m2.482s
user    0m2.482s
sys     0m0.000s
real    0m2.870s
user    0m2.870s
sys     0m0.000s
$ ./multiload.sh -m 3
real    0m2.694s
user    0m2.693s
sys     0m0.000s
real    0m2.857s
user    0m2.853s
sys     0m0.004s
real    0m2.936s
user    0m2.935s
sys     0m0.000s
```

모든 프로세스에서 **real**과 **user+sys** 값이 거의 같습니다. 이 말은 즉, 프로세스마다 각각의 논리 CPU 자원을 독점했다는 뜻입니다.

real보다 user+sys가 커지는 경우

직감적으로는 언제나 `real >= user + sys`일 것 같은 느낌이 들지만 실제로는 `user + sys` 값이 **real** 값보다 조금 더 큰 경우가 있습니다. 이는 각각 시간을 측정하는 방법이 조금씩 다르고, 측정 정밀도가 그다지 높지 않기 때문입니다. 너무 신경 쓸 필요 없이 '이런 경우도 있구나' 정도로 넘어가면 됩니다.

또한 상황에 따라서 **real**보다 **user + sys**가 훨씬 큰 값이 될 수도 있습니다. multiload.sh 프로그램에 **-m** 옵션을 지정하고 프로세스 개수를 2 이상으로 지정하는 경우를 예로 들 수 있습니다. 그러면 `./multiload.sh -m 2`를 **time** 명령어로 실행해 봅시다.

```
$ time ./multiload.sh -m 2
real    0m2.510s
user    0m2.502s
sys     0m0.008s
real    0m2.725s
user    0m2.716s
sys     0m0.008s
real    0m2.728s
user    0m5.222s
sys     0m0.016s
```

첫 번째와 두 번째 부하 정보는 multiload.sh 프로그램의 부하 처리 프로세스에 관련된 데이터입니다. 세 번째 부하 정보는 multiload.sh 프로그램 그 자체에 관련된 데이터입니다.

보다시피 **user**값(5.222s)이 **real**값(2.728s)의 약 2배라는 걸 알 수 있습니다. 실은 **time** 명령어로 얻은 **user**와 **sys** 값은 정보 확인 대상의 프로세스 및 종료된 자식 프로세스의 값을 더한 값입니다. 따라서 어떤 프로세스가 자식 프로세스를 생성하고 각각 다른 논리 CPU에서 동작한다면 **real**보다 **user + sys** 값이 커질 수 있습니다. multiload.sh 프로그램이 바로 이런 조건에 해당합니다.

타임 슬라이스

앞에서 하나의 CPU에서 동시에 동작하는 프로세스 개수는 하나라는 걸 보았습니다. 하지만 구체적으로 어떻게 CPU 자원을 배분하고 있는지 지금까지 실험한 내용으로는 알 수 없습니다. 이 절에서는 스케줄러가 실행 가능한 프로세스에 **타임 슬라이스**[time slice] 단위로 CPU를 나눠주는 걸 실습으로 확인해 보겠습니다.

실습에는 sched.py 프로그램(코드 03-03)을 사용합니다.

코드 03-03　　sched.py

```python
#!/usr/bin/python3

import sys
import time
import os
import plot_sched

def usage():
    print("""사용법: {} <프로세스 개수>
    * 논리 CPU0에서 <프로세스 개수>만큼 동시에 100밀리초 동안 CPU 자원을 소비
하는 부하 처리 프로세스를 기동하고 모든 프로세스 종료를 기다립니다.
    * 'sched-<프로세스 개수>.jpg' 파일에 실행 결과를 표시한 그래프를 저장합니
다.
    * 그래프 x축은 부하 처리 프로세스의 경과 시간[밀리초], y축은 진척도[%]""".
format(progname, file=sys.stderr))
    sys.exit(1)

# 실험에 알맞는 부하 정도를 찾기 위한 전처리에 걸리는 부하
# 너무 시간이 걸리면 더 작은 값을 사용
# 너무 빨리 끝나면 더 큰 값을 사용
NLOOP_FOR_ESTIMATION=100000000
nloop_per_msec = None

progname = sys.argv[0]
```

```python
def estimate_loops_per_msec():
  before = time.perf_counter()
  for _ in  range(NLOOP_FOR_ESTIMATION):
    pass
  after = time.perf_counter()
  return int(NLOOP_FOR_ESTIMATION/(after-before)/1000)

def child_fn(n):
  progress = 100*[None]
  for i in range(100):
    for j in range(nloop_per_msec):
      pass
    progress[i] = time.perf_counter()
  f = open("{}.data".format(n),"w")
  for i in range(100):
    f.write("{}\t{}\n".format((progress[i]-start)*1000,i))
  f.close()
  exit(0)

if len(sys.argv) < 2:
  usage()

concurrency = int(sys.argv[1])

if concurrency < 1:
  print("<동시 실행>은 1이상의 정수를 사용합니다: {}".format(concurrency))
  usage()

# 강제로 논리 CPU0에서 실행
os.sched_setaffinity(0, {0})

nloop_per_msec = estimate_loops_per_msec()

start = time.perf_counter()
```

```
for i in range(concurrency):
  pid = os.fork()
  if (pid < 0):
      exit(1)
  elif pid == 0:
      child_fn(i)

for i in range(concurrency):
  os.wait()

plot_sched.plot_sched(concurrency)
```

이 프로그램은 계속해서 CPU 시간을 사용하는 부하 처리용 프로세스를 하나 또는 여러 개를 동시에 실행해서 다음과 같은 통계 정보를 수집합니다.

- 어떤 시점에 논리 CPU에서 어떤 프로세스가 동작하고 있는가
- 각각의 진척도는 어느 정도인가

이러한 데이터를 분석해서 앞에서 설명한 대로 스케줄러가 프로세스에 CPU를 나눠서 사용하도록 관리하고 있는지 확인합니다. 실험 프로그램 sched.py 사용법은 다음과 같습니다.

사용법 ./sched.py ⟨프로세스 개수⟩

- 논리 CPU0에서 ⟨프로세스 개수⟩만큼 동시에 100밀리초 동안 CPU 자원을 소비하는 부하 처리 프로세스를 기동하고 모든 프로세스 종료를 기다립니다.
  - **sched-⟨프로세스 개수⟩.jpg** 파일에 실행 결과를 표시한 그래프를 저장합니다.
  - 그래프 x축은 부하 처리 프로세스의 경과 시간[밀리초], y축은 진척도[%]

그래프를 그리는 데 plot_sched.py(코드 03-04)도 사용하므로 sched.py 프로그램을 실행할 때 같은 디렉터리에 plot_sched.py도 저장해 둡니다.

```
#!/usr/bin/python3

import numpy as np
from PIL import Image
import matplotlib
import os

matplotlib.use('Agg')

import matplotlib.pyplot as plt

plt.rcParams['font.family'] = "NanumGothic"
plt.rcParams['axes.unicode_minus'] = False

def plot_sched(concurrency):
  fig = plt.figure()
  ax = fig.add_subplot(1,1,1)
  for i in range(concurrency):
      x, y = np.loadtxt("{}.data".format(i), unpack=True)
      ax.scatter(x,y,s=1)
  ax.set_title("타임 슬라이스 가시화(동시 실행={})".format(concurrency))
  ax.set_xlabel("경과 시간[밀리초]")
  ax.set_xlim(0)
  ax.set_ylabel("진척도[%]")
  ax.set_ylim([0,100])
  legend = []
  for i in range(concurrency):
      legend.append("부하 처리"+str(i))
  ax.legend(legend)

  # Ubuntu 20.04의 matplotlib 버그를 회피하기 위해 일단 png 파일로 저장한 후에
jpg로 변환
  # https://bugs.launchpad.net/ubuntu/+source/matplotlib/+bug/1897283?comments
=all
```

```
    pngfilename = "sched-{}.png".format(concurrency)
    jpgfilename = "sched-{}.jpg".format(concurrency)
    fig.savefig(pngfilename)
    Image.open(pngfilename).convert("RGB").save(jpgfilename)
    os.remove(pngfilename)

def plot_avg_tat(max_nproc):
    fig = plt.figure()
    ax = fig.add_subplot(1,1,1)
    x, y, _ = np.loadtxt("cpuperf.data", unpack=True)
    ax.scatter(x,y,s=1)
    ax.set_xlim([0, max_nproc+1])
    ax.set_xlabel("프로세스 개수")
    ax.set_ylim(0)
    ax.set_ylabel("평균 턴어라운드 타임[초]")

    # Ubuntu 20.04의 matplotlib 버그를 회피하기 위해 일단 png 파일로 저장한 후에
jpg로 변환
    # https://bugs.launchpad.net/ubuntu/+source/matplotlib/+bug/1897283?comments
=all
    pngfilename = "avg-tat.png"
    jpgfilename = "avg-tat.jpg"
    fig.savefig(pngfilename)
    Image.open(pngfilename).convert("RGB").save(jpgfilename)
    os.remove(pngfilename)

def plot_throughput(max_nproc):
    fig = plt.figure()
    ax = fig.add_subplot(1,1,1)
    x, _, y = np.loadtxt("cpuperf.data", unpack=True)
    ax.scatter(x,y,s=1)
    ax.set_xlim([0, max_nproc+1])
    ax.set_xlabel("프로세스 개수")
    ax.set_ylim(0)
    ax.set_ylabel("스루풋[프로세스/초]")
```

```
# Ubuntu 20.04의 matplotlib 버그를 회피하기 위해 일단 png 파일로 저장한 후에
jpg로 변환
# https://bugs.launchpad.net/ubuntu/+source/matplotlib/+bug/1897283?comments
=all
pngfilename = "throughput.png"
jpgfilename = "throughput.jpg"
fig.savefig(pngfilename)
Image.open(pngfilename).convert("RGB").save(jpgfilename)
os.remove(pngfilename)
```

이제 프로그램을 동시 실행 1, 2, 3을 지정해서 각각 실행합니다.

```
$ for i in 1 2 3; do ./sched.py $i; done
```

실행 결과는 [그림 03-04], [그림 03-05], [그림 03-06]처럼 됩니다.

그림 03-04　동시 실행 1 경우

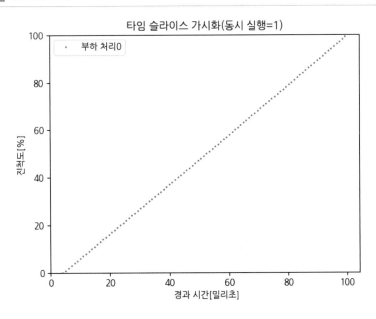

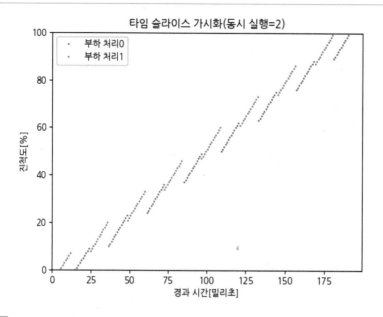 그림 03-05 동시 실행 2 경우

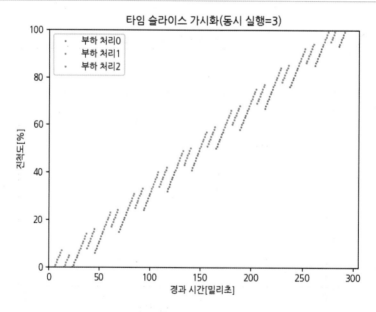 그림 03-06 동시 실행 3 경우

결과 그래프를 보면 1개의 논리 CPU에서 여러 처리를 동시에 실행하는 경우, 각각의 처리는 수 밀리초 단위의 타임 슬라이스로 쪼개서 CPU를 교대로 사용하는 걸 알 수 있습니다.

타임 슬라이스 구조

[그림 03-06]을 살펴보면 동시 실행 2와 비교해서 3인 경우에는 각 프로세스의 타임 슬라이스가 짧다는 것을 알 수 있습니다. 리눅스 스케줄러는 sysctl의 **kernel.sched_latency_ns** 파라미터(나노초 단위)에 지정한 목표 레이턴시(targeted latency) 간격에 한 번씩 CPU 시간을 얻을 수 있습니다.[1]

필자가 사용한 환경에서는 다음과 같은 값이 파라미터에 지정되어 있습니다.

```
$ sysctl kernel.sched_latency_ns
kernel.sched_latency_ns = 24000000      # 24000000/1000000 = 24밀리초
```

각 프로세스의 타임 슬라이스는 **kernel.sched_latency_ns** / 〈논리 CPU에 실행 중 또는 실행 가능 상태인 프로세스 개수〉 [나노초]입니다.

어떤 논리 CPU에서 실행 가능 프로세스가 2~4개일 때 목표 레이턴시와 타임 슬라이스 관계가 [그림 03-07]입니다.

그림 03-07   **목표 레이턴시**

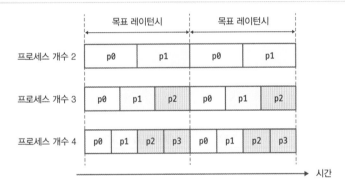

리눅스 커널 2.6.23 이전 버전의 스케줄러는 타임 슬라이스가 고정값(100밀리초)이었는데, 프로세스 개수가 늘어나면 각 프로세스에 CPU 시간이 돌아올 때까지 오랫동안 기다리는 문제가 있었습니다. 따라서 요즘 사용하는 스케줄러는 프로세스 개수에 따라 타임 슬라이스를 동적으로 변경합니다.

목표 레이턴시나 타임 슬라이스 값을 계산하는 방법은 프로세스 개수가 늘어나거나 멀티 코어 CPU일 때 조금 복잡해 집니다. 다음과 같은 요건에 따라 변화합니다.

- 시스템에 설치된 논리 CPU 개수
- 일정한 값을 넘은 논리 CPU에서 실행 중/실행 대기 중인 프로세스 개수

---

1   커널 버전 v5.13 이후라면 해당하는 파라미터가 존재하지 않습니다. v5.13 이후 버전을 사용하고 있다면 루트 권한으로 접근 가능한 /sys/kernel/debug/sched/latency_ns가 같은 의미를 지닌 파일입니다.

● **프로세스 우선도를 뜻하는 nice값**

여기서 nice값 영향력을 살펴봅시다. nice값은 프로세스 실행 우선도를 −20부터 19 사이의 값으로 정한 값입니다(기본은 0). −20이 최우선이고 19가 가장 우선도가 낮습니다. 우선도를 낮추는 건 누구나 가능하지만 우선도를 높일 수 있는 건 루트 권한을 가진 사용자뿐입니다.

nice값은 **nice** 명령어, **renice** 명령어, **nice()** 시스템 콜, **setpriority()** 시스템 콜 등으로 변경 가능합니다. 스케줄러는 nice값이 작은(우선도가 높은) 프로세스에 타임 슬라이스를 더 많이 부여합니다.

다음과 같은 사양으로 sched-nice 프로그램(코드 03-05)을 만들어 봅시다.

사용법 ./sched-nice.py 〈nice값〉

● 논리 CPU0에서 100밀리초 동안 CPU 자원을 소비하는 부하 처리를 2개 실행하고 프로세스가 종료할 때까지 기다립니다.
  ○ 부하 처리 0, 1의 nice값은 각각 0(기본값), 〈nice값〉이 됩니다.
  ○ sched-2.jpg 파일에 실행 결과 그래프를 저장합니다.
  ○ 그래프 x축은 프로세스의 경과 시간[밀리초], y축은 진척도[%]

〈nice값〉에 5를 지정해 봅니다.

```
$ ./sched-nice.py 5
```

[그림 03-08]과 같은 결과가 출력됩니다.

그림 03-08 nice값을 변경한 경우

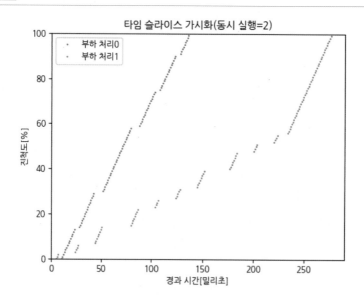

예상대로 부하 처리 0이 부하 처리 1보다 타임 슬라이스를 많이 가져간 걸 알 수 있습니다.

sar 출력 결과에서 **%nice** 필드는 nice값이 기본값 0보다 커진 프로세스가 사용자 모드로 실행된 시간 비율을 나타냅니다.(**%user**는 nice값 0인 경우) 1장에서 사용한 inf-loop.py 프로그램을 우선도를 낮춘(5로 지정) 상태로 실행해보고 그때의 CPU 사용률을 sar 명령어로 살펴봅시다.

```
$ nice -n 5 taskset -c 0 ./inf-loop.py &
[1] 168376
$ sar -P 0 1 1
Linux 5.4.0-74-generic (coffee)    12/04/2021    _x86_64_    (8 CPU)
05:18:08 PM  CPU   %user   %nice   %system   %iowait   %steal   %idle
05:18:09 PM   0    0.00    100.00   0.00      0.00      0.00     0.00
Average:      0    0.00    100.00   0.00      0.00      0.00     0.00
$ kill 168376
```

%user가 아니라 **%nice**가 100이 되었습니다.

한편, 컬럼에서 다룬 스케줄러 구현 내용은 POSIX 사양으로 정해진 내용이 아니므로 커널 버전이 바뀌면 변할 가능성이 있습니다. 예를 들어 **kernel.sched_latency_ns** 기본값은 지금까지 몇번씩 바뀌었습니다. 현재 상황에 맞춰 튜닝하더라도 앞으로 어떻게 바뀔지 모르니 주의하기 바랍니다.

스케줄러 구현에 대해 더 자세히 알고 싶다면 다음 홈페이지를 검색해서 공부해 보시기 바랍니다.

- Scheduler – The Linux Kernel documentation
  https://www.kernel.org/doc/html/next/scheduler/index.html

코드 03-05 sched-nice.py

```python
#!/usr/bin/python3

import sys
import time
import os
import plot_sched

def usage():
  print("""사용법: {} <nice값>
```

　　 * 논리 CPU0에서 100밀리초 동안 CPU 자원을 소비하는 부하 처리를 2개 실
행하고 프로세스가 종료할 때까지 기다립니다.
　　 * 부하 처리 0, 1의 nice값은 각각 0(기본값), <nice값>이 됩니다.
　　 * 'sched-2.jpg' 파일에 실행 결과 그래프를 저장합니다.
　　 * 그래프 x축은 프로세스의 경과 시간[밀리초], y축은 진척도[%]""".
format(progname, file=sys.stderr))
　 sys.exit(1)

# 실험에 알맞는 부하 정도를 찾기 위한 전처리에 걸리는 부하
# 너무 시간이 걸리면 더 작은 값을 사용
# 너무 빨리 끝나면 더 큰 값을 사용
NLOOP_FOR_ESTIMATION=100000000
nloop_per_msec = None
progname = sys.argv[0]

```
def estimate_loops_per_msec():
  before = time.perf_counter()
  for _ in  range(NLOOP_FOR_ESTIMATION):
    pass
  after = time.perf_counter()
  return int(NLOOP_FOR_ESTIMATION/(after-before)/1000)

def child_fn(n):
  progress = 100*[None]
  for i in range(100):
    for _ in range(nloop_per_msec):
      pass
    progress[i] = time.perf_counter()
  f = open("{}.data".format(n),"w")
  for i in range(100):
    f.write("{}\t{}\n".format((progress[i]-start)*1000,i))
  f.close()
  exit(0)
```

```python
if len(sys.argv) < 2:
    usage()

nice = int(sys.argv[1])
concurrency = 2

if concurrency < 1:
    print("<동시 실행>은 1이상 정수를 사용합니다: {}".format(concurrency))
    usage()

# 강제로 논리 CPU0에서 실행
os.sched_setaffinity(0, {0})

nloop_per_msec = estimate_loops_per_msec()

start = time.perf_counter()

for i in range(concurrency):
    pid = os.fork()
    if (pid < 0):
        exit(1)
    elif pid == 0:
        if i == concurrency - 1:
            os.nice(nice)
        child_fn(i)

for i in range(concurrency):
    os.wait()

plot_sched.plot_sched(concurrency)
```

컨텍스트 스위치

논리 CPU에서 동작하는 프로세스가 전환되는 것을 **컨텍스트 스위치**^{context switch}라고 합니다. [그림 03-09]는 프로세스 0과 프로세스 1이 존재할 때 컨텍스트 스위치가 발생하는 모습을 보여줍니다.

그림 03-09 **컨텍스트 스위치 발생**

컨텍스트 스위치는 프로세스가 어떤 코드를 실행하고 있든 간에 타임 슬라이스가 끝나면 주저 없이 발생합니다. 이런 점을 이해하지 않으면 [그림 03-10]처럼 오해할 가능성이 있습니다.

그림 03-10 **컨텍스트 스위치를 의식하지 않으면 발생하는 오해**

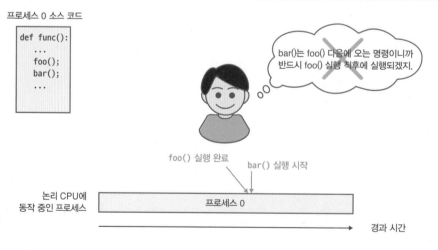

하지만 실제로는 **foo()** 직후에 **bar()**가 실행된다는 보장이 없습니다. **foo()** 실행 직후에 타임 슬라이스가 끝나면 **bar()** 실행은 훨씬 뒤가 될 수도 있습니다(그림 03-11).

그림 03-11 컨텍스트 스위치를 의식한 올바른 이해

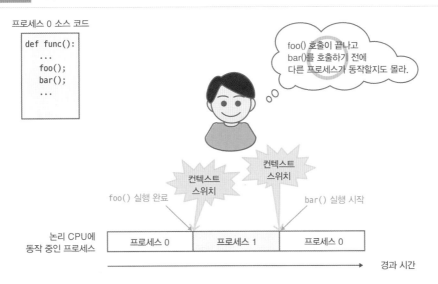

이런 상황을 이해하면 어떤 처리에 생각보다 많은 시간이 걸릴 때, '처리 자체에 무슨 문제가 있는 게 분명하다'고 이렇게 단순히 결론 내리기보다는 '처리를 하다가 컨텍스트 스위치가 발생해서 다른 프로세스가 동작했을 가능성이 있을지도 모른다'라는 관점으로 볼 수 있습니다.

처리 성능

정해진 성능 요건을 지키는 것은 시스템 운용 관점에서 중요한 부분입니다. 따라서 다음과 같은 지표를 사용합니다.

- **턴어라운드 타임**turnaround time: 처리(반환) 시간. 시스템에 처리를 요청했을 때부터 처리가 끝날 때까지 걸린 시간
- **스루풋**throughput: 처리량. 단위 시간당 처리를 끝낸 개수

이러한 값을 직접 측정해 봅시다. 실습에는 multiload.sh 프로그램을 대상으로 다음과 같은 성능 정보를 수집합니다.

- 평균 턴어라운드 타임: 모든 부하 처리의 real 값의 평균
- 스루풋: 프로세스 개수를 multiload.sh 프로그램의 real값으로 나눈 값

이런 정보를 얻으려면 cpuperf.sh 프로그램(코드 03-06)과 plot-perf.py 프로그램(코드 03-

07)을 사용합니다.

cpuperf.sh 프로그램 사양은 다음과 같습니다.

> **사용법** cpuperf.sh [−m] 〈최대 프로세스 개수〉
>
> 1. **cpuperf.data** 파일에 성능 정보를 저장합니다.
>   - 엔트리 개수는 〈최대 프로세스 개수〉
>   - 출력 형식은 〈프로세스 개수〉 〈평균 턴어라운드 타임[초]〉 〈스루풋[프로세스/초]〉
> 2. 성능 정보를 바탕으로 평균 턴어라운드 타임 그래프를 만들어서 **avg-tat.jpg**에 저장합니다.
> 3. 성능 정보를 바탕으로 스루풋 그래프를 만들어서 **throughput.jpg**에 저장합니다.
> 4. **-m** 옵션은 multiload.sh 프로그램에 그대로 전달합니다.

코드 03-06 cpuperf.sh

```
#!/bin/bash

usage() {
  exec >&2
  echo "사용법: $0 [-m] <최대 프로세스 개수>
  1. 'cpuperf.data' 파일에 성능 정보를 저장합니다.
    * 엔트리 개수는 <최대 프로세스 개수>
    * 출력 형식은 '<프로세스 개수> <평균 턴어라운드 타임[초]> <스루풋[프로세
스/초]>'
  2. 성능 정보를 바탕으로 평균 턴어라운드 타임 그래프를 만들어서 'avg-tat.jpg'
에 저장합니다.
  3. 같은 방법으로 스루풋 그래프를 만들어서 'throughput.jpg'에 저장합니다.

  -m 옵션은 multiload.sh 프로그램에 그대로 전달합니다."
  exit 1
}

measure() {
  local nproc=$1
```

```
  local opt=$2
  bash -c "time ./multiload.sh $opt $nproc" 2>&1 | grep real | sed -n -e
's/^.*0m\([.0-9]*\)s$/\1/p' | awk -v nproc=$nproc '
BEGIN{
  sum_tat=0
}
(NR<=nproc){
  sum_tat+=$1
}
(NR==nproc+1) {
  total_real=$1
}
END{
  printf("%d\t%.3f\t%.3f\n", nproc, sum_tat/nproc, nproc/total_real)
}'
}


while getopts "m" OPT ; do
  case $OPT in
    m)
      MEASURE_OPT="-m"
      ;;
    \?)
      usage
      ;;
  esac
done


shift $((OPTIND - 1))


if [ $# -lt 1 ]; then
  usage
fi


rm -f cpuperf.data
```

```
MAX_NPROC=$1
for ((i=1;i<=MAX_NPROC;i++)) ; do
  measure $i $MEASURE_OPT  >>cpuperf.data
done


./plot-perf.py $MAX_NPROC
```

코드 03-07 plot-perf.py

```
#!/usr/bin/python3

import sys
import plot_sched

def usage():
  print("""사용법: {} <최대 프로세스 개수>
 * cpuperf 프로그램 실행 결과를 저장한 'perf.data' 파일을 가지고 성능 정보를
그래프로 작성합니다.
 * 'avg-tat.jpg' 파일에 평균 턴어라운드 타임 그래프를 저장합니다.
 * 'throughput.jpg' 파일에 스루풋 그래프를 저장합니다.""".format(progname,
file=sys.stderr))
  sys.exit(1)


progname = sys.argv[0]

if len(sys.argv) < 2:
  usage()

max_nproc = int(sys.argv[1])
plot_sched.plot_avg_tat(max_nproc)
plot_sched.plot_throughput(max_nproc)
```

논리 CPU 1개만 사용하고 최대 프로세스 개수를 8로 지정해서 부하 처리 프로세스를 실행, 즉 **./cpuperf.sh 8** 실행 결과가 [그림 03-12], [그림 03-13]입니다.

그림 03-12 논리 CPU 1개, 최대 프로세스 개수가 8일 때 평균 턴어라운드 타임

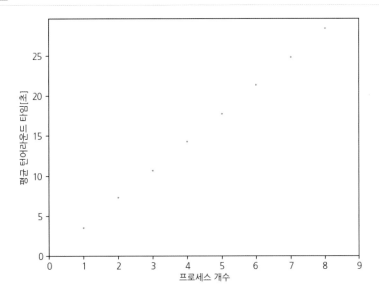

그림 03-13 논리 CPU 1개, 최대 프로세스 개수가 8일 때 스루풋

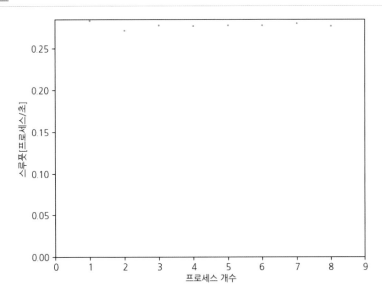

결과를 살펴보면 논리 CPU 개수보다 프로세스 개수가 많아지면 평균 처리 시간만 늘어나고 스루풋은 차이가 없음을 알 수 있습니다.

이후 프로세스 개수를 더 늘리면 스케줄러가 발생시킨 컨텍스트 스위치 때문에 평균 처리 시간이 점점 길어지고 스루풋도 계속 떨어집니다. 성능 관점에서 보자면, CPU 자원을 전부 사용하

는 상태라면 프로세스 개수만 늘린다고 성능 문제를 해결할 수 없다는 뜻입니다.

그렇다면 처리 시간을 조금 더 깊게 살펴봅시다. 시스템에 다음과 같은 처리를 하는 웹애플리케이션이 있다고 합시다.

❶ 네트워크를 경유해서 사용자로부터 요청을 받습니다.

❷ 요청에 따라 html 파일을 생성합니다.

❸ 결과를 네트워크를 경유해서 사용자에게 돌려줍니다.

논리 CPU 부하가 높은 상태일 때 이러한 요청이 새로 도착하면 평균 처리 시간이 점점 길어집니다. 사용자 입장에서 보면 웹 애플리케이션 응답 시간 지연과 직접적으로 관련되므로 사용자 경험이 나빠집니다. 응답 성능이 중요한 시스템이라면 스루풋이 중요한 시스템에 비해서 시스템을 구성하는 각 기기의 CPU 사용률을 적게 유지하는 것이 중요합니다.

이번에는 모든 논리 CPU를 사용해서 성능 데이터를 수집해 봅시다. 논리 CPU 개수는 `grep -c processor /proc/cpuinfo` 명령어로 확인 가능합니다.

```
$ grep -c processor /proc/cpuinfo
8
```

필자가 사용하는 환경은 4코어 2스레드를 지원하므로 논리 CPU는 8개가 됩니다.

참고로 이번 실습을 실행하기 전에 Simultaneous Multi Threading(SMT)가 유효한 시스템이라면 다음과 같이 SMT를 무효로 만듭니다.[2] 무효화하는 이유는 8장에서 설명합니다.

```
$ cat /sys/devices/system/cpu/smt/control
on
$ sudo echo off > /sys/devices/system/cpu/smt/control
$ cat /sys/devices/system/cpu/smt/control
off
$ grep -c processor /proc/cpuinfo
4
```

이런 상태로 최대 프로세스 개수가 8이고 모든 CPU를 사용해서 성능 정보를 수집하면, 즉

---

2 출력 결과가 on이라면 SMT가 유효한 상태입니다. 파일이 존재하지 않거나 다른 결과라면 CPU가 SMT를 지원하지 않습니다.

`./cpuperf.sh -m 8`을 실행한 결과가 [그림 03-14], [그림 03-15]입니다.

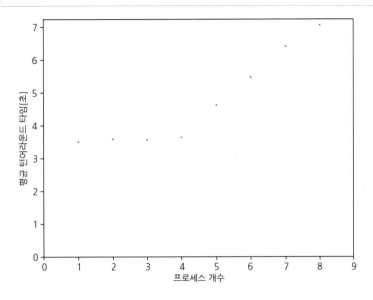

그림 03-14 모든 논리 CPU, 최대 프로세스 개수가 8일 때 평균 턴어라운드 타임

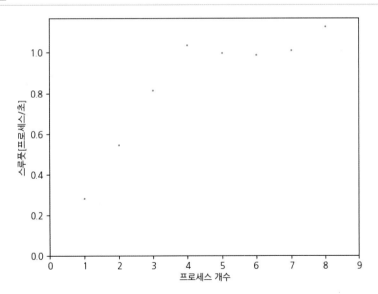

그림 03-15 모든 논리 CPU, 최대 프로세스 개수가 8일 때 스루풋

[그림 03-14]를 보면 프로세스 개수가 논리 CPU 개수(여기서는 4)와 같아질 때까지는 평균 처리 시간이 천천히 늘어나지만 그 후는 갑자기 길어지는 걸 알 수 있습니다.

이어서 [그림 03-15]를 봅시다. 스루풋은 프로세스 개수와 논리 CPU 개수와 같아질 때까지 향상되지만 그 후에는 한풀 꺾이는 걸 알 수 있습니다. 정리하면 다음과 같습니다.

- 논리 CPU가 많이 내장된 경우라도 충분한 수의 프로세스가 실행되어야 비로소 스루풋
  이 향상됩니다.
- 무조건 프로세스 개수를 늘린다고 스루풋은 개선되지 않습니다.

실험하기 전에 SMT를 무효화했으면 다음 명령어로 다시 유효화합니다.

```
$ sudo echo on > /sys/devices/system/cpu/smt/control
```

프로그램 병렬 실행의 중요성

프로그램 병렬 실행의 중요성은 해마다 높아지고 있습니다. 그 이유는 CPU 성능 향상과 관련해서 접근법이 바뀌었기 때문입니다.

예전에는 새로운 CPU가 나올 때마다 논리 CPU당 성능(싱글 스레드 성능$^{single\ thread\ performance}$)이 극적으로 향상되었습니다.[3] 그러면 프로그램을 변경하지 않아도 처리 속도가 빨라집니다. 하지만 최근에는 이런저런 사정으로 싱글 스레드 성능이 더이상 향상되기 어려워졌습니다. 따라서 CPU 세대가 하나 바뀌더라도 싱글 스레드 성능은 소소한 개선 정도가 한계입니다. 대신에 CPU 코어 개수를 늘리는 방법 등으로 CPU 전체 성능을 끌어올리는 쪽으로 방향이 바뀌었습니다.

커널도 이런 시대 흐름에 발맞춰서 코어 개수가 늘어난 경우의 **확장성**^{scalability}을 향상시켜 왔습니다. 시대가 변하면 상식도 바뀌고, 상식이 바뀌면 소프트웨어도 변하기 마련입니다.

---

3 역자주_ 이런 성능 향상을 뒷받침하는 개념으로 반도체 집적 회로 성능이 1~2년마다 2배씩 증가한다는 무어의 법칙이 있었습니다. 다만, 이 법칙은 2016년 이후에는 비용 문제 등으로 의미를 상실했습니다.

제4장

메모리 관리 시스템

리눅스는 시스템에 설치된 메모리 전체를 커널의 **메모리 관리 시스템**[memory management subsystem] 기능을 사용해서 관리합니다(그림 04-01). 메모리는 각 프로세스가 사용할 뿐만 아니라 커널 자체도 사용합니다.

그림 04-01 메모리 전체를 커널이 관리함

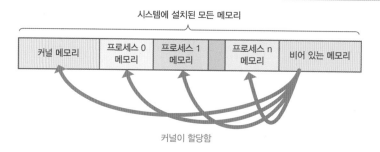

4장에서는 이런 메모리 관리 시스템을 설명합니다.

메모리 관련 정보 수집하기

시스템에 설치된 메모리 용량과 사용 중인 메모리 용량은 **free** 명령어로 확인할 수 있습니다(표 04-01).

```
$ free
          total     used      free      shared    buff/cache    available
Mem:      15359352  448804    9627684   1552      5282864       14579968
Swap:     0         0         0
```

표 04-01 free 명령어로 얻은 정보

필드명	의미
total	시스템에 설치된 전체 메모리 용량. 예제에서는 약 15GiB
free	명목상 비어 있는 메모리(자세한 건 **available** 항목 설명 참고)
buff/cache	버퍼, 캐시, 페이지 캐시(8장에서 설명)가 이용하는 메모리. 시스템의 비어 있는 메모리(**free** 필드값)가 줄어들면 커널이 해제시킴
available	실제로 사용 가능한 메모리. **free** 필드값과 비어 있는 메모리가 줄어 들었을 때 해제 가능한 커널 내부 메모리 영역(예를 들어 페이지 캐시) 크기를 더한 값
used	시스템이 사용 중인 메모리에서 buff/cache를 뺀 값

그림으로 표시하면 [그림 04-02]와 같습니다.

그림 04-02 free 명령어의 필드별 의미

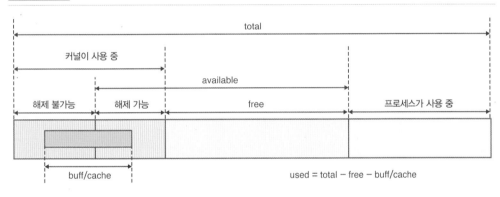

이런 항목 중에서 **used**와 **buff/cache**를 좀 더 자세히 알아봅시다.

used

used값은 프로세스가 사용하는 메모리와 커널이 사용하는 메모리를 모두 포함합니다. 여기서 커널이 사용하는 메모리 관련 이야기는 생략하고, 프로세스가 사용하는 메모리에 주목합니다. **used**값은 프로세스 메모리 사용량에 따라 늘어납니다. 한편, 프로세스가 종료하면 커널은 해당 프로세스의 메모리를 모두 해제합니다. 이런 내용을 다음과 같이 동작하는 `memuse.py` 프로그램(코드 04-01)을 사용해서 확인해 봅시다.

코드 04-01   memuse.py

```python
#!/usr/bin/python3

import subprocess

# 적당한 양의 데이터를 작성해서 메모리를 사용
# 메모리 용량이 작은 시스템이라면 메모리 부족으로 실패할 가능성이 있으므로
# size값을 줄여서 다시 실행
size = 10000000

print("메모리 사용 전의 전체 시스템 메모리 사용량을 표시합니다.")
subprocess.run("free")


array = [0]*size

print("메모리 사용 후의 전체 시스템 메모리 남은 용량을 표시합니다.")
subprocess.run("free")
```

그러면 실행해 봅시다.

```
$ ./memuse.py
메모리 사용 전의 전체 시스템 메모리 사용량을 표시합니다.
          total      used       free       shared     buff/cache   available
Mem:      15359352   515724     9482612    1552       5361016      14513048
Swap:     0          0          0
메모리 사용 후의 전체 시스템 메모리 남은 용량을 표시합니다.
          total      used       free       shared     buff/cache   available
Mem:      15359352   594088     9404248    1552       5361016      14434684
Swap:     0          0          0
```

메모리를 사용하면 **used**값이 약 80MiB($\fallingdotseq$(594088−515724)/1024) 증가했습니다. 시스템 메모리 용량은 **memuse.py**뿐만 아니라 다른 프로그램에도 영향을 받아서 변하므로 구체적인 값 자체는 중요하지 않습니다. 프로그램 실행 중에 메모리를 사용하면 시스템 전체 메모리 사용량이 늘어난다는 점만 알면 됩니다.

memuse.py 실행 직후에 또다시 **free** 명령어를 실행해 봅시다.

```
$ free
        total       used        free        shared    buff/cache    available
Mem:    15359352    512968      9485368     1552      5361016       14515804
Swap:   0           0           0
```

used값은 실행 전과 거의 같은 값으로 돌아왔습니다. 메모리를 사용하던 프로세스를 종료하면 해당하는 메모리가 해제되는 것을 알 수 있습니다.

buff/cache

buff/cache값은 8장에서 설명하는 **페이지 캐시**^page cache와 **버퍼 캐시**^buffer cache가 사용하는 메모리 용량을 뜻합니다. 페이지 캐시와 버퍼 캐시는 접근 속도가 느린 저장 장치에 있는 파일 데이터를 접근 속도가 빠른 메모리에 일시적으로 저장해서 접근 속도가 빨라진 것처럼 보이게 하는 커널 기능입니다. 저장 장치에 있는 파일 데이터를 읽어와서 메모리에 데이터를 캐시한다는(임시로 쌓아둔다) 개념만 기억해두면 됩니다.

다음과 같이 동작하는 buff-cache.sh 프로그램(코드 04-02)으로 페이지 캐시 전후로 **buff/cache**값이 어떻게 변하는지 확인해 봅시다.

- **free** 명령어 실행
- 1GiB 파일 작성
- **free** 명령어 실행
- 파일 삭제
- **free** 명령어 실행

코드 04-02 buff-cache.sh

```
#!/bin/bash

echo "파일 작성 전의 시스템 전체 메모리 사용량을 표시합니다."
free
```

```
echo "1GB 파일을 새로 작성합니다. 커널은 메모리에 1GB 페이지 캐시 영역을 사용
합니다."
dd if=/dev/zero of=testfile bs=1M count=1K

echo "페이지 캐시 사용 후의 시스템 전체 메모리 사용량을 표시합니다."
free

echo "파일 삭제 후, 즉 페이지 캐시 삭제 후의 시스템 전체 메모리 사용량을 표시
합니다."
rm testfile
free
```

```
$ ./buff-cache.sh
파일 작성 전의 시스템 전체 메모리 사용량을 표시합니다.
          total       used       free      shared    buff/cache   available
Mem:    15359352     458672    9617128       1552      5283552    14570100
Swap:   0            0          0
1GiB 파일을 새로 작성합니다. 커널은 메모리에 1GB 페이지 캐시 영역을 사용합니다.
1024+0 records in
1024+0 records out
1073741824 bytes (1.1 GB, 1.0 GiB) copied, 0.721319 s, 1.5 GB/s
페이지 캐시 사용 후의 시스템 전체 메모리 사용량을 표시합니다.
          total       used       free      shared    buff/cache   available
Mem:    15359352     459264    8565984       1552      6334104    14569452
Swap:   0            0          0

파일 삭제 후, 즉 페이지 캐시 삭제 후의 시스템 전체 메모리 사용량을 표시합니다.
          total       used       free      shared    buff/cache   available
Mem:    15359352     459052    9616148       1552      5284152    14569664
Swap:   0            0          0
```

예상대로 파일 작성 전후로 **buff/cache**값이 약 1GiB 정도 늘어났고, 파일을 삭제하니 값이
원래대로 돌아왔습니다.

sar 명령어를 사용해서 메모리 관련 정보를 수집하기

sar -r 명령어를 사용하면 두 번째 인수로 지정한 간격(예제는 1초)으로 메모리 관련 통계 정보를 얻을 수 있습니다. 그러면 5초 동안 1초 간격으로 메모리 정보 데이터를 수집해 봅시다.

```
$ sar -r 1 5
Linux 5.4.0-74-generic (coffee)         12/04/2021  _x86_64_      (8 CPU)
03:08:24 PM  kbmemfree    kbavail    kbmemused   %memused   kbbuffers   kbcached
kbcommit   %commit   kbactive   kbinact    kbdirty
03:08:25 PM  15723544    23620048    472076       1.92       148832     7384996
1280976     5.21      3652572    4265476    240
03:08:26 PM  15723604    23620108    472016       1.92       148832     7384996
1280976     5.21      3652572    4265492    240
03:08:27 PM  15723352    23619856    472264       1.92       148832     7384996
1280976     5.21      3652572    4265664    308
03:08:28 PM  15723540    23620044    472076       1.92       148832     7384996
1280976     5.21      3652572    4265652    308
03:08:29 PM  15723540    23620044    472076       1.92       148832     7384996
1280976     5.21      3652572    4265576    308
Average:     15723516    23620020    472102       1.92       148832     7384996
1280976     5.21      3652572    4265572    281
```

free 명령어와 **sar -r** 명령어를 비교한 내용이 [표 04-02]입니다.

표 04-02 free 명령어와 sar -r 명령어 비교

free 명령어 필드	sar -r 명령어 필드
total	해당 사항 없음
free	kbmemfree
buff/cache	kbuffers + kbcached
available	해당 사항 없음

sar 명령어는 **free** 명령어와 다르게 한 줄에 필요한 정보가 모두 담겨 있어서 계속해서 정보를 수집할 때 편리합니다.

메모리 재활용 처리

시스템 부하가 높아지면 [그림 04-03]처럼 **free** 메모리가 줄어듭니다.

그림 04-03 free 메모리가 줄어듦

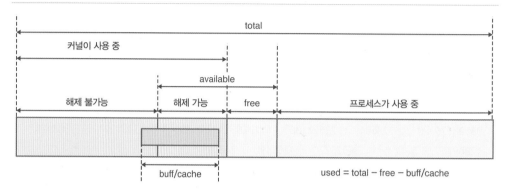

이럴 때 커널의 메모리 관리 시스템은 [그림 04-04]처럼 재활용 가능한 **메모리 영역을 해제**[1]해서 **free**값을 늘립니다.

그림 04-04 메모리 해제

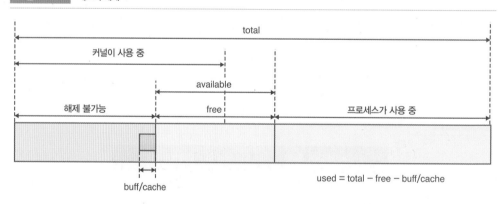

예를 들어 재활용 가능한 메모리에는 디스크에서 데이터를 읽어서 아직 변경되지 않은 페이지 캐시가 있습니다. 이런 페이지 캐시는 동일한 데이터가 디스크에 존재하므로 메모리를 해제해도 문제가 없습니다. 자세한 내용은 8장에서 설명합니다.

---

1 단순한 설명을 위해서 회수 가능한 메모리를 모두 한 번에 해제하는 것처럼 설명했지만, 실제 재활용 방식은 좀 더 복잡한 절차를 거칩니다.

프로세스 삭제와 메모리 강제 해제

재활용 가능한 메모리를 해제해도 메모리 부족이 해결되지 않으면 시스템은 메모리가 부족해서 어쩔 도리가 없는 **Out Of Memory(OOM)** 상태가 됩니다(그림 04-05).

그림 04-05 Out Of Memory

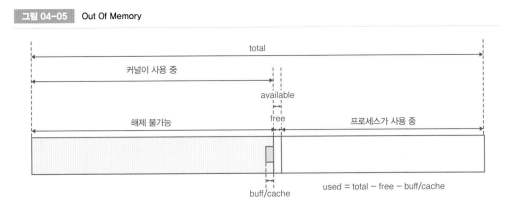

이런 상황에 빠지면 메모리 관리 시스템이 적당히 프로세스를 골라서 강제 종료시키고 메모리에 빈 공간을 만드는 **OOM Killer**라고 하는 무서운 기능이 동작합니다.

그림 04-06 OOM Killer로 프로세스 강제 종료

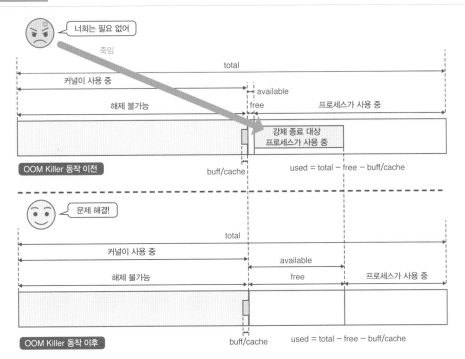

OOM Killer가 동작했을 때 **dmesg** 명령어로 커널 로그를 확인하면 다음과 같이 출력됩니다.

```
[XXX] oom-kill:constraint=CONSTRAINT_NONE,nodemask=(null),...
```

여러분도 여러 프로세스를 실행하던 도중에 어떤 프로세스가 아무런 예고도 없이 갑자기 종료된 경험이 한 번쯤 있을 것입니다. 그런 상황이 발생하면 **dmesg** 명령어 출력을 확인해서 OOM Killer가 동작했는지 여부를 살펴보는 것이 좋습니다. OOM Killer가 동작하는 시스템이라면 메모리가 충분하지 않은 경우가 많습니다. 동시 실행 중인 프로세스 개수를 줄여서 메모리 사용량을 줄이거나 또는 추가로 메모리를 설치하는게 좋습니다.

메모리 용량은 충분한데 OOM Killer가 동작한다면 어떤 프로세스 또는 커널에 **메모리 누수** memory leak가[2] 일어나고 있을지도 모릅니다. 프로세스 메모리 사용량을 정기적으로 모니터링하면 시스템 부하 여부와 관계없이 시간이 지남에 따라 메모리 사용량이 늘어나는 수상한 프로세스를 찾기 쉽습니다.

제일 간단한 모니터링 방법으로 **ps** 명령어가 있습니다. **ps aux** 실행 결과에 표시된 각 프로세스 정보에서 **RSS** 필드는 프로세스가 사용하는 메모리 용량을 뜻합니다.

```
$ ps aux
USER    PID    %CPU   %MEM   VSZ     RSS TTY      STAT START   TIME COMMAND
...
sat     19262  0.0    0.0    12120   5232 pts/0   Ss   18:24   0:00 bash
...
```

메모리 누수가 일어나는 프로세스를 확인했더라도 어떤 버그 때문에 그런 현상이 일어나는지 원인을 찾을 수 없다면, 해당하는 프로세스를 정기적으로 재시작해서 문제를 회피하는 임기응변도 종종 사용하는 방법입니다.

OOM Killer를 자세히 알고 싶으신 분은 인터넷 등에서 OOM Killer Linux 등으로 검색해 보시기 바랍니다.

---

2 해제되어야 할 메모리가 해제되지 않고 그대로 남아 있는 버그입니다.

가상 메모리

이번에는 리눅스 메모리 관리를 이해하는 데 빠질 수 없는 **가상 메모리**^{virtual memory} 기능을 설명합니다. 가상 메모리는 하드웨어와 소프트웨어(커널)를 연동해서 구현합니다.[3]

가상 메모리는 무척 복잡한 기능이므로 다음 순서로 설명합니다.

　❶ 가상 메모리가 없을 때 생기는 문제점
　❷ 가상 메모리 기능
　❸ 가상 메모리로 문제점 해결

가상 메모리가 없을 때 생기는 문제점

가상 메모리 없이 메모리를 직접 관리한다면 다음과 같은 문제점이 생깁니다.

* 메모리 단편화
* 멀티 프로세스 구현이 어려움
* 비정상적인 메모리 접근

각각에 대해 설명하겠습니다.

메모리 단편화
프로세스를 생성하고 메모리 확보와 해제 작업을 반복하다 보면 **메모리 단편화**^{fragmentation of memory} 문제가 발생합니다. 예를 들어 [그림 04-07]에서 비어 있는 메모리는 합치면 300바이트이지만 각자 따로따로 100바이트씩 3개의 영역으로 나눠진 상태이므로 100바이트보다 큰 영역을 확보하려면 실패합니다.

3　일부 임베디드 시스템은 가상 메모리를 사용하지 않는 경우도 있습니다.

그림 04-07 | 메모리 단편화

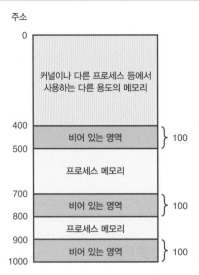

비어 있는 영역 3개를 하나로 묶어서 다루면 어떻게 될 것 같겠지만 다음과 같은 이유로 불가능합니다.

- 프로그램이 메모리를 확보할 때마다 확보한 메모리가 몇 개의 영역으로 쪼개져 있는지 일일이 관리해야 하므로 무척 불편합니다.
- 크기가 100바이트보다 큰 연속된 데이터 묶음, 예를 들어 300바이트짜리 배열을 작성하려는 용도로 사용할 수 없습니다.

멀티 프로세스 구현이 어려움

[그림 04-08]처럼 프로세스 A를 실행했을 때 코드 영역이 주소 300부터 400[4]이고, 데이터가 주소 400부터 500으로 매핑된 상태를 생각해 봅시다.

4　엄밀하게는 300~399 범위입니다. 이 책에서는 보기 편하도록 'x부터 y'라고 하면 x 이상 y 미만의 범위를 가리킵니다.

프로세스 A를 실행했을 때 메모리 맵

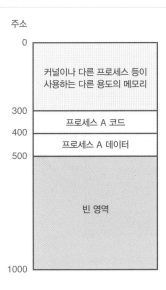

이 다음에 동일한 실행 파일을 사용해서 별도의 프로세스 B를 실행했다고 합시다. 하지만 이건 불가능합니다. 그 이유는 이 프로그램은 주소 300부터 500에 매핑된다고 전제하는데, 이미 해당 영역은 프로세스 A가 사용하고 있기 때문입니다. 억지로 다른 장소(예를 들어 주소 500부터 700)로 매핑해서 동작시켜도 명령어나 데이터가 가리키는 메모리 주소가 달라서 올바르게 동작하지 않습니다.

다른 프로그램을 실행할 때도 마찬가지입니다. 어떤 프로그램 A와 B가 있고 각각 동일한 메모리 영역에 매핑되도록 만들었다면 A와 B는 동시에 실행 불가능합니다.

결국 동시에 여러 프로그램을 실행하려면, 사용자가 모든 프로그램의 배치 장소가 겹치지 않도록 의식해서 관리해야 한다는 말이 됩니다.

비정상적인 메모리 접근

커널이나 수많은 프로세스가 메모리에 존재할 때, 어떤 프로세스가 커널이나 다른 프로세스에 할당된 메모리 주소를 지정하면 자신이 사용하는 영역이 아님에도 불구하고 접근할 수 있는 문제가 생깁니다(그림 04-09).

그림 04-09　프로세스가 다른 메모리 영역에도 접근 가능한 경우

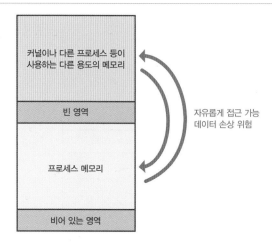

따라서 이렇게 아무나 접근 가능하다면 데이터 누출 또는 데이터 손상의 위험성이 있습니다.

가상 메모리 기능

가상 메모리^{virtual memory}는 프로세스가 메모리에 접근할 때 시스템에 설치된 메모리에 직접 접근하는 대신에 **가상 주소**^{virtual address}를 사용해서 간접적으로 접근하는 기능입니다.

가상 주소에 대비되는 시스템에 설치된 메모리의 실제 주소를 **물리 주소**^{physical address}라고 하며, 이런 주소를 사용해서 접근 가능한 범위를 **주소 공간**^{address space}이라고 합니다(그림 04-10).

그림 04-10　가상 메모리

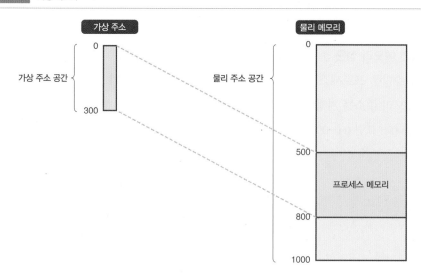

[그림 04-10] 상태에서 프로세스가 주소 100에 접근하면, 실제로 메모리에서는 주소 600에 존재하는 데이터에 접근합니다(그림 04-11).

그림 04-11 **가상 주소를 사용한 메모리 접근**

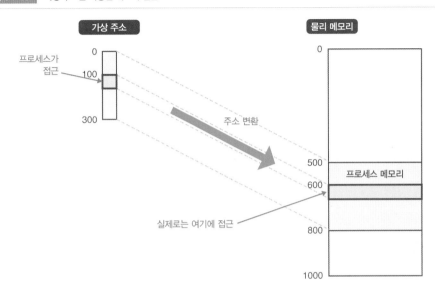

2장에서 `readelf` 명령어나 `cat /proc/<pid>/maps` 출력 결과에 나오는 주소는 실제로는 모두 가상 주소입니다. 그리고 프로세스에서 실제 메모리에 직접 접근하는 방법, 다시 말하면 물리 주소를 직접 지정하는 방법은 없습니다.

페이지 테이블

가상 주소를 물리 주소로 변환하려면 커널 메모리 내부에 저장된 **페이지 테이블**^{page table}을 사용합니다. CPU는 모든 메모리를 페이지 단위로 쪼개서 관리하는데 주소는 페이지 단위로 변환됩니다.

페이지 테이블에서 한 페이지에 대응하는 데이터를 **페이지 테이블 엔트리**^{page table entry}라고 부릅니다. 페이지 테이블 엔트리는 가상 주소와 물리 주소 대응 정보를 포함합니다.

페이지 크기는 CPU 아키텍처에 따라 정해져 있습니다. x86_64 아키텍처는 4KiB입니다. 다만 이 책에서는 설명이 편하도록 페이지 크기를 100바이트로 정합니다. [그림 04-12]는 가상 주소 0~300이 물리 주소 500~800에 매핑된 모습입니다.

그림 04-12   페이지 테이블

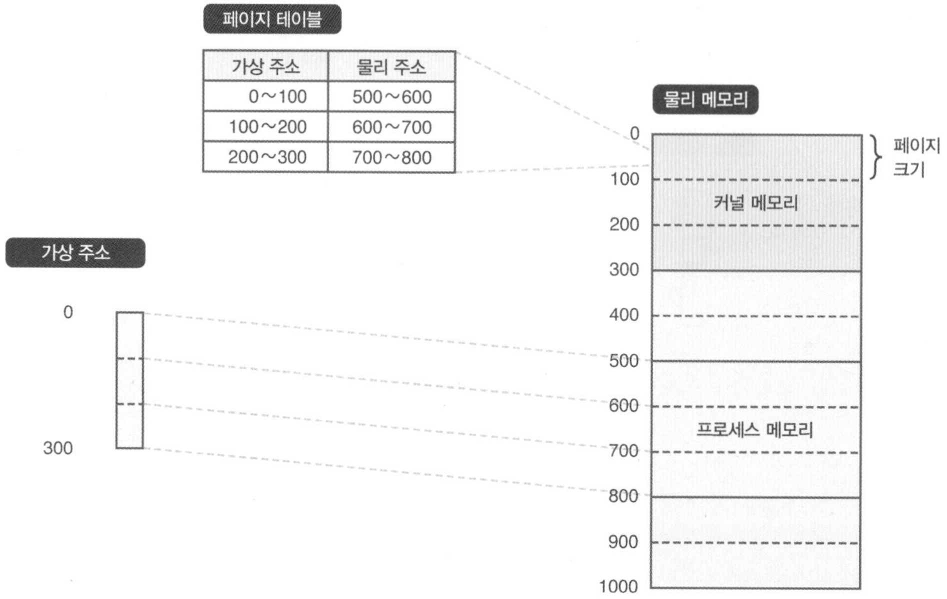

페이지 테이블

가상 주소	물리 주소
0~100	500~600
100~200	600~700
200~300	700~800

물리 메모리

0

100

커널 메모리

200

300

400

500

600

프로세스 메모리

700

800

900

1000

} 페이지
  크기

가상 주소

0

300

페이지 테이블은 커널이 작성합니다. 2장에서 커널은 프로세스 생성 시 프로세스 메모리를 확보하고 확보한 메모리에 실행 파일 내용을 복사한다고 설명했습니다. 이때 동시에 프로세스용 페이지 테이블도 작성합니다. 하지만 프로세스가 가상 주소에 접근할 때 물리 주소로 변환하는 건 CPU가 하는 작업입니다.

가상 주소 0부터 300까지 접근하고 싶은 경우라면 괜찮지만 300 이후의 가상 주소에 접근하려면 어떻게 해야 할까요?

사실은 가상 주소 공간 크기는 고정된 값이고, 페이지 테이블 엔트리에 페이지와 대응하는 물리 메모리의 존재 여부를 관리하는 데이터가 있습니다. 예를 들어, 가상 주소 공간 크기가 500바이트라면 [그림 04-13]처럼 됩니다.

그림 04-13 페이지 테이블(주소 300~500에는 물리 메모리가 할당 안 된 상태)

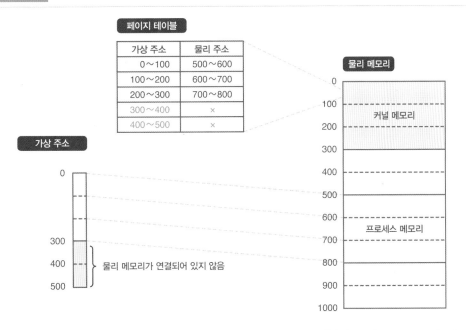

주소 300~500에 프로세스가 접근하면 CPU에서 **페이지 폴트**[page fault]라고 하는 **예외**[exception]가 발생합니다. 예외는 실행 중인 코드 중간에 끼어 들어서 별도의 처리를 실행할 수 있도록 CPU가 제공하는 기능을 이용하는 동작 구조 방식입니다.

이런 페이지 폴트 예외가 발생하면 CPU에서 실행 중인 명령이 중단되고, 커널 메모리에 배치된 **페이지 폴트 핸들러**[page fault handler] 처리가 실행됩니다. [그림 04-13] 상태에서 주소 300에 접근하면 [그림 04-14]처럼 됩니다.

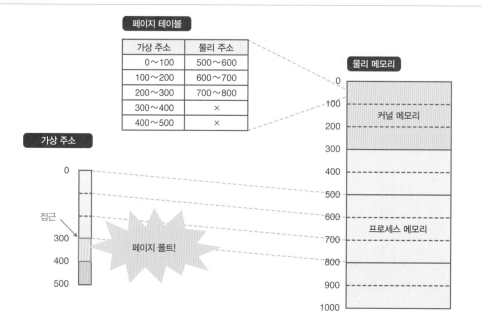

그림 04-14 페이지 폴트 발생

커널은 페이지 폴트 핸들러를 이용해서 프로세스가 비정상적인 메모리 접근을 일으켰다는 걸 감지합니다. 그런 이후에 SIGSEGV 시그널을 프로세스에 송신합니다. SIGSEGV 시그널을 받은 프로세스는 보통은 강제 종료됩니다.

비정상적인 주소에 접근하는 segv 프로그램(코드 04-03)을 실행해 봅시다. 이 프로그램은 다음과 같이 동작합니다.

1. 비정상적인 주소에 접근하기 전에 '비정상 메모리 접근 전' 메시지를 표시합니다.
2. 반드시 접근에 실패하는 nil 주소에 아무 값(코드에서는 0)을 씁니다.
3. 비정상적인 주소에 접근한 후에 '비정상 메모리 접근 후' 메시지를 표시합니다.

코드 04-03 segv.go

```go
package main

import "fmt"

func main() {
    // nil은 반드시 접근에 실패해서 페이지 폴트가 발생하는 특수한 메모리 접근
```

```
  var p *int = nil
  fmt.Println("비정상 메모리 접근 전")
  *p = 0
  fmt.Println("비정상 메모리 접근 후")
}
```

프로그램을 빌드해서 실행해 봅시다.

```
$ go build segv.go
$ ./segv
비정상 메모리 접근 전
panic: runtime error: invalid memory address or nil pointer dereference
[signal SIGSEGV: segmentation violation code=0x1 addr=0x0 pc=0x4976db]

goroutine 1 [running]:
main.main()
    /home/sat/src/04-memorymanagement-1/src/segv.go:9 +0x7b
```

'**비정상 메모리 접근 전**' 문자열이 출력된 다음, '**비정상 메모리 접근 후**' 문자열이 출력되기 전에 뭔가 어려워 보이는 메시지가 나오고 프로그램이 종료되었습니다. 비정상적인 주소에 접근한 직후에 SIGSEGV 시그널을 수신했는데 이 시그널에 대처하지 못해서 이상 종료된 것을 알 수 있습니다.

참고로 C 언어로 구현한 동일한 프로그램(코드 04-04) 실행 결과는 다음과 같습니다.

```
$ make segv-c
cc   segv-c.c   -o segv-c
$ ./segv-c
[1]    2836619 segmentation fault (core dumped)  ./segv-c
```

코드 04-04 segv-c.c

```c
#include <stdlib.h>

int main(void) {
    int *p = NULL;
    *p = 0;
}
```

여러분도 이런 몸서리나는 메시지와 함께 프로그램이 강제 종료된 기억이 있을 것입니다.
C 언어나 Go 언어처럼 메모리 주소를 직접 다루는 언어로 작성된 프로그램이라면 SIGSEGV
때문에 프로그램이 강제 종료되는 일이 종종 발생합니다.

한편, 파이썬처럼 메모리 주소를 직접 다루지 않는 언어로 만든 프로그램은 보통 이런 문제가
발생하지 않습니다. 하지만 프로그래밍 언어 처리나 C 언어 등으로 만든 라이브러리에 버그가
있다면 SIGSEGV가 발생할 수도 있습니다.

가상 메모리로 문제 해결하기

앞에서 설명한 가상 메모리 기능을 사용해서 지금까지 다룬 다양한 문제를 어떻게 해결할 수 있
는지 봅시다.

메모리 단편화

프로세스의 페이지 테이블을 잘 설정하면 물리 메모리의 단편화된 영역이라도 프로세스 가상
주소 공간에서는 커다란 하나의 영역으로 다룰 수 있습니다. 이렇게 하면 단편화 문제가 해결됩
니다(그림 04-15).

그림 04-15 메모리 단편화 방지

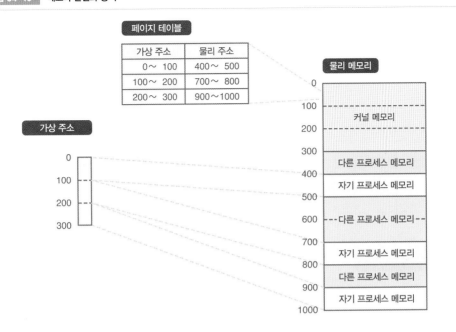

멀티 프로세스 구현이 어려움

가상 주소 공간은 프로세스마다 만들어집니다. 따라서 멀티 프로세스 환경에서 각자의 프로그램이 다른 프로그램과 주소가 중복되는 걸 피할 수 있습니다(그림 04-16).

그림 04-16 프로그램마다 독립된 가상 주소 공간

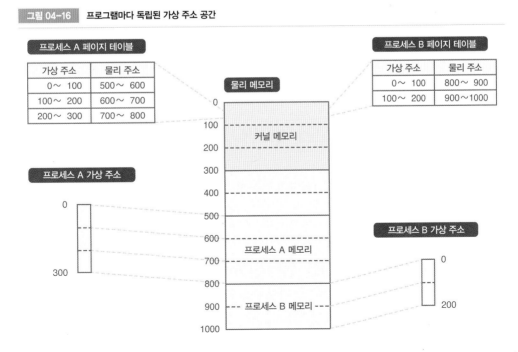

비정상적인 메모리 접근

프로세스마다 가상 주소 공간이 있다는 말은 애초에 다른 프로세스의 메모리가 어떻게 되어 있는지 알 수가 없기 때문에 접근할 수 없다는 뜻입니다. 따라서 어떤 프로세스에서 다른 프로세스의 메모리로 비정상적인 접근이 불가능합니다(그림 04-17).

그림 04-17 다른 프로세스 메모리에 접근 방지

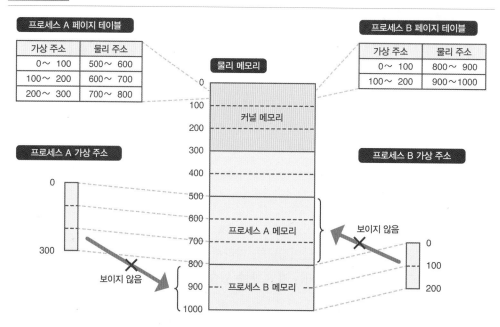

커널 메모리도 보통 프로세스 가상 주소 공간에 매핑되지 않으므로 비정상적인 접근을 할 수 없습니다.

프로세스에 새로운 메모리 할당하기

일반적으로 생각하면 커널이 프로세스에 메모리를 할당하는 절차는 다음과 같은 순서로 시스템 콜을 호출하면 될 것 같습니다.

1. 프로세스는 XX바이트 메모리가 필요하다고 시스템 콜 호출로 커널에 요청합니다.
2. 커널은 시스템의 비어 있는 메모리에서 XX바이트 영역을 확보합니다.
3. 확보한 메모리 영역을 프로세스의 가상 주소 공간에 매핑합니다.
4. 가상 주소 공간의 시작 위치 주소를 프로세스에 돌려줍니다.

하지만 메모리는 확보한 순간 당장 사용하기보다는 조금 시간이 지난 후에 사용하는 일이 많아서 리눅스는 메모리를 확보하는 절차를 두 단계로 나눕니다.

1. 메모리 영역 할당: 가상 주소 공간에 새롭게 접근 가능한 메모리 영역을 매핑합니다.
2. 메모리 할당: 확보한 메모리 영역에 물리 메모리를 할당합니다.

각각의 절차에 대해 설명하겠습니다.

메모리 영역 할당: mmap() 시스템 콜

동작 중인 프로세스에 새로운 메모리 영역을 할당하려면 **mmap()** 시스템 콜을 사용합니다.[5] **mmap()** 시스템 콜에는 메모리 영역 크기를 지정하는 인수가 있습니다. 시스템 콜을 호출하면 커널 메모리 관리 시스템이 프로세스의 페이지 테이블을 변경하고, 요청된 크기만큼 영역[6]을 페이지 테이블에 추가로 매핑하고 매핑된 영역의 시작 주소를 프로세스에 돌려줍니다.

다음과 같이 동작하는 mmap 프로그램(코드 04-05)을 사용해서 가상 주소 공간에 새로운 메모리 영역을 매핑하는 모습을 확인해 봅시다.

1. 프로세스의 메모리 매핑 정보(**/proc/<pid>/maps** 출력)를 표시합니다.
2. **mmap()** 시스템 콜로 1GiB 메모리를 요청합니다.
3. 다시 메모리 매핑 정보를 표시합니다.

코드 04-05 mmap.go

```go
package main

import (
    "fmt"
    "log"
    "os"
    "os/exec"
```

---

5 brk() 시스템 콜도 사용하지만 여기서는 설명을 생략합니다.

6 요청한 크기보다 더 커지는 경우도 있습니다. 예를 들어 x86_64 아키텍처라면 페이지 크기가 4KiB라서 그보다 작은 크기를 요청하더라도 페이지 크기의 배수가 되도록 올림합니다.

```go
    "strconv"
    "syscall"
)

const (
    ALLOC_SIZE = 1024 * 1024 * 1024
)

func main() {
    pid := os.Getpid()
    fmt.Println("*** 새로운 메모리 영역 확보 전 메모리 맵핑 ***")
    command := exec.Command("cat", "/proc/"+strconv.Itoa(pid)+"/maps")
    command.Stdout = os.Stdout
    err := command.Run()
    if err != nil {
        log.Fatal("cat 실행에 실패했습니다")
    }

    // mmap() 시스템 콜을 호출해서 1GB 메모리 영역 확보
    data, err := syscall.Mmap(-1, 0, ALLOC_SIZE, syscall.PROT_READ|syscall.PROT_
WRITE, syscall.MAP_ANON|syscall.MAP_PRIVATE)
    if err != nil {
        log.Fatal("mmap()에 실패했습니다")
    }

    fmt.Println("")
    fmt.Printf("*** 새로운 메모리 영역: 주소 = %p, 크기 = 0x%x ***\n",
        &data[0], ALLOC_SIZE)
    fmt.Println("")

    fmt.Println("*** 새로운 메모리 영역 확보 후 메모리 매핑 ***")
    command = exec.Command("cat", "/proc/"+strconv.Itoa(pid)+"/maps")
    command.Stdout = os.Stdout
    err = command.Run()
    if err != nil {
```

```
    log.Fatal("cat 실행에 실패했습니다")
  }
}
```

추가로 설명하자면 **mmap()** 시스템 콜과 Go 언어의 **mmap()** 함수 인수는 조금 다릅니다. 예를 들어 시스템 콜은 요청하는 메모리 크기를 두 번째 인수로 지정하지만, Go 언어 함수는 세 번째 인수로 지정합니다. 양쪽 모두 수많은 인수가 있지만 여기서는 메모리 영역 크기를 지정하는 인수에만 주의하면 됩니다. 그러면 실행해 봅니다.

```
$ go build mmap.go
$ ./mmap
*** 새로운 메모리 영역 확보 전 메모리 맵핑 ***
...
7fd00aa94000-7fd00cd45000 rw-p 00000000 00:00 0  ❶

*** 새로운 메모리 영역: 주소 = 0x7fcfcaa94000, 크기 = 0x40000000 ***

*** 새로운 메모리 영역 확보 후 메모리 매핑 ***
...
7fcfcaa94000-7fd00cd45000 rw-p 00000000 00:00 0  ❷
...
```

/proc/<pid>/maps 출력 결과를 보면 각 줄은 개별 메모리 영역에 대응하고 첫 번째 필드가 메모리 영역을 뜻합니다. ❶은 새로운 메모리 확보 전이며, 메모리 주소 **0x7fd00aa94000**부터 **0x7fd00cd45000**까지가 영역이 됩니다.

새로운 메모리 영역 확보 후에는 영역 ❶이 영역 ❷로 확장되었습니다. 새로 늘어난 영역 크기는 **0x7fd00aa94000 − 0x7fcfcaa94000** = 1GiB라는 걸 알 수 있습니다.

여러분이 직접 이 프로그램을 실행해 보면 새로운 메모리 영역 시작 주소나 끝 주소가 예제와 다른 값이 출력될지도 모릅니다. 이건 매번 바뀌는 값이므로 신경 쓸 필요 없고, 중요한 건 양쪽 주소를 뺀 값이 1GiB라는 점입니다.

Meltdown 취약점의 공포 (Column)

2018년 이전까지 리눅스는 커널 메모리를 프로세스 가상 주소 공간에 매핑하는 것이 기본값이었습니다. 그 이유는 커널 구현이 간단하고 성능 향상을 기대할 수 있다는 점 때문이었습니다. 하지만 2018년 세상을 떠들썩하게 만든 하드웨어 취약점 Meltdown에 대응하기 위해서 커널 메모리는 프로세스의 주소 공간에 더이상 매핑되지 않도록 기본값이 바뀌었습니다.

가상 주소 공간에 매핑된 커널 메모리는 프로세스가 사용자 공간에서 동작하고 있으면 접근 불가능하고 시스템 콜 호출 등을 계기로 커널 공간으로 동작할 때만 접근 가능하도록 하드웨어적으로 보호받습니다. 하지만 Meltdown 취약점은 이런 보호를 뚫고 커널 메모리를 읽을 수 있는 강력한 공격이었습니다. 따라서 지금까지 배운 가상 메모리의 모든 장점을 버리면서까지 취약점에 대응할 수밖에 없습니다.

Meltdown 취약점은 이 책에서 다루는 범위를 넘어서지만 흥미가 생기신 분은 다음 자료를 참조하기 바랍니다.

- Reading privileged memory with a side-channel[7]
- Meltdown: Reading Kernel Memory from User Space[8]

메모리 할당: Demand paging

mmap() 시스템 콜을 호출한 직후라면 새로운 메모리 영역에 대응하는 물리 메모리는 아직 존재하지 않습니다. 대신에 새롭게 확보 영역 내부에 있는 각 페이지에 처음으로 접근할 때 물리 메모리를 할당합니다. 이런 방식을 Demand paging이라고 합니다. Demand paging을 구현하기 위해 메모리 관리 시스템이 페이지마다 해당 페이지의 물리 메모리 할당 여부 상태를 관리합니다.

mmap() 시스템 콜로 1페이지의 메모리를 새롭게 확보하는 예제로 Demand paging 구조를 설명합니다. 이때 **mmap()** 시스템 콜을 호출한 직후에는 페이지 테이블 엔트리가 만들어지지만, 해당하는 페이지에 물리 메모리는 할당되어 있지 않습니다(그림 04-18).

---

7 https://googleprojectzero.blogspot.com/2018/01/reading-privileged-memory-with-side.html

8 https://meltdownattack.com/meltdown.pdf

그림 04-18 새로운 메모리 영역 확보 직후

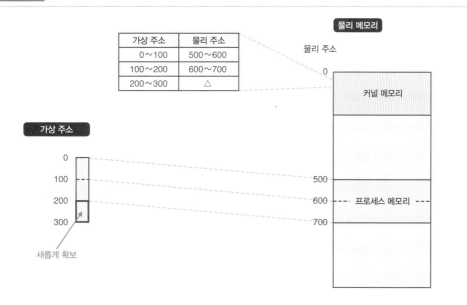

이제 해당하는 페이지에 접근하면 다음과 같은 절차로 메모리를 확보합니다(그림 04-19).

❶ 프로세스가 페이지에 접근합니다.

❷ 페이지 폴트가 발생합니다.

❸ 커널의 페이지 폴트 핸들러가 동작해서 페이지에 대응하는 물리 메모리를 할당합니다.

그림 04-19 물리 메모리 할당

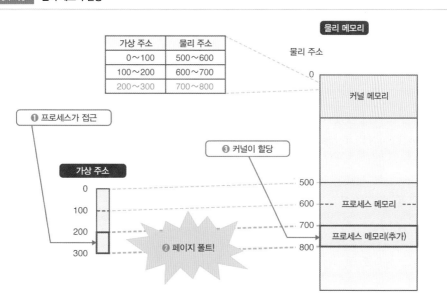

페이지 폴트 핸들러는 페이지 테이블 엔트리가 존재하지 않는 페이지에 접근하면 프로세스에 SIGSEGV를 보내지만, 페이지 테이블 엔트리는 존재해도 대응하는 물리 메모리가 할당되지 않은 경우라면 새로운 메모리를 할당하는 처리로 분기합니다.

Demand paging이 발생하는 모습을 **demand-paging.py** 프로그램(코드 04-06)으로 확인해봅시다. 이 프로그램은 다음처럼 동작합니다.

❶ 새로운 메모리 영역을 확보하기 전이라는 메시지를 출력하고 엔터 키 입력을 기다립니다.

❷ 100MiB 메모리 영역을 확보합니다.

❸ 새로운 메모리 영역을 확보한 후에 메시지를 출력하고 엔터 키 입력을 기다립니다.

❹ 새롭게 확보한 메모리 영역의 처음부터 끝까지 1페이지씩 접근해서 10MiB 접근할 때마다 진척도를 출력합니다.

❺ 모든 메모리 영역에 접근했으면 메시지를 출력하고 엔터 키 입력을 기다립니다. 입력되면 종료합니다.

> **코드 04-06**   demand-paging.py

```python
#!/usr/bin/python3

import mmap
import time
import datetime

ALLOC_SIZE  = 100 * 1024 * 1024
ACCESS_UNIT = 10 * 1024 * 1024
PAGE_SIZE   = 4096

def show_message(msg):
  print("{}: {}".format(datetime.datetime.now().strftime("%H:%M:%S"), msg))

show_message("새로운 메모리 영역 확보 전. 엔터 키를 누르면 100메가 새로운 메모리 영역을 확보합니다: ")
input()

# mmap() 시스템 콜 호출로 100MiB 메모리 영역 확보
```

```
memregion = mmap.mmap(-1, ALLOC_SIZE, flags=mmap.MAP_PRIVATE)
show_message("새로운 메모리 영역을 확보했습니다. 엔터 키를 누르면 1초당 1MiB
씩, 합계 100MiB 새로운 메모리 영역에 접근합니다: ")
input()

for i in range(0, ALLOC_SIZE, PAGE_SIZE):
  memregion[i] = 0
  if i%ACCESS_UNIT == 0 and i != 0:
    show_message("{} MiB 진행 중".format(i//(1024*1024)))
    time.sleep(1)

show_message("새롭게 확보한 메모리 영역에 모두 접근했습니다. 엔터 키를 누르면
종료합니다: ")
input()
```

메시지 앞부분에는 현재 시각이 표시됩니다. 실행 결과는 다음과 같습니다.

```
$ ./demand-paging.py
11:41:51: 새로운 메모리 영역 확보 전. 엔터 키를 누르면 100메가 새로운 메모리
영역을 확보합니다:

11:42:23: 새로운 메모리 영역을 확보했습니다. 엔터 키를 누르면 1초당 1MiB씩, 합
계 100MiB 새로운 메모리 영역에 접근합니다:

11:42:27: 10 MiB 진행 중
11:42:28: 20 MiB 진행 중
11:42:29: 30 MiB 진행 중
11:42:30: 40 MiB 진행 중
11:42:31: 50 MiB 진행 중
11:42:32: 60 MiB 진행 중
11:42:33: 70 MiB 진행 중
11:42:34: 80 MiB 진행 중
11:42:35: 90 MiB 진행 중
11:42:36: 새롭게 확보한 메모리 영역에 모두 접근했습니다. 엔터 키를 누르면 종료
합니다:
```

이 프로그램을 실행 중에 시스템의 다양한 메모리 관련 통계 정보를 수집해서 어떤 변화가 일어나는지 확인해 봅시다.

시스템 전체 메모리 사용량 변화를 확인하기

우선 **sar -r**를 사용해서 **demand-paging.py** 실행 중에 시스템 전체 메모리 사용량 변화를 봅시다.

demand-paging.py 실행 결과는 다음과 같습니다.

```
$ ./demand_paging.py
11:50:09: 새로운 메모리 영역 확보 전. 엔터 키를 누르면 100메가 새로운 메모리
영역을 확보합니다:

11:50:09: 새로운 메모리 영역을 확보했습니다. 엔터 키를 누르면 1초당 1MiB씩, 합
계 100MiB 새로운 메모리 영역에 접근합니다:

11:50:11: 10 MiB 진행 중
11:50:12: 20 MiB 진행 중
11:50:13: 30 MiB 진행 중
11:50:14: 40 MiB 진행 중
11:50:15: 50 MiB 진행 중
11:50:16: 60 MiB 진행 중
11:50:17: 70 MiB 진행 중
11:50:18: 80 MiB 진행 중
11:50:19: 90 MiB 진행 중
11:50:20: 새롭게 확보한 메모리 영역에 모두 접근했습니다. 엔터 키를 누르면 종료
합니다:
```

다음은 프로그램 실행 중에 수집한 **sar -r 1** 명령어 실행 결과입니다. **demand-paging.py**가 어떤 일을 했는지 출력 결과를 확인해 봅시다.

```
$ sar -r 1
Linux 5.4.0-66-generic (coffee)          02/27/2021  _x86_64_      (8 CPU)

11:50:07 AM  kbmemfree  kbavail   kbmemused  %memused  kbbuffers  kbcached
kbcommit  %commit  kbactive  kbinact  kbdirty
```

```
11:50:08 AM  15617368    23633168    459572      1.87       148748     7493172
1280880   5.21     3683168    4328192  964
11:50:09 AM  15614344    23630144    462596      1.88       148748     7493172
1284756   5.23     3683172    4331552  964    ❶ 새로운 메모리 영역 확보 전
11:50:10 AM  15613588    23629388    463352      1.89       148748     7493172
1387156   5.65     3683176    4331736  964    ❷ 새로운 메모리 영역 확보 후
11:50:11 AM  15506488    23522292    570448      2.32       148748     7493176
1561176   6.35     3683180    4439872  968
11:50:12 AM  15499180    23514984    577756      2.35       148748     7493176
1560984   6.35     3683180    4448112  1004
11:50:13 AM  15482004    23497808    594924      2.42       148748     7493176
1573784   6.41     3683180    4463100  1004
11:50:14 AM  15472428    23488232    604500      2.46       148748     7493176
1573784   6.41     3683180    4473288  1004
...
11:50:20 AM  15512016    23527816    564888      2.30       148748     7493172
1387156   5.65     3683176    4434248  392
11:50:21 AM  15511196    23526996    565716      2.30       148748     7493172
1387156   5.65     3683176    4434468  392    ❸ 메모리 접근 완료
11:50:22 AM  15617352    23633152    459572      1.87       148748     7493172
1280880   5.21     3683188    4328288  392    ❹ 프로세스 종료
11:50:23 AM  15617636    23633436    459288      1.87       148748     7493172
1280880   5.21     3683188    4328260  392
```

이 결과에서 다음을 알 수 있습니다.

❶-❷ 메모리 영역을 확보해도 해당 영역에 접근하지 않으면 메모리 사용량(kbmemused 필드값)은 변하지 않습니다.[9]

❷-❸ 메모리 접근이 시작되면 초당 약 10MiB씩 메모리 사용량이 늘어납니다.

❸-❹ 프로세스가 종료되면 메모리 사용량은 프로세스 실행 전 상태로 돌아갑니다.

시스템 전체 페이지 폴트 발생 상황을 확인하기

sar -B 명령어로 시스템 전체의 페이지 폴트 발생 횟수를 확인할 수 있습니다. 이번에는 sar

---

9 demand-paging.py 실행중에 다른 프로세스 영향으로 값이 변하는 경우도 있습니다.

-B 1를 다른 단말에서 실행하면서 **demand-paging.py**를 실행해 봅시다.

demand-paging.py 실행 결과는 다음과 같습니다.

```
$ ./demand-paging.py
09:27:46: 새로운 메모리 영역 확보 전. 엔터 키를 누르면 100메가 새로운 메모리
영역을 확보합니다:

09:27:48: 새로운 메모리 영역을 확보했습니다. 엔터 키를 누르면 1초당 1MiB씩, 합
계 100MiB 새로운 메모리 영역에 접근합니다:

09:27:50: 10 MiB 진행 중
09:27:51: 20 MiB 진행 중
09:27:52: 30 MiB 진행 중
09:27:53: 40 MiB 진행 중
09:27:54: 50 MiB 진행 중
09:27:55: 60 MiB 진행 중
09:27:56: 70 MiB 진행 중
09:27:57: 80 MiB 진행 중
09:27:58: 90 MiB 진행 중
09:27:59: 새롭게 확보한 메모리 영역에 모두 접근했습니다. 엔터 키를 누르면 종료
합니다:
```

```
$ sar -B 1
Linux 5.4.0-66-generic (coffee)         02/27/2021  _x86_64_       (8 CPU)
09:27:43 AM  pgpgin/s  pgpgout/s  fault/s  majflt/s  pgfree/s  pgscank/s
pgscand/s  pgsteal/s  %vmeff
09:27:44 AM  0.00       0.00      2130.00   0.00     27867.00   0.00
0.00       0.00       0.00
09:27:45 AM  0.00       0.00      1315.00   0.00      1017.00   0.00
0.00       0.00       0.00
09:27:46 AM  0.00       0.00      1213.00   0.00       674.00   0.00
0.00       0.00       0.00
09:27:47 AM  0.00       0.00       0.00     0.00       597.00   0.00
0.00       0.00       0.00    ❶ 메모리 영역 확보 전
```

```
09:27:48 AM  0.00      0.00      4.00     0.00    507.00    0.00
0.00       0.00      0.00
09:27:49 AM  0.00      0.00      0.00     0.00    486.00    0.00
0.00       0.00      0.00   ❷ 메모리 영역 확보 후
09:27:50 AM  0.00      0.00    765.00     0.00    523.00    0.00
0.00       0.00      0.00
09:27:51 AM  0.00      0.00   3304.00     0.00    496.00    0.00
0.00       0.00      0.00
09:27:52 AM  0.00     36.00   3320.00     0.00    500.00    0.00
0.00       0.00      0.00
09:27:53 AM  0.00      0.00   3319.00     0.00    499.00    0.00
0.00       0.00      0.00
...
09:27:57 AM  0.00      0.00   3319.00     0.00    502.00    0.00
0.00       0.00      0.00
09:27:58 AM  0.00      0.00   3316.00     0.00    499.00    0.00
0.00       0.00      0.00
09:27:59 AM  0.00      0.00   3303.00     0.00    483.00    0.00
0.00       0.00      0.00
09:28:00 AM  0.00      0.00   3262.00     0.00    493.00    0.00
0.00       0.00      0.00   ❸ 메모리 접근 완료
09:28:01 AM  0.00      4.00     43.00     0.00  40289.00    0.00
0.00       0.00      0.00   ❹ 프로세스 종료
09:28:02 AM  0.00      0.00      0.00     0.00  31852.00    0.00
0.00       0.00      0.00
```

프로그램이 확보한 메모리 영역에 접근했을 때만 초당 페이지 폴트 횟수를 뜻하는 **fault/s** 필드값이 늘어나는 걸 알 수 있습니다.

demand-paging 프로세스 정보

이번에는 시스템 전체가 아니라 **demand-paging.py** 프로세스 자체의 정보를 확인해 봅시다. 여기서는 확보한 메모리 영역 용량, 확보한 물리 메모리 용량, 프로세스 생성부터 페이지 폴트 총 횟수 정보를 확인합니다.

이런 값은 **ps -o vsz rss maj_flt min_flt** 명령어로 확인합니다. 페이지 폴트 횟수는 **maj_flt**(메이저 폴트), **min_flt**(마이너 폴트) 두 종류가 있는데 이 값의 차이점은 8장에서 설명합니

135

다. 이번에는 두 값의 합이 페이지 폴트 총 횟수라는 것만 알면 됩니다.

정보 수집은 **capture.sh** 프로그램(코드 04-07)을 사용합니다.

코드 04-07   capture.sh

```bash
#!/bin/bash

<<COMMENT
demand-paging.py 프로세스에 대해 1초 간격으로 메모리 관련 정보를 출력합니다.
각 줄 처음에는 정보를 수집한 시각을 표시합니다. 이후 필드의 의미는 다음과 같습
니다.
    1번 필드: 확보한 메모리 영역 크기
    2번 필드: 확보한 물리 메모리 크기
    3번 필드: 메이저 폴트 횟수
    4번 필드: 마이너 폴트 횟수
COMMENT

PID=$(pgrep -f "demand-paging\.py")

if [ -z "${PID}" ]; then
  echo "demand-paging.py 프로세스가 존재하지 않습니다. $0 실행 전에 실행하기
바랍니다." >&2
  exit 1
fi

while true; do
  DATE=$(date | tr -d '\n')
  # -h는 헤더를 출력하지 않는 옵션
  INFO=$(ps -h -o vsz,rss,maj_flt,min_flt -p ${PID})
  if [ $? -ne 0 ]; then
    echo "$DATE: demand-paging.py 프로세스가 종료했습니다." >&2
    exit 1
  fi
  echo "${DATE}: ${INFO}"
  sleep 1
done
```

capture.sh 프로그램은 demand-paging.py 프로세스에 대해서 1초 간격으로 메모리 관련 정보를 출력합니다. 각 줄의 첫머리에는 정보를 수집한 시각을 표시합니다. 그후에 출력되는 필드는 [표 04-03]과 같습니다.

표 04-03 capture.sh **프로그램 실행 결과 출력 필드**

필드	의미
1번 필드	확보한 메모리 영역 크기
2번 필드	확보한 물리 메모리 크기
3번 필드	메이저 폴트 횟수
4번 필드	마이너 폴트 횟수

capture.sh 프로그램은 demand-paging.py 프로그램을 실행한 상태에서만 동작합니다. 각각의 실행 결과는 다음과 같습니다.

```
$ ./demand-paging.py
09:49:49: 새로운 메모리 영역 확보 전. 엔터 키를 누르면 100메가 새로운 메모리
영역을 확보합니다:

09:49:59: 새로운 메모리 영역을 확보했습니다. 엔터 키를 누르면 1초당 1MiB씩, 합
계 100MiB 새로운 메모리 영역에 접근합니다:

09:50:03: 10 MiB 진행 중
09:50:04: 20 MiB 진행 중
09:50:05: 30 MiB 진행 중
09:50:06: 40 MiB 진행 중
09:50:07: 50 MiB 진행 중
09:50:08: 60 MiB 진행 중
09:50:09: 70 MiB 진행 중
09:50:10: 80 MiB 진행 중
09:50:11: 90 MiB 진행 중
09:50:12: 새롭게 확보한 메모리 영역에 모두 접근했습니다. 엔터 키를 누르면 종료
합니다:
```

```
$ ./capture.sh
Sun 26 Mar 2023 09:49:58 AM JST:  14740   8716     0   1079    ❶ 메모리 영역 확보 전
Sun 26 Mar 2023 09:49:59 AM JST:  14740   8716     0   1079
Sun 26 Mar 2023 09:50:00 AM JST: 117140   8716     0   1079    ❷ 메모리 영역 확보 후
Sun 26 Mar 2023 09:50:01 AM JST: 117140   8716     0   1079
Sun 26 Mar 2023 09:50:02 AM JST: 117140   8716     0   1079
Sun 26 Mar 2023 09:50:03 AM JST: 117140  19076     0   3640
Sun 26 Mar 2023 09:50:04 AM JST: 117140  29372     0   6200
Sun 26 Mar 2023 09:50:05 AM JST: 117140  39668     0   8760
Sun 26 Mar 2023 09:50:06 AM JST: 117140  49700     0  11320
...
Sun 26 Mar 2023 09:50:12 AM JST: 117140 111212     0  26679
Sun 26 Mar 2023 09:50:13 AM JST: 117140 111212     0  26679    ❸ 메모리 접근 완료
Sun 26 Mar 2023 09:50:14 AM JST: 117140 111212     0  26679
Sun 26 Mar 2023 09:50:15 AM JST: 117140 111212     0  26679
Sun 26 Mar 2023 09:50:16 AM JST: demand-paging.py 프로세스가 종료했습니다.
```

이런 실행 결과에서 다음을 알 수 있습니다.

❶-❷ 메모리 영역을 확보하고 접근하기 전까지 가상 메모리 사용량은 약 100MiB 정도 늘어나지만, 물리 메모리 사용량은 늘어나지 않습니다.

❷-❸ 메모리 접근 중에 페이지 폴트 횟수가 늘어납니다. 그리고 메모리 접근이 끝나면 물리 메모리 사용량이 메모리 확보 전보다 약 100MiB 정도 커집니다.

프로그래밍 언어 번역기와 메모리 관리

여러분이 프로그램의 소스 코드에 데이터를 정의했다면 해당하는 데이터에 대응하는 메모리 할당이 필요합니다. 하지만 프로그래밍 언어 번역기(인터프리터, 컴파일러 등)는 데이터 정의를 할 때마다 mmap() 시스템 콜을 호출하지 않습니다.

보통은 프로그램을 시작할 때 mmap() 시스템 콜을 해서 어느 정도 크기의 영역을 미리 확보해서 데이터 정의를 할 때마다 이 영역에서 메모리를 나눠서 할당하고, 영역을 모두 사용했다면 다시 mmap()을 호출해서 추가로 메모리 영역을 확보하는 방식으로 동작합니다.

페이지 테이블 계층화

페이지 테이블은 얼마나 많은 메모리를 소비할까요? x86_64 아키텍처라면 가상 주소 공간 크기는 128TiB까지, 1페이지 크기는 4KiB, 페이지 테이블 엔트리 크기는 8바이트가 됩니다. 따라서 단순히 계산하면 프로세스 1개당 페이지 테이블에 256GiB(=8바이트×128TiB/4KiB)라는 엄청난 메모리가 필요하다는 계산이 됩니다. 예를 들어 필자가 사용하는 시스템에 설치된 메모리는 16GiB니까 프로세스 한 개도 제대로 생성할 수 없다는 말인데 어떻게 된 걸까요?

사실 페이지 테이블은 평탄한(1차원) 구조가 아니라, 메모리 소비량이 적은 계층화 구조를 사용합니다. 우선 1페이지가 100바이트, 가상 주소 공간이 1600바이트인 단순한 예를 가지고 생각해 봅시다.

프로세스가 물리 메모리를 400바이트만 사용한다면 평탄한 페이지 테이블은 [그림 04-20]처럼 됩니다.

그림 04-20 평탄한 페이지 테이블

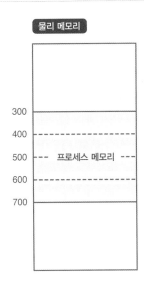

가상 주소	물리 주소
0~ 100	300~ 400
100~ 200	400~ 500
200~ 300	500~ 600
300~ 400	600~ 700
400~ 500	×
500~ 600	×
600~ 700	×
700~ 800	×
800~ 900	×
900~1000	×
1000~1100	×
1100~1200	×
1200~1300	×
1300~1400	×
1400~1500	×
1500~1600	×

이에 비해 계층형 페이지 테이블을 사용한다면, 예를 들어 4페이지가 한 단위인 2단 구조로 [그림 04-21]처럼 만들 수 있습니다.

그림 04-21 계층형 페이지 테이블

가상 주소	물리 주소
0~ 100	300~ 400
100~ 200	400~ 500
200~ 300	500~ 600
300~ 400	600~ 700

가상 주소	하위 페이지 테이블
0~ 400	
400~ 800	×
800~1200	×
1200~1600	×

물리 메모리

이렇게 하면 페이지 테이블 전체 엔트리 개수가 16개에서 8개로 줄어 듭니다. 만약 사용하는 가상 메모리 용량이 커진다면 [그림 04-22]처럼 페이지 테이블 사용량이 늘어납니다.

그림 04-22 사용하는 가상 메모리 용량이 커지면 페이지 테이블 사용량도 늘어남

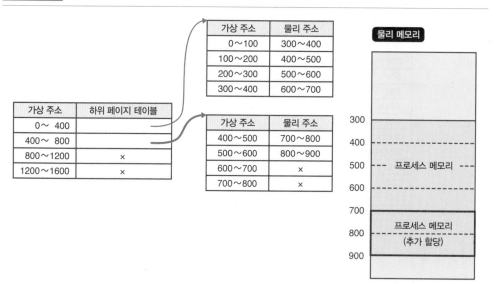

가상 주소	물리 주소
0~100	300~400
100~200	400~500
200~300	500~600
300~400	600~700

가상 주소	하위 페이지 테이블
0~ 400	
400~ 800	
800~1200	×
1200~1600	×

가상 주소	물리 주소
400~500	700~800
500~600	800~900
600~700	×
700~800	×

물리 메모리

가상 메모리 용량이 어느 크기 이상이 되면 계층형 페이지 테이블 쪽이 평탄한 페이지 테이블보다 메모리 사용량이 많아집니다. 하지만 그런 경우는 무척 드물어서 모든 프로세스의 페이지 테

이블에 필요한 합계 메모리 용량은 평탄한 페이지 테이블보다 계층형 페이지 테이블 쪽이 작은 경우가 대부분입니다.

실제 하드웨어에서 x86_64 아키텍처라면 4단 구조 페이지 테이블을 사용합니다. 이렇게 해서 페이지 테이블에 필요한 메모리 용량을 크게 줄입니다.

하지만 이 책에서는 간단한 설명을 위해 앞으로도 지금처럼 평탄한 페이지 테이블 표기를 사용합니다.

시스템이 사용하는 물리 메모리 중에서 페이지 테이블이 사용하는 메모리는 **sar -r ALL** 명령어로 **kbpgtbl** 필드에서 확인할 수 있습니다.

```
$ sar -r ALL 1
Linux 5.4.0-66-generic (coffee)     02/27/2021  _x86_64_     (8 CPU)


06:20:22 PM  kbmemfree  ...  kbpgtbl  kbvmused
06:20:23 PM  16069024   ...  5672     18832
06:20:24 PM  16167580   ...  4992     18576
06:20:25 PM  16167696   ...  5196     18560
```

Huge Page

앞에서 설명했듯이 프로세스가 확보한 메모리 용량이 늘어나면 해당 프로세스의 페이지 테이블이 사용하는 물리 메모리 사용량도 늘어납니다. 이런 문제를 해결하기 위해 리눅스는 Huge Page 구조를 이용합니다.

Huge Page는 이름처럼 보통보다 더 큰 크기의 페이지입니다. Huge Page를 이용하면 프로세스의 페이지 테이블에 필요한 메모리 용량을 줄일 수 있습니다.

구체적으로 어떻게 하는건지 1페이지가 100바이트이고 400바이트를 한 묶음으로 관리하는 2단 구조의 페이지 테이블을 예로 들어 설명하겠습니다. [그림 04-23]은 이런 조건으로 모든 페이지에 물리 메모리가 할당된 상태를 나타냅니다.

그림 04-23 모든 페이지에 물리 메모리가 할당된 상태

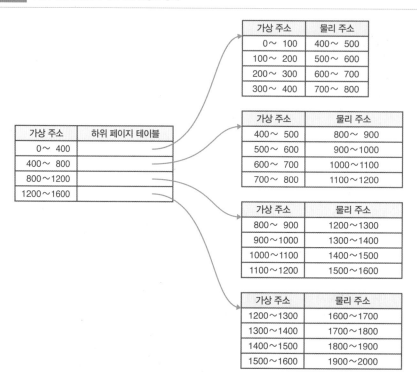

가상 주소	물리 주소
0〜 100	400〜 500
100〜 200	500〜 600
200〜 300	600〜 700
300〜 400	700〜 800

가상 주소	하위 페이지 테이블
0〜 400	
400〜 800	
800〜1200	
1200〜1600	

가상 주소	물리 주소
400〜 500	800〜 900
500〜 600	900〜1000
600〜 700	1000〜1100
700〜 800	1100〜1200

가상 주소	물리 주소
800〜 900	1200〜1300
900〜1000	1300〜1400
1000〜1100	1400〜1500
1100〜1200	1500〜1600

가상 주소	물리 주소
1200〜1300	1600〜1700
1300〜1400	1700〜1800
1400〜1500	1800〜1900
1500〜1600	1900〜2000

이걸 1페이지당 크기가 400바이트인 Huge Page로 바꾸면 페이지 테이블 계층을 1단은 건너뛰고 [그림 04-24]처럼 됩니다.

그림 04-24 Huge Page로 바꾼 페이지 테이블

가상 주소	물리 주소
0〜 400	400〜 800
400〜 800	800〜1200
800〜1200	1200〜1600
1200〜1600	1600〜2000

페이지 테이블 엔트리 개수가 20개에서 4개로 줄었습니다. 이렇게 하면 페이지 테이블이 사용하는 메모리 사용량도 줄어듭니다. 게다가 **fork()** 함수에서 페이지 테이블을 복사하는 비용도 줄어서 **fork()** 함수 처리가 빨라지는 효과도 기대할 수 있습니다.

Huge Page는 **mmap()** 함수의 **flags** 인수에 MAP_HUGETLB 플래그를 지정하면 사용 가능합니다.

데이터베이스나 가상 머신 매니저처럼 가상 메모리를 대량으로 사용하는 소프트웨어라면 Huge

Page를 사용할 것인지 설정할 수 있는 경우가 있으므로 필요에 따라 사용해보기 바랍니다.

Transparent Huge Page(THP)

Huge Page를 사용하려면 메모리를 확보할 때 일일이 Huge Page가 필요하다고 요청해야 하므로 프로그래머 입장에서는 번거롭습니다. 따라서 이런 문제를 해결하기 위해서 리눅스에는 Transparent Huge Page 기능이 있습니다.

이 기능은 가상 주소 공간 내부에 있는 연속된 여러 4KiB 페이지가 어떤 조건을 만족하면 그걸 하나로 묶어서 자동으로 Huge Page로 바꿉니다.

Transparent Huge Page는 장점만 있는 듯 해 보이지만, 여러 페이지를 합쳐서 하나의 Huge Page로 만드는 데 들어가는 처리 비용, 그리고 Huge Page를 구성하던 조건이 성립하지 않게 되면 커다란 페이지를 4KiB 페이지로 다시 분할하는 처리 때문에 부분적으로 성능이 떨어지는 경우가 있습니다. 따라서 Transparent Huge Page 기능을 사용할지 여부는 시스템 관리자가 선택적으로 결정합니다.

Transparent Huge Page 설정은 **/sys/kernel/mm/transparent_hugepage/enabled** 파일을 보면 알 수 있습니다. 이 파일에는 다음 세 종류 값을 설정할 수 있습니다.

- always: 시스템에 존재하는 프로세스의 모든 메모리를 대상으로 유효화합니다.
- madvise: **madvise()** 시스템 콜에 MADV_HUGEPAGE 플래그를 설정하면 지정한 메모리 영역에서만 유효화합니다.
- never: 무효화합니다.

우분투 20.04는 기본값이 madvise입니다.

```
$ cat /sys/kernel/mm/transparent_hugepage/enabled
always [madvise] never
```

제 **5** 장

프로세스 관리
(응용편)

5장에서는 4장에서 설명한 가상 메모리 관련 지식이 없으면 이해하기 어려웠던 프로세스 관리의 다른 여러 기능을 설명합니다.

빠른 프로세스 작성 처리

리눅스는 가상 메모리 기능을 응용해서 프로세스 작성을 빠르게 처리합니다. 각각 **fork()** 함수와 **execve()** 함수를 대상으로 설명하겠습니다.

fork() 함수 고속화: 카피 온 라이트

fork() 함수를 호출할 때 부모 프로세스의 메모리를 자식 프로세스에 모두 복사하는 것이 아니라 페이지 테이블만 복사합니다. 페이지 테이블 엔트리 내부에는 페이지에 쓰기 권한을 관리하는 필드가 있는데, 이때 부모와 자식 양쪽을 대상으로 모든 페이지에 쓰기 권한을 무효화합니다(그림 05-01).

그림 05-01 fork() 함수 호출 직후의 상태

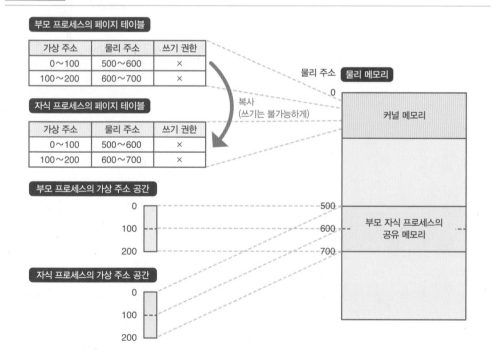

이후에 메모리를 읽을 때 부모와 자식 사이에 공유된 물리 페이지에 접근 가능합니다. 한편, 부모와 자식 중 어느 쪽이 데이터를 갱신하려고 하면 페이지 공유를 해제하고, 프로세스마다 전용 페이지를 만듭니다. 자식 프로세스가 페이지 데이터를 갱신하면 다음과 같은 일이 일어납니다 (그림 05-02).

❶ 쓰기 권한이 없으므로 CPU에서 페이지 폴트가 발생합니다.

❷ CPU가 커널 모드로 바뀌고 커널의 페이지 폴트 핸들러가 동작합니다.

❸ 페이지 폴트 핸들러는 접속한 페이지를 별도의 물리 메모리에 복사합니다.

❹ 자식 프로세스가 변경하려고 했던 페이지에 해당하는 페이지 테이블 엔트리를 부모와 자식 프로세스를 대상으로 모두 변경합니다. 자식 프로세스의 엔트리는 ❸에서 복사한 영역을 참조합니다.

그림 05-02 카피 온 라이트 처리

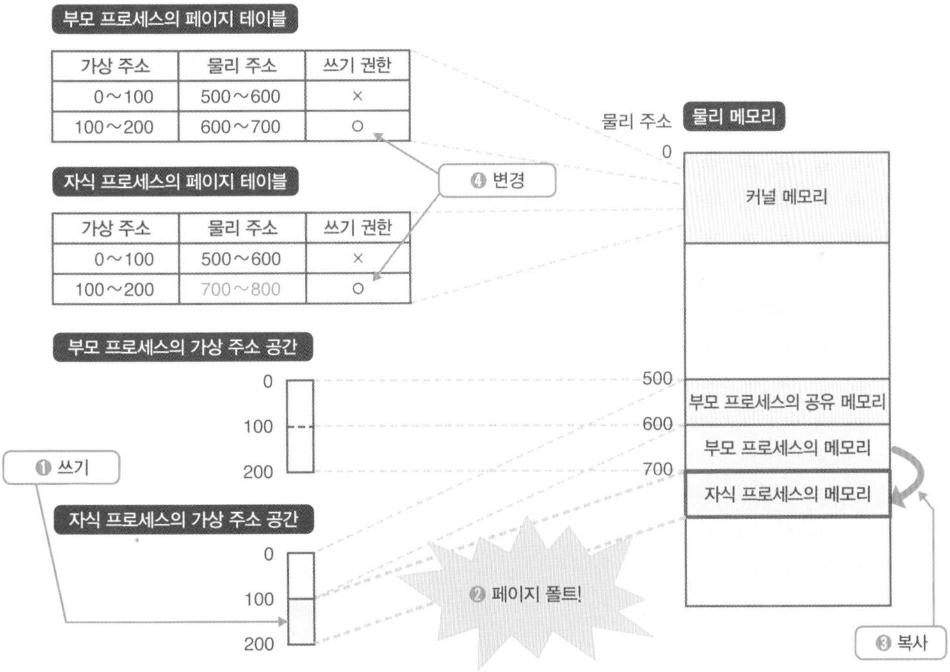

fork() 함수를 호출할 때가 아니라 이후에 각 페이지에 처음으로 쓰기를 할 때 데이터를 복사하므로 이런 방식을 **카피 온 라이트**Copy on Write라고 부릅니다. Copy on Write 표기 첫글자를 따서 **CoW**라고도 합니다.

카피 온 라이트를 이용하면 프로세스가 fork() 함수를 호출한 순간에는 메모리를 전부 복사하지 않아도 되므로 fork() 함수 처리가 빨라지고 메모리 사용량도 줄어듭니다. 게다가 프로세스를 생성해도 모든 메모리에 쓰기 작업이 발생하는 건 극히 드문 일이므로 시스템 전체 메모리 사용량도 줄어듭니다.

그런 다음 페이지 폴트에서 복귀한 자식 프로세스는 데이터를 변경합니다. 앞으로 동일한 페이지에 접근하면 부모와 자식 각자의 전용 메모리가 할당되어 있으므로 페이지 폴트가 발생하는 일 없이 데이터를 변경할 수 있습니다.

다음과 같은 처리를 하는 **cow.py** 프로그램(코드 05-01)으로 카피 온 라이트가 발생하는 모습을 확인해 봅시다.

❶ 100MiB 메모리 영역을 확보해서 모든 페이지에 데이터를 씁니다.

❷ 시스템 전체의 물리 메모리 사용량, 프로세스의 물리 메모리 사용량, 메이저 폴트 횟수, 마이너 폴트 횟수를 출력합니다.[1]

❸ fork() 함수를 호출합니다.

❹ 자식 프로세스 종료를 대기합니다. 자식 프로세스는 다음과 같이 동작합니다.

　① 자식 프로세스를 대상으로 ❷와 동일한 정보를 출력합니다.

　② ❶에서 확보한 영역의 모든 페이지에 접근합니다.

　③ 자식 프로세스를 대상으로 ❷와 동일한 정보를 출력합니다.

> **코드 05-01** cow.py

```
#!/usr/bin/python3

import os
import subprocess
import sys
import mmap

ALLOC_SIZE = 100 * 1024 * 1024
PAGE_SIZE  = 4096

def access(data):
```

---

1 메이저 폴트, 마이너 폴트는 8장에서 설명합니다.

```
    for i in range(0, ALLOC_SIZE, PAGE_SIZE):
        data[i] = 0

def show_meminfo(msg, process):
    print(msg)
    print("free 명령어 실행 결과:")
    subprocess.run("free")
    print("{}의 메모리 관련 정보".format(process))
    subprocess.run(["ps", "-orss,maj_flt,min_flt", str(os.getpid())])
    print()


data = mmap.mmap(-1, ALLOC_SIZE, flags=mmap.MAP_PRIVATE)
access(data)
show_meminfo("*** 자식 프로세스 생성 전 ***", "부모 프로세스")


pid = os.fork()
if pid < 0:
    print("fork()에 실패했습니다", file=os.stderr)
elif pid == 0:
    show_meminfo("*** 자식 프로세스 생성 직후 ***", "자식 프로세스")
    access(data)
    show_meminfo("*** 자식 프로세스의 메모리 접근 후 ***", "자식 프로세스")
    sys.exit(0)


os.wait()
```

확인 항목은 다음과 같습니다.

* fork() 함수 실행 후, 쓰기가 발생할 때까지 메모리 영역은 부모 프로세스와 자식 프로세스 사이에 공유되고 있는가?
* 메모리 영역에 쓰기가 발생하면 시스템 메모리 사용량이 100MiB 늘어나고 페이지 폴트가 발생하는가?

그렇다면 실행해 봅시다.

```
$ ./cow.py
*** 자식 프로세스 생성 전 ***
free 명령어 실행 결과:
         total       used        free      shared    buff/cache    available
Mem:   24571060      808204     7618324      2108      16144532      23446088
Swap:    0            0           0
부모 프로세스의 메모리 관련 정보
RSS     MAJFL  MINFL
111756  0       27093


*** 자식 프로세스 생성 직후 ***
free 명령어 실행 결과:
         total       used        free      shared    buff/cache    available
Mem:   24571060      808992     7617536      2108      16144532      23445300
Swap:    0            0           0
자식 프로세스의 메모리 관련 정보
RSS     MAJFL  MINFL
110156  0       609


*** 자식 프로세스의 메모리 접근 후 ***
free 명령어 실행 결과:
         total       used        free      shared    buff/cache    available
Mem:   24571060      911588     7514940      2108      16144532      23342704
Swap:    0            0           0
자식 프로세스의 메모리 관련 정보
RSS     MAJFL  MINFL
110180  0       26635
```

이 결과에서 다음과 같은 사실을 알 수 있습니다.

- 자식 프로세스 생성 전부터 생성 직후 사이에는 시스템 전체 메모리 사용량은 약 1MiB 밖에 늘어나지 않습니다.[2]
- 자식 프로세스의 메모리 접근 후에는 시스템 메모리 사용량이 약 100MiB 늘어납니다.

---

2   늘어난 용량은 페이지 테이블 복사 등에서 사용한 분량입니다.

부모와 자식 프로세스가 각자 독립적인 데이터를 가진 것처럼 보이지만, 내부 구조를 살펴보면 사실은 메모리를 공유하고 있어서 메모리 용량을 절약할 수 있습니다.

또 다른 중요한 점은 자식 프로세스의 **RSS** 필드값이 생성 직후와 메모리 접근 후에도 그다지 변하지 않는다는 부분입니다.

실제로 **RSS** 값은 프로세스가 물리 메모리를 다른 프로세스와 공유하는지 여부를 따지지 않습니다. 단순히 각 프로세스의 페이지 테이블 내부에서 물리 메모리가 할당된 메모리 영역 합계를 **RSS**로 보고합니다. 부모 프로세스와 공유하는 페이지에 쓰기를 해서 카피 온 라이트가 발생하더라도 페이지에 할당된 물리 메모리가 변경될 뿐입니다. 따라서 물리 메모리가 미할당 상태에서 할당 상태로 바뀌는 건 아니므로 **RSS** 값은 변하지 않습니다.

이러한 이유로 **ps** 명령어로 확인한 모든 프로세스의 **RSS** 값을 합치면 전체 물리 메모리 용량을 넘는 경우도 있습니다.

execve() 함수의 고속화: Demand paging

4장에서 설명한 실제로 사용 시 물리 메모리를 할당하는 Demand paging은 프로세스에 새로운 메모리 영역을 할당할 때뿐만 아니라 **execve()** 함수 호출에도 잘 어울리는 기능입니다. **execve()** 함수 호출 직후라면 프로세스용 물리 메모리는 아직 할당되지 않습니다(그림 05-03).

그림 05-03 execve() 함수 호출 직후

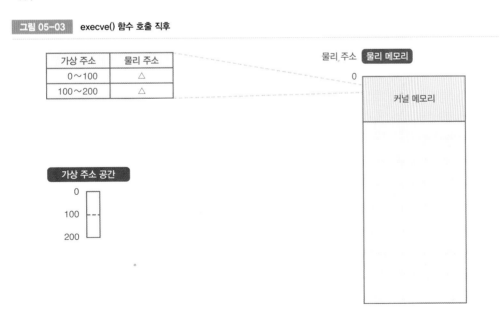

이후에 프로그램이 엔트리 포인트에서 실행을 시작하면 엔트리 포인트에 대응하는 페이지가 존재하지 않으므로 페이지 폴트가 발생합니다(그림 05-04).

그림 05-04 엔트리 포인트에 접근할 때 페이지 폴트 발생

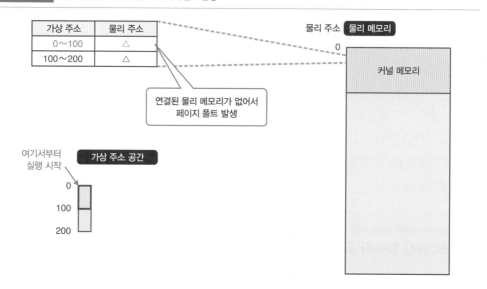

페이지 폴트 처리 결과로 프로세스에 물리 메모리가 할당됩니다(그림 05-05).

그림 05-05 엔트리 포인트를 포함한 페이지에 물리 메모리 할당

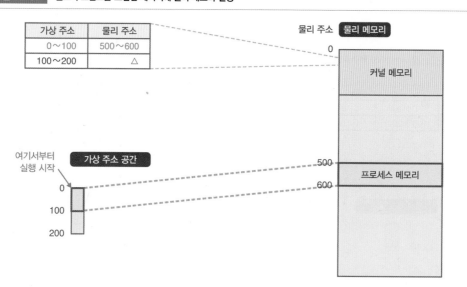

앞으로 다른 페이지에 접근할 때마다 각각 위와 같은 흐름으로 물리 메모리가 할당됩니다(그림 05-06).

그림 05-06 또 다른 메모리 접근

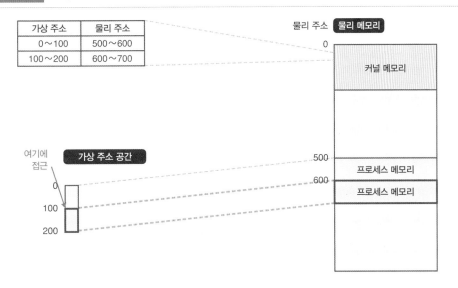

프로세스 통신

여러 프로그램이 협조해서 동작해야 한다면 프로세스끼리 데이터를 공유하거나 서로 타이밍을 맞춰서(동기화해서) 처리해야 합니다. 이런 협조를 손쉽게 처리하기 위해 OS가 제공하는 기능이 **프로세스 통신**입니다.

리눅스는 목적별로 수많은 프로세스 통신 수단을 제공합니다. 전부를 소개하는 건 현실적으로 어려우니 이 절에서는 알기 쉬운 몇 종류만 소개해 봅니다.

공유 메모리

다음과 같은 처리를 하는 프로그램을 생각해 봅시다.

❶ 정수 데이터 1000을 생성하고 데이터 값을 출력합니다.

❷ 자식 프로세스를 작성합니다.

❸ 부모 프로세스는 자식 프로세스 종료를 기다립니다. 자식 프로세스는 ❶에서 만든 데이터 값을 2배로 만들고 종료합니다.

❹ 부모 프로세스는 데이터 값을 출력합니다.

단순히 여기에 적힌 그대로 구현한 **non-shared-memory.py** 프로그램(코드 05-02)을 실행해 봅시다.

코드 05-02 non-shared-memory.py

```python
#!/usr/bin/python3

import os
import sys

data = 1000

print("자식 프로세스 생성전 데이터 값: {}".format(data))
pid = os.fork()
if pid < 0:
  print("fork()에 실패했습니다", file=os.stderr)
elif pid == 0:
  data *= 2
  sys.exit(0)

os.wait()
print("자식 프로세스 종료후 데이터 값: {}".format(data))
```

```
$ ./non-shared-memory.py
자식 프로세스 생성전 데이터 값: 1000
자식 프로세스 종료후 데이터 값: 1000
```

기대와는 다른 동작 결과가 나왔습니다. **fork()** 함수를 호출한 이후의 부모와 자식 프로세스는 데이터를 공유하지 않기 때문에 어떤 한쪽의 데이터를 갱신하더라도 다른 쪽 프로세스에 있는 데이터에는 영향을 주지 않습니다. 카피 온 라이트 기능으로 **fork()** 함수 호출 직후에는 물리 메모리를 공유하고 있지만 쓰기 작업을 하면 별도의 물리 메모리가 할당됩니다.

공유 메모리^{shared memory} 방식을 사용하면 여러 프로세스에 동일한 메모리 영역을 매핑할 수 있습니다(그림 05-07). 이번에는 **mmap()** 시스템 콜을 사용한 공유 메모리가 어떻게 되는지 살펴봅시다.

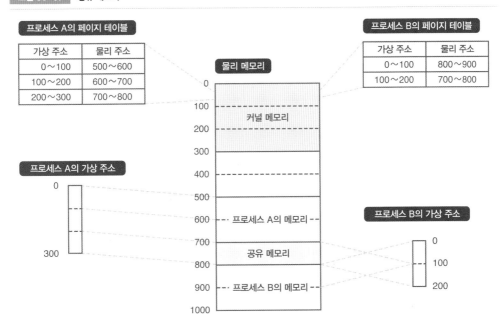

그림 05-07 공유 메모리

원하는 대로 동작하도록 공유 메모리로 구현한 것이 **shared-memory.py** 프로그램(코드 05-03)이고 다음과 같이 동작합니다.

❶ 정수 데이터 1000을 만들어서 데이터 값을 출력합니다.

❷ 공유 메모리 영역을 작성해서 ❶ 데이터 값을 영역 첫 부분에 저장합니다.

❸ 자식 프로세스를 만듭니다.

❹ 부모 프로세스는 자식 프로세스 종료를 기다립니다. 자식 프로세스는 ❷에서 만든 데이터 값을 읽고 2배로 만들어서 공유 메모리 영역에 다시 기록합니다. 그리고 나서 자식 프로세스는 종료합니다.

❺ 부모 프로세스는 데이터 값을 출력합니다.

코드 05-03 shared-memory.py

```
#!/usr/bin/python3

import os
import sys
import mmap
```

155

```
from sys import byteorder

PAGE_SIZE = 4096

data = 1000
print("자식 프로세스 생성 전 데이터 값: {}".format(data))
shared_memory = mmap.mmap(-1, PAGE_SIZE, flags=mmap.MAP_SHARED)

shared_memory[0:8] = data.to_bytes(8, byteorder)

pid = os.fork()
if pid < 0:
  print("fork()에 실패했습니다", file=os.stderr)
elif pid == 0:
  data = int.from_bytes(shared_memory[0:8], byteorder)
  data *= 2
  shared_memory[0:8] = data.to_bytes(8, byteorder)
  sys.exit(0)

os.wait()
data = int.from_bytes(shared_memory[0:8], byteorder)
print("자식 프로세스 종료 후 데이터 값: {}".format(data))
```

```
$ ./shared-memory.py
자식 프로세스 생성 전 데이터 값: 1000
자식 프로세스 종료 후 데이터 값: 2000
```

이번에는 기대한 정상적인 값이 출력되었습니다.

시그널

2장에서 설명한 시그널도 프로세스 통신에 포함됩니다. 2장에서는 SIGINT나 SIGTERM, SIGKILL처럼 용도가 정해진 시그널을 소개했습니다.

한편 POSIX에는 SIGUSR1과 SIGUSR2처럼 프로그래머가 자유롭게 용도를 정하면 되는 시그널이 있습니다. 이런 시그널을 사용해서 두 프로세스가 서로 시그널을 주고받으며 진행 정도를 확인하면서 처리를 진행할 수 있습니다. 다만 시그널은 무척 원시적인 구조라서 시그널 신호를 받는 쪽으로는 시그널 도착 여부 같은 정보 밖에 보낼 수 없기 때문에 데이터는 또 다른 방법을 써서 주고받아야 하는 등 제약이 많습니다. 따라서 시그널은 복잡하지 않은 단순한 일을 할 때만 사용합니다.

틈새 지식으로 설명하자면 **dd** 명령어에 SIGUSR1을 보내면 진척 상황을 표시하는 숨은 기능이 있습니다.

```
$ dd if=/dev/zero of=test bs=1 count=1G &
[1] 2992194
$ DDPID=$!
$ kill -SIGUSR1 $DDPID
8067496+0 records in
8067496+0 records out
8067496 bytes (8.1 MB, 7.7 MiB) copied, 15.3716 s, 525 kB/s
$ kill -SIGUSR1 $DDPID
9231512+0 records in 9231511+0 records out 9231511 bytes (9.2 MB, 8.8 MiB)
copied, 18.2359 s, 506 kB/s
$ kill $DDPID
```

파이프

프로세스는 **파이프**pipe를 통해 통신할 수 있습니다. 파이프를 사용하는 가장 친숙한 예를 들자면 **bash** 같은 셸에서 | 문자로 프로그램끼리 처리 결과를 연계하는 것입니다.

만약에 **bash**에서 **free** 명령어 실행 결과에서 **total**값만 뽑아내고 싶으면 **free | awk '(NR==2){print $2}'** 명령어를 실행합니다. 그러면 **bash**는 **free**와 **awk**를 파이프로 연결해서 **free** 명령어 출력을 **awk** 명령어 입력으로 넘깁니다.

단순히 **free** 명령어를 실행하면 다음처럼 출력됩니다(4장 참고).

```
$ free
              total       used        free        shared      buff/cache  available
Mem:          15359352    448804      9627684     1552        5282864     14579968
Swap:         0           0           0
```

total값은 헤더가 첫 줄이라고 하면 두 번째 줄의 두 번째 필드에 있는 값입니다. 파이프로 연결된 **awk** 명령어의 스크립트 부분인 `'(NR==2){print $2}'`는 딱 지정한 필드(두 번째 줄, 두 번째 필드)만 출력합니다.

```
$ free | awk '(NR==2){print $2}'
15359352
```

파이프는 그외에도 양방향 통신도 가능하고 파일을 사용해서 프로세스를 연결하는 등 다양한 일을 할 수 있습니다.

소켓

리눅스는 프로세스끼리 **소켓**^{socket}으로 연결해서 통신할 수 있습니다. 소켓은 무척 널리 사용되는 중요한 기능입니다. 그러나 이 책에서 모든 내용을 다루기보단 아주 일부분만 소개합니다. 소켓은 크게 나눠서 두 종류가 있습니다. 하나는 **유닉스 도메인 소켓**^{UNIX domain socket}입니다. 이 소켓은 같은 기기에 있는 프로세스 사이에서만 통신하는 방법입니다. 또 다른 하나는 TCP 소켓, UDP 소켓입니다. 이쪽은 인터넷 프로토콜 스위트^{Internet protocol suite} 또는 TCP/IP 프로토콜(규약)에 따라서 여러 프로세스와 통신합니다. 유닉스 도메인 소켓에 비해서 속도가 느린 편이지만 다른 기기에 있는 프로세스 사이에도 통신이 가능하다는 큰 장점이 있습니다. 이런 TCP, UDP 소켓은 인터넷에서 널리 사용하고 있습니다.

배타적 제어

시스템에 존재하는 자원에는 동시에 접근하면 안되는 것이 많습니다. 친숙한 예로 우분투 패키지 관리 시스템의 데이터베이스가 있습니다. 이 데이터베이스는 **apt** 명령어로 갱신하는데 동시에 두 개 이상의 **apt**가 동작한다면 데이터베이스가 훼손되어서 시스템이 위험한 상태에 빠질 수 있습니다. 이런 문제를 방지하기 위해 어떤 자원에 한 번에 하나의 처리만 접근 가능하게 관리하는 **배타적 제어**^exclusive control 구조가 존재합니다.

배타적 제어는 직관적이지 않아 이해하기 어려우므로 비교적 이해하기 쉬운 편인 File lock 구조를 사용해서 설명합니다. 어떤 파일을 읽어서 그 안에 있는 숫자에 1을 더하고 종료하는 **inc. sh**라는 단순한 프로그램(코드 05-04)을 사용합니다.

실험 초기 상태라면 count 파일이 존재하고 그 안에는 숫자 0이 기록되어 있습니다.

코드 05-04　inc.sh

```
#!/bin/bash

TMP=$(cat count)
echo $((TMP + 1)) >count
```

```
$ cat count
0
```

이 상태로 **inc.sh** 프로그램을 실행하고 count 파일 내용을 확인해 봅시다.

```
$ ./inc.sh
$ cat count
1
```

당연하지만 count 파일 내용이 0에서 1이 늘어나서 1로 변경되었습니다. 그러면 count 파일 내용을 다시 0으로 되돌리고 **inc.sh** 프로그램을 1000번 실행해 봅시다.

```
$ echo 0 > count
$ for ((i=0;i<1000;i++)) ; do ./inc.sh ; done
$ cat count
1000
```

생각한 것처럼 count 파일 내용은 1000이 되었습니다.

지금부터가 진짜입니다. **inc.sh** 프로그램을 **./inc.sh &**로 병렬 실행하면 어떻게 되는지 살펴봅시다.

```
$ echo 0 > count
$ for ((i=0;i<1000;i++)) ; do ./inc.sh & done; for ((i=0;i<1000;i++)); do wait;
done
...
$ cat count
18
```

기대한 값은 1000이지만 결과는 전혀 다른 18이 나왔습니다.[3] 이러한 결과가 나온 이유는 동시에 여러 **inc.sh** 프로그램이 병렬 실행 중이라서 다음과 같은 일이 일어나기 때문입니다.

❶ inc.sh 프로그램 A가 count 파일에서 0을 읽음

❷ inc.sh 프로그램 B가 count 파일에서 0을 읽음

❸ inc.sh 프로그램 A가 count 파일에 1을 씀

❹ inc.sh 프로그램 B가 count 파일에 1을 씀

지금은 단순한 실험 프로그램이라서 생각과 다른 결과 나와도 깜짝 놀라는 정도로 끝나지만 이런 문제가 은행 시스템에서 예금액 같은 돈을 다루는 처리에서 발생했다고 생각하면 소름 끼치는 일입니다.

이런 문제를 피하려면 **count** 값을 읽어서 1을 더하고 그 값을 count 파일에 다시 쓰는 처리가 한 번에 하나의 inc.sh 프로그램에서만 실행되도록 해야 합니다. 이걸 실제로 구현하는 방법이 **상호 배제**^{mutual exclusion}입니다.

여기서 두 가지 용어를 정의합시다.

---

3 이 결괏값은 실행할 때마다 다른 값이 나올 가능성이 있습니다. 또한 환경에 따라서도 실행 결과는 변합니다.

- **크리티컬 섹션**^{critical section}(임계 구역): 동시에 실행되면 안되는 처리 흐름을 뜻합니다. inc.sh 프로그램이라면 **count** 값을 읽어서 1을 더하고 count 파일에 다시 쓰는 처리에 해당합니다.
- **아토믹**^{atomic} **처리**: 시스템 외부에서 봤을 때 하나의 처리로 다루어야 하는 처리 흐름을 말합니다. 예를 들어 inc.sh 프로그램의 크리티컬 섹션이 아토믹하다면 ❶과 ❸ 사이에 존재하는 ❷에는 중간에 끼어들 수 없습니다.

inc.sh 프로그램에서 배타적 제어를 구현하는 방법으로, lock 파일을 사용해서 파일이 존재하면 다른 처리가 크리티컬 섹션에 들어가 있음을 뜻하는 방법은 어떨까요? 이걸 구현한 코드가 inc-wrong-lock.sh 프로그램(코드 05-05)입니다.

코드 05-05 inc-wrong-lock.sh

```bash
#!/bin/bash

while : ; do
  if [ ! -e lock ] ; then
    break
  fi
done
touch lock
TMP=$(cat count)
echo $((TMP + 1)) >count
rm -f lock
```

코드를 보면 기존의 inc.sh 프로그램에서 처리 시작 전에 lock 파일 유무를 확인합니다. 파일이 존재하지 않을 때만 lock 파일을 만들고 크리티컬 섹션에 들어가고 처리가 끝나면 lock 파일을 지우고 종료합니다. 어쩐지 잘 될 것 같아 보이는군요. 그렇다면 실행해 봅시다.

```
$ echo 0 > count
$ rm lock
$ for ((i=0;i<1000;i++)) ; do ./inc-wrong-lock.sh & done; for
((i=0;i<1000;i++)); do wait; done
...
$ cat count
14
```

프로그램 이름에서 이미 예상했겠지만 기대와 전혀 다른 값이 출력되었습니다. 왜 그런 걸까요?

inc-wrong-lock.sh 프로그램이 제대로 동작하지 않은 이유는 다음과 같은 현상이 일어났기 때문입니다.

❶ `inc-wrong-lock.sh` 프로그램 A가 lock 파일이 없는 걸 확인하고 진행

❷ `inc-wrong-lock.sh` 프로그램 B가 lock 파일이 없는 걸 확인하고 진행

❸ `inc-wrong-lock.sh` 프로그램 A가 count 파일에서 0을 읽음

❹ `inc-wrong-lock.sh` 프로그램 B가 count 파일에서 0을 읽음

❺ 이후, `inc.sh` 프로그램과 동일한 현상이 발생

이런 문제를 피하려면 lock 파일 존재를 확인하고 파일을 작성하는 처리 흐름이 중간에 끼어들 수 없도록 모두 아토믹 처리되어야 합니다. 어쩐지 똑같은 말을 반복하는 것 같지만 실제로 이렇게 하는 방법이 바로 File lock입니다.

File lock은 **flock()**이나 **fcntl()** 시스템 콜을 사용해서 어떤 파일의 lock/unlock 상태를 변경합니다. 구체적으로는 다음 처리를 중간에 다른 처리가 끼어드는 일 없이 아토믹하게 실행합니다.

❶ 파일이 lock 상태인지 확인합니다.

❷ lock 상태라면 시스템 콜이 실패합니다.

❸ unlock 상태라면 lock 상태로 바꾸고 시스템 콜이 성공합니다.

시스템 콜 사용법은 설명하지 않겠지만 좀 더 알아보고 싶다면 **man 2 flock** 또는 **man 2 fcntl**해서 F_SETLK, F_GETLK 설명을 확인해 보기 바랍니다.

File lock을 거는 방법은 **flock** 명령어로 셸스크립트에서도 사용 가능합니다. 사용법은 간단합

니다. **inc-lock.sh** 프로그램(코드 05-06)처럼 첫 번째 인수에 파일을 지정하면 해당 파일을 lock 상태로 만들고, 두 번째 인수로 지정한 프로그램을 실행해 줍니다.

코드 05-06 inc-lock.sh

```
#!/bin/bash

flock lock ./inc.sh
```

그러면 inc-lock.sh 프로그램을 병렬로 1000개 실행해 봅시다.

```
$ echo 0 > count
$ touch lock
$ for ((i=0;i<1000;i++)) ; do ./inc-lock.sh & done; for ((i=0;i<1000;i++)); do
wait; done
...
$ cat count
1000
```

드디어 제대로 동작했습니다.

배타적 제어는 무척 복잡하지만 이 책 내용을 반복해서 읽거나 직접 실행 흐름을 정리해보면 분명히 이해할 수 있습니다. 여전히 잘 모르겠다면 지금 배운 내용은 일단 넘어가기 바랍니다. 잘 모르겠다 싶은 부분을 건너뛰는 건 나쁜 일이 아닙니다.

돌고 도는 배타적 제어

배타적 제어를 설명하면서 실제로 배타적 제어를 실행하는 방법으로 File lock을 이야기했습니다. 그러면 File lock은 어떻게 구현하는 걸까요? 사실은 C 언어 같은 고급 언어 수준이 아니라 기계어 계층에서 구현합니다.

lock을 구현하는 방법을 [코드 05-07]와 같은 가상의 어셈블리assembly 언어 명령어를 가지고 예로 들어 봅시다.

코드 05-07 lock 구현(가상의 어셈블리 언어를 사용)

```
start:
    load r0 mem        ❶ mem 주소의 메모리를 읽어서 r0 레지스터에 저장.
                          mem 내용이 1이면 lock 상태, 0이면 unlock 상태를 뜻함
    test r0            ❷ r0이 0인가 확인
    jmpz enter         ❸ r0이 0이면(=unlock 상태) enter 레이블로 점프
    jmp start          ❹ r0이 0이 아니라면(=lock 상태) start 레이블로 돌아감
enter:
    store mem 1        ❺ mem에 1을 쓰기. 이때 lock 상태가 됨

...
<크리티컬 섹션>
...

    store mem 0        ❻ mem에 0을 쓰고 lock을 해제
```

이렇게 하면 문제 없겠지 싶지만 그렇지 않습니다. 각자 다른 처리에서 ❶을 동시에 실행한 경우, 어느 쪽도 크리티컬 섹션에 들어가도 된다고 판단하기 때문입니다. 이런 일이 발생하는 이유는 ❶-❺ 처리가 아토믹이 아니기 때문입니다.

이런 문제를 해결하기 위해서 대다수 CPU 아키텍처는 ❶-❺에 해당하는 처리를 아토믹으로 실행하는 명령어가 있습니다. 흥미가 있으신 분은 compare and exchange, compare and swap 같은 키워드로 검색해 보기 바랍니다.

고급 언어 수준에서 배타적 제어를 실행하는 방법도 있지만, CPU 명령을 사용할 때보다 시간도 걸리고 메모리도 많이 사용하는 문제가 있습니다. 피터슨의 알고리즘[Peterson's algorithm]을 검색해 보면 더 많은 정보를 알 수 있습니다.

멀티 프로세스와 멀티 스레드

1장에서 설명했듯이 CPU 멀티 코어화 추세로 프로그램 병렬 동작의 중요성이 높아졌습니다. 프로그램을 병렬 동작시키는 방법은 두 가지가 있습니다. 하나는 전혀 다른 일을 하는 여러 프로그램을 동시에 동작시키는 것이고, 또 다른 방법은 어떤 목적을 지닌 하나의 프로그램을 여러 개의 흐름으로 분할해서 실행하는 것입니다.

이번에는 어떤 목적을 지닌 하나의 프로그램을 여러 개의 흐름으로 분할해서 실행하는 방법을 설명합니다. 분할 실행 방법은 크게 두 종류로 나눠서 **멀티 프로세스**^{multi process}와 **멀티 스레드**^{multi thread}가 있습니다.

멀티 프로세스는 앞서 설명한 **fork()** 함수나 **execve()** 함수를 사용해서 필요한 만큼 프로세스를 생성하고 이후에 각자 프로세스끼리 통신 기능을 사용해서 처리합니다. 한편, 멀티 스레드는 프로세스 내부에 여러 개의 흐름을 작성합니다(그림 05-08).

그림 05-08 **프로세스와 스레드 생성**

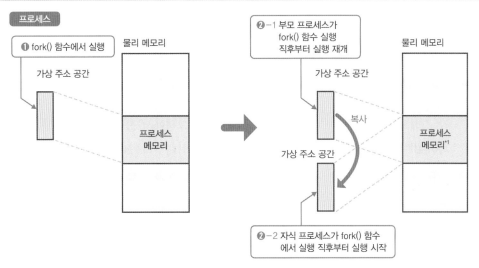

*1 카피 온 라이트로 공유

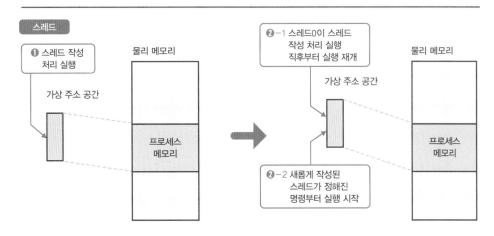

하나의 스레드밖에 없는 프로그램을 싱글 스레드 프로그램, 두 개 이상의 스레드를 가진 프로그램을 멀티 스레드 프로그램이라고 부릅니다.

스레드 기능을 제공하는 방법은 여러 가지입니다. 예를 들어 POSIX는 **POSIX 스레드**라고 하는 스레드 조작용 API를 제공합니다. 리눅스에도 libc 등으로 POSIX 스레드를 다룹니다.

어떤 프로그램을 여러 개의 처리로 쪼개서 실행할 때, 멀티 스레드는 다음과 같은 장점이 있습니다.

- 페이지 테이블 복사가 필요 없어서 생성 시간이 짧습니다.
- 다양한 자원을 동일한 프로세스 내부의 모든 스레드가 공유하므로 메모리를 비롯한 자원 소비량이 적습니다.
- 모든 스레드가 메모리를 공유하므로 협조해서 동작하기 쉽습니다.

한편 단점은 다음과 같습니다.

- 하나의 스레드에서 발생한 장애가 모든 스레드에 영향을 줍니다. 만약 하나의 스레드가 비정상적인 주소를 참조해서 이상 종료하면 프로세스 전체가 이상 종료합니다.
- 각 스레드에서 호출하는 처리가 멀티 스레드 프로그램에서 불러도 문제 없는지(**스레드 세이프**$^{thread\ safe}$) 미리 알고 있어야 합니다. 예를 들어 내부적으로 전역 변수를 배타적 제어 없이 접근하는 처리는 스레드 세이프가 아닙니다. 따라서 한 번에 하나의 스레드에서만 해당하는 처리를 다루도록 프로그래머가 제어해야 합니다.

이러한 문제가 발생하지 않게 주의하면서 직접 멀티 스레드 프로그램을 만드는 건 어렵기 때문에 멀티 스레드를 활용하면서 간단히 프로그래밍할 수 있도록 다양한 지원 기능이 존재합니다. 예를 들어 Go 언어에는 **goroutine**[4]이라는 언어 내장 기능이 있어서 스레드를 간단히 다룰 수 있습니다.

---

4 https://go.dev/ref/spec#Go_statements

커널 스레드와 사용자 스레드

스레드 구현 방법은 커널 공간에서 구현하는 **커널 스레드**(kernel thread)와 사용자 공간에서 구현하는 **사용자 스레드**(user thread) 두 종류로 크게 나뉩니다.[5]

우선 커널 스레드를 설명합니다. 미리 말해두자면 어떤 프로세스가 생성될 때 커널은 하나의 커널 스레드를 작성합니다. 3장에서 프로세스의 스케줄링 이야기를 했는데 스케줄러가 관리하는 스케줄링 대상이 되는 건 프로세스 그 자체가 아니라 이런 커널 스레드입니다.

이 프로세스에서 `clone()` 시스템 콜을 호출하면 커널은 새로 생성한 스레드에 대응하는 또 다른 커널 스레드를 만듭니다. 이때 프로세스 내부의 스레드는 동시에 서로 다른 논리 CPU에서 동작합니다.

재미있는 사실은 리눅스가 프로세스를 작성할 때 즉, `fork()` 함수를 호출할 때나 스레드를 작성할 때나 모두 `clone()` 시스템 콜을 사용합니다.

`clone()` 시스템 콜은 기존 커널 스레드와 새로 생성한 커널 스레드 사이에 어떤 자원을 공유할지 정할 수 있습니다. 프로세스 생성(`fork()` 함수 호출)은 가상 주소 공간을 공유하지 않고, 스레드 생성은 가상 주소 공간을 공유합니다. 커널 스레드는 `ps -eLF` 명령어 등으로 목록을 확인할 수 있습니다.

```
$ ps -eLF
UID        PID   PPID    LWP   C   NLWP    SZ      RSS     PSR    STIME TTY
TIME       CMD
...
root       629   1       629   0   1       2092    5108    2      2022 ?
00:00:00   /usr/lib/bluetooth/bluetoothd
root       630   1       630   0   1       2668    3336    4      2022 ?
00:00:00   /usr/sbin/cron -f
message+   633   1       633   0   1       2216    5452    7      2022 ?
00:00:00   /usr/bin/dbus-daemon --system --address=systemd: --nofork
--nopidfile --systemd-activation --syslog-olny
...
root       634   1       634   0   3       65835   20132   0      2022 ?
00:00:00   /usr/sbin/NetworkManager --no-daemon
root       634   1       690   0   3       65835   20132   3      2022 ?
00:00:03   /usr/sbin/NetworkManager --no-daemon
root       634   1       719   0   3       65835   20132   3      2022 ?
00:00:00   /usr/sbin/NetworkManager --no-daemon
```

---

5   양쪽을 하이브리드 형태로 다루는 방법도 있지만, 이 책에서는 다루지 않습니다.

```
root      638  1     638  0  2     20491  3628  2     2022 ?
00:00:17  /usr/sbin/irqbalance --forground
...
```

이번에 처음 등장한 필드를 설명하겠습니다. **LWP**는 커널 스레드에 할당된 ID입니다. 프로세스 생성 시 만들어진 LWP ID는 PID와 동일합니다.

앞의 예제를 통해 PID=630인 cron 프로그램은 싱글 스레드 프로그램인 걸 알 수 있습니다. 반면에 PID=634인 NetworkManager는 3개의 커널 스레드(ID는 각각 634, 690, 719)를 가지고 있습니다.

clone() 시스템 콜을 사용하지 않고 사용자 공간 프로그램, 예를 들어 스레드 라이브러리를 가지고 구현하는 것이 사용자 스레드입니다.

다음에 실행할 명령에 대한 정보는 스레드 라이브러리 안에 저장되어 있습니다. 어떤 스레드가 I/O 호출 등으로 대기 상태가 발생하면 스레드 라이브러리가 동작해서 다른 스레드로 실행을 전환합니다. 프로세스 내부에 여러 개의 사용자 스레드가 있더라도 커널에서 보면 하나의 커널 스레드인 것처럼 보이므로, 모든 사용자 스레드는 동일한 논리 CPU에서만 실행됩니다.

커널 스레드와 사용자 스레드 차이점을 물리 메모리 배치 상태 관점에서 살펴봅시다. 프로세스 A가 스레드 0과 스레드 1이라는 두 개의 스레드를 가지고 있다면 [그림 05-09]처럼 됩니다.

그림 05-09 커널 스레드와 사용자 스레드 차이점(물리 메모리 레이아웃)

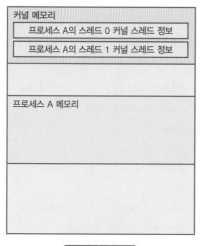 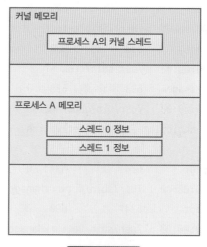

스레드 정보는 커널 스레드라면 커널이 관리하고, 사용자 스레드라면 프로세스가 관리하는 걸 알 수 있습니다.

커널 스레드와 사용자 스레드 차이점을 프로세스 스케줄링 관점에서도 알아봅시다. 어떤 논리 CPU에 실행 가능 상태인 프로세스 A가 존재하고, 같은 논리 CPU에 싱글 스레드인 프로세스 B도 실행 가능한 상태인 경우가 [그림 05-10]입니다.

그림 05-10 **커널 스레드와 사용자 스레드 차이점(프로세스 스케줄링)**

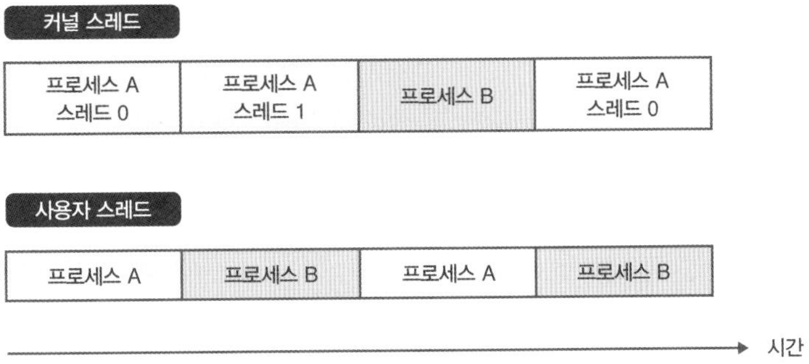

커널 스레드는 프로세스 A의 스레드 0과 스레드 1을 프로세스 B와 동등하게 취급하므로 순서대로 CPU를 사용합니다. 한편 사용자 스레드는 커널 스케줄링 관점에서 보면 커널은 프로세스 A의 스레드 0과 스레드 1을 구별할 수 없습니다. 따라서 프로세스 A와 B가 순서대로 CPU를 사용합니다. 프로세스 A에 CPU가 돌아왔을 때 스레드 0과 스레드 1에 어떻게 CPU를 배분할지 스레드 라이브러리가 책임집니다.

커널 스레드는 논리 CPU가 여러 개일 때 동시 실행 가능하다는 장점이 있지만 생성 비용, 스레드 실행 전환 비용은 사용자 스레드 쪽이 낮습니다. 참고로 goroutine은 사용자 스레드로 구현됩니다.

프로세스가 아니라 리눅스 커널이 직접 커널 스레드를 만들기도 합니다. 커널이 만든 커널 스레드는 **ps aux** 실행 결과에 표시됩니다. **[kthreadd]**나 **[rcu_gp]**처럼 COMMAND 필드에 있는 문자열이 **[　]**으로 감싸져 있으면 커널이 만든 스레드에 해당합니다.

커널이 만든 커널 스레드의 트리 구조는 프로세스와 다르게 kthreadd가 루트가 됩니다. 리눅스 커널은 실행 시작부터 초기 단계에 PID=2인 kthreadd를 기동하고 이후에 필요에 따라 kthreadd가 자식 커널 스레드를 기동합니다. kthreadd와 각종 커널 스레드 관계는 init와 시스템의 다른 모든 프로세스와의 관계와 비슷합니다. 각 커널 스레드가 담당하는 역할 설명은 이 책의 범위를 벗어나므로 생략하도록 하겠습니다.

제**6**장

장치 접근

6장에서는 프로세스가 장치에 접근하는 방법을 설명합니다. 1장에서 이야기했듯이 프로세스는 장치에 직접 접근하지 못합니다. 접근하지 못하는 이유는 다음과 같습니다.

- 여러 프로그램이 동시에 장치를 조작하면 예상할 수 없는 방식으로 작동할 위험성이 있습니다.
- 원래라면 접근해서는 안되는 데이터를 훼손하거나 훔쳐 볼 위험성이 있습니다.

따라서 프로세스 대신해서 커널이 장치에 접근합니다. 구체적으로는 다음과 같은 인터페이스를 사용합니다.

- 디바이스 파일이라는 특수한 파일을 조작합니다.
- 블록 장치에 구축한 파일 시스템을 조작합니다. 파일 시스템은 7장을 참조합니다.
- 네트워크 인터페이스 카드(NIC)[1]는 속도 등의 문제로 디바이스 파일을 사용하는 대신에 소켓 구조를 사용합니다. 이 책은 네트워크 관련 내용을 다루지 않으므로 이 방법은 설명하지 않습니다.

이번 장에서는 디바이스 파일을 사용해서 접근하는 방법을 설명합니다.

디바이스 파일

디바이스 파일은 장치마다 존재합니다. 예를 들어 저장 장치라면 **/dev/sda**나 **/dev/sdb** 같은 파일이 디바이스 파일입니다.[2]

리눅스는 프로세스가 디바이스 파일을 조작하면 커널 내부의 **디바이스 드라이버**^{device driver}라고 부르는 소프트웨어가 사용자 대신에 장치에 접근합니다.(디바이스 드라이버는 나중에 설명합니다.) 장치 0과 장치 1에 각각 **/dev/AAA**, **/dev/BBB**라는 디바이스 파일이 존재한다면 [그림 06-01]처럼 됩니다.

---

1 TCP 소켓이나 UDP 소켓을 사용해서 다른 기기와 프로세스 통신할 때 사용합니다.

2 자세히 말하면 저장 장치를 파티션으로 나눴다면 **/dev/sda1**, **/dev/sda2**처럼 파티션마다 디바이스 파일이 존재합니다.

그림 06-01 디바이스 파일로 장치 조작하기

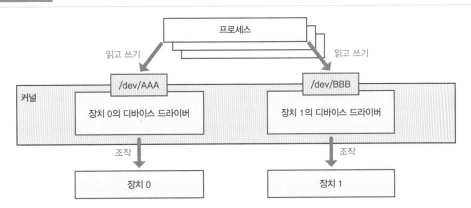

프로세스는 일반 파일과 똑같은 방식으로 디바이스 파일을 조작할 수 있습니다. 즉 **open()**이나 **read()**, **write()** 같은 시스템 콜을 호출해서 각각의 장치에 접근합니다. 장치 고유의 복잡한 조작은 **ioctl()** 시스템 콜을 사용합니다. 디바이스 파일에 접근할 수 있는 건 보통 루트뿐입니다.

디바이스 파일에는 다음과 같은 정보가 저장됩니다.

- 파일 종류: **캐릭터 장치**$^{\text{character device}}$ 또는 **블록 장치**$^{\text{block device}}$
- 디바이스 **메이저 번호, 마이너 번호**: 메이저 번호와 마이너 번호 조합이 같다면 동일한 장치에 해당하고, 그렇지 않으면 다른 장치라고 기억하면 됩니다.[3]

디바이스 파일은 보통 **/dev/** 디렉터리 아래에 존재합니다. 그러면 **/dev/** 디렉터리 아래의 디바이스 파일을 나열해 봅시다.

```
$ ls -l /dev/
total 0
crw-rw-rw- 1 root tty        5,   0 Jun  8  2022 tty
...
brw-rw---- 1 root disk     259,   0 Jun  7  2022 nvme01n1
...
```

---

3 예전에는 디바이스 메이저 번호는 디바이스 종류를 구분하고, 마이너 번호는 동일한 종류의 여러 디바이스를 구분하는 목적으로 사용했습니다. 하지만 현재는 꼭 그렇지는 않습니다.

각 줄의 첫글자가 **c**라면 캐릭터 장치, **b**라면 블록 장치입니다. 다섯 번째 필드가 메이저 번호, 여섯 번째 필드가 마이너 번호입니다. 따라서 **/dev/tty**는 캐릭터 장치, **/dev/nvme0n1**은 블록 장치입니다.

캐릭터 장치

캐릭터 장치^{character device}는 읽고 쓰기는 가능하지만, 장치 내부에서 접근할 장소를 변경하는 **탐색**^{seek} 조작이 불가능합니다. 다음은 대표적인 캐릭터 장치입니다.

- 단말
- 키보드
- 마우스

예를 들어 단말의 디바이스 파일은 다음과 같이 조작합니다.

- **write()** 시스템 콜: 단말에 데이터를 출력
- **read()** 시스템 콜: 단말에서 데이터를 입력

그러면 단말 장치용 디바이스 파일에 접근해서 단말 장치를 조작해 봅시다. 우선 현재 프로세스에 대응하는 단말과 대응하는 디바이스 파일을 찾습니다. 각 프로세스와 연결된 단말은 **ps ax** 두 번째 필드에서 확인할 수 있습니다.

```
$ ps ax | grep bash
  6417 pts/9    Ss     0:00 -bash
  6432 pts/9    S+     0:00 grep bash
$
```

이 명령을 실행한 **bash**는 **pts/9** 단말을 사용하고 있다는 걸 알 수 있습니다. **/dev/** 아래에 있는 **pts/9** 파일이 단말에 대응하는 디바이스 파일입니다.

이 파일에 적당한 문자열을 써봅시다.

```
$ sudo su
# echo hello > /dev/pts/9
hello
#
```

단말 장치에 **hello** 문자열을 쓰면(디바이스 파일에 **write()** 시스템 콜을 호출) 단말에 문자열이 출력됩니다. 이것은 **echo hello** 명령어를 실행했을 때와 동일한 결과입니다. 그 이유는 **echo** 명령어는 표준 출력에 hello를 쓰고, 리눅스에서 표준 출력은 단말과 연결되어 있기 때문입니다.

이어서 현재 사용 중인 단말이 아니라 시스템에 존재하는 다른 단말을 조작해 봅시다. 우선 또 다른 단말을 하나 기동하고 **ps ax** 명령어를 실행합니다.

```
$ ps ax | grep bash
  6417 pts/9   Ss+    0:00 -bash
  6648 pts/10  Ss     0:00 -bash
  6663 pts/10  S+     0:00 grep bash
$
```

두 번째 단말에 대응하는 디바이스 파일명은 **/dev/pts/10**입니다. 그러면 이 파일에 문자열[4]을 써봅시다.

```
$ sudo su
# echo hello > /dev/pts/10
#
```

이렇게 실행하고 두 번째 단말을 보면, 아무 것도 하지 않은 두 번째 단말 화면에 첫 번째 단말에서 디바이스 파일에 쓴 문자열이 출력된 걸 알 수 있습니다.

```
$ hello
```

---

4 역자주_ 프롬프트에서 표시되는 $은 현재 사용자가 일반 사용자라는 뜻이고 #은 루트 사용자를 뜻합니다.

블록 장치

블록 장치^{block device}는 파일 읽기 쓰기뿐만 아니라 탐색도 가능합니다. 대표적인 블록 장치는 하드 디스크^{HDD}나 SSD 같은 저장 장치입니다. 블록 장치에 데이터를 읽고 쓰면 일반 파일처럼 저장 장치 특정 위치에 있는 데이터에 접근할 수 있습니다.

그러면 블록 디바이스 파일을 사용해서 블록 장치를 조작해 봅시다. 7장에서 설명하지만 사용자가 블록 디바이스 파일을 직접 조작하는 건 극히 드문 일로, 보통은 파일 시스템을 경유해서 데이터를 읽고 씁니다. 하지만 이번 실습에서는 블록 디바이스 파일에 작성한 ext4 파일 시스템 내용을 파일 시스템을 거치지 않고 블록 디바이스 파일을 조작해서 변경합니다.

우선 적당한 비어 있는 파티션을 찾습니다. 비어 있는 파티션이 없다면 나중에 설명하는 루프 장치 컬럼을 참조해서 루프 장치를 사용합니다. 데이터가 들어 있는 파티션을 대상으로 실습한다면 데이터가 손상될 위험성이 있으므로 주의하기 바랍니다.

이어서 비어 있는 파티션에 ext4 파일 시스템을 만듭니다. 앞으로 **/dev/sdc7**이 비어 있는 파티션이라는 전제로 이야기를 진행합니다.

```
# mkfs.ext4 /dev/sdc7
...
#
```

이렇게 만든 파일 시스템을 마운트^{mount}하고 testfile 파일명으로 hello world 문자열을 기록해 봅시다.

```
# mount /dev/sdc7 /mnt/
# echo "hello world" > /mnt/testfile
# ls /mnt/
lost+found testfile          [ lost+found는 ext4 작성 시 반드시 작성되는 파일 ]
# cat /mnt/testfile
hello world
# umount /mnt/
```

이어서 디바이스 파일 내용을 봅시다. **strings** 명령어로 파일 시스템의 데이터가 들어 있는 **/dev/sdc7**에서 문자열 정보만 추출합니다. **strings -t x**를 실행하면 파일 내부에 있는 문자열 데이터가 한 줄에 하나씩 출력되는데 첫 번째 필드는 파일 오프셋$^{file\ offset}$, 두 번째 필드는 찾은 문자열 형식으로 표시됩니다.

```
# strings -t x /dev/sdc7
...
f35020 lost+found
f35034 testfile
...
803d000 hello world
10008020 lost+found
10008034 testfile
...
#
```

출력 결과에서 **/dev/sdc7**에는 다음과 같은 정보가 들어 있다는 걸 확인할 수 있었습니다.

- **lost+found** 디렉터리 및 **testfile** 파일명
- 파일 내부에 있는 **hello world** 문자열

각각의 문자열이 두 번 출력된 건 ext4의 **저널링**^{journaling} 기능 때문인데 저널링은 데이터를 쓰기 전에 저널 영역이라고 부르는 장소에 함께 기록합니다. 따라서 같은 문자열이 두 번 등장합니다. 저널링은 7장에서 설명합니다.

이번에는 testfile 내용을 블록 장치에서 변경해 봅시다.

```
$ echo "HELLO WORLD" >testfile-overwrite
# cat testfile-overwrite
HELLO WORLD
# dd if=testfile-overwrite of=/dev/sdc7 seek=$((0x803d000)) bs=1
```
testfile 내용에 해당하는 위치에 HELLO WORLD 문자열을 쓰기

파일 시스템을 다시 마운트해서 testfile 내용을 확인해 봅시다.

```
# mount /dev/sdc7 /mnt/
# ls /mnt/
lost+found testfile
# cat /mnt/testfile
HELLO WORLD
#
```

testfile 내용이 변경되었습니다.

루프 장치

실습 환경에 따라서 파일 시스템을 다루는 실험을 해보고 싶어도 불가능한 경우가 있습니다. 비어 있는 장치나 파티션이 없거나 디스크에 저장된 내용이 손상될 위험 때문입니다. 그런 경우에 **루프 장치**(loop device) 기능을 사용합니다. 루프 장치는 파일을 디바이스 파일처럼 다룰 수 있는 기능입니다.

```
$ fallocate -l 1G loopdevice.img
$ sudo losetup -f loopdevice.img
$ losetup -l
NAME        SIZELIMIT OFFSET AUTOCLEAR RO BACK-FILE           DIO LOG-SEC
/dev/loop0  0         0      0         0  /home/sat/src/loopdevice.img  0   512
```

이렇게 하면 **loopdevice.img** 파일이 **/dev/loop0** 루프 장치와 연결됩니다. 이후 **/dev/loop0**은 일반적인 블록 장치와 똑같이 다룰 수 있습니다. 다음처럼 파일 시스템도 만들어집니다.

```
$ sudo mkfs.ext4 /dev/loop0
...
$ mkdir mnt
$ sudo mount /dev/loop0 mnt
$ mount
..
/dev/loop0 on /home/sat/src/mnt type ext4 (rw,relatime)
```

이제 **mnt** 아래에 있는 파일을 조작하면 **loopdevice.img** 안에 있는 파일 시스템 데이터가 변경됩니다. 실험이 끝나면 파일을 정리합시다.

```
$ sudo umount mnt
$ sudo losetup -d /dev/loop0
$ rm loopdevice.img
```

한편, 단순히 루프 장치를 파일 시스템으로 사용겠다고 하면 다음처럼 몇몇 절차를 생략할 수 있습니다.

```
$ fallocate -l 1G loopdevice.img
$ mkfs.ext4 loopdevice.img
$ sudo mount loopdevice.img mnt
$ mount
...
/home/sat/src/loopdevice.img on /home/sat/src/mnt type ext4 (rw,relatime)
```

마찬가지로 사용이 끝났으면 정리합니다.

```
$ sudo umount mnt
$ rm loopdevice.img
```

디바이스 드라이버

이번에는 프로세스가 디바이스 파일에 접근할 때 동작하는 **디바이스 드라이버**^{device driver} 커널 기능을 설명합니다.

장치를 직접 조작하려면 각 장치에 내장된 레지스터 영역을 읽고 써야 합니다. 구체적인 레지스터 종류와 조작법 같은 정보는 각 장치 사양에 따라 달라집니다. 디바이스 레지스터는 CPU 레지스터와 이름은 같지만 완전히 다른 물건입니다.

프로세스 입장에서 보는 장치 조작은 다음과 같습니다(그림 06-02).

❶ 프로세스가 디바이스 파일을 사용해서 디바이스 드라이버에 장치를 조작하고 싶다고 요청합니다.

❷ CPU가 커널 모드로 전환되고 디바이스 드라이버가 레지스터를 사용해서 장치에 요청을 전달합니다.

❸ 장치가 요청에 따라 처리합니다.

❹ 디바이스 드라이버가 장치의 처리 완료를 확인하고 결과를 받습니다.

❺ CPU가 사용자 모드로 전환되고 프로세스가 디바이스 드라이버 처리 완료를 확인해서 결과를 받습니다.

> 그림 06-02 레지스터를 사용한 장치 조작

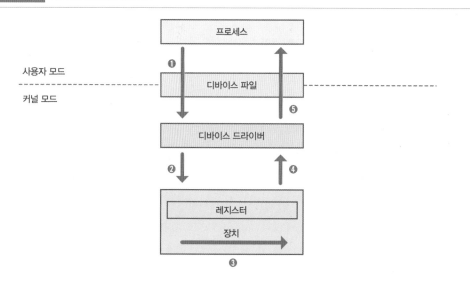

메모리 맵 입출력(MMIO)

현대적인 장치는 **메모리 맵 입출력**^{memory-mapped I/O}(이후 **MMIO**로 표기) 구조를 사용해서 디바이스 레지스터에 접근합니다.

x86_64 아키텍처는 리눅스 커널이 자신의 가상 주소 공간에 물리 메모리를 모두 매핑합니다. 커널의 가상 주소 공간 범위가 0~1000바이트라고 하면, 예를 들어 [그림 06-03]처럼 가상 주소 공간의 0~500에 물리 메모리를 매핑합니다.

그림 06-03 커널 가상 주소 공간

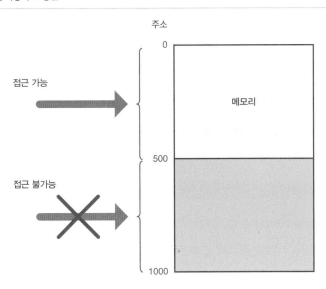

MMIO로 장치를 조작한다면 주소 공간에 메모리뿐만 아니라 레지스터도 매핑합니다. 예를 들어 장치 0~2가 존재하는 시스템이라면 [그림 06-04]처럼 됩니다.

그림 06-04 디바이스 레지스터 매핑하기

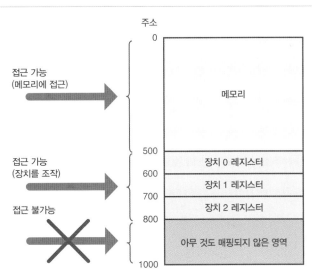

[표 06-01]와 같은 사양의 가상적인 저장 장치를 예로 들어 장치 조작 흐름을 살펴봅시다.

표 06-01 | 설명에서 사용하는 가상적인 저장 장치

레지스터 오프셋	역할
0	읽고 쓰기에 사용하는 메모리 영역 시작 주소
10	저장 장치 내부의 읽고 쓰기에 사용하는 데이터 영역 시작 주소
20	읽고 쓰기 크기
30	처리 요청에 사용. 0이면 읽기 요청, 1이면 쓰기 요청
40	요청한 처리가 끝났는지 여부를 나타내는 플래그 처리를 요청한 시점에 0이 되고 처리가 끝나면 1이 됨

메모리 영역 100~200으로 저장 장치 내부 주소 300~400 영역에 있는 데이터를 읽어 온다고 합시다. 저장 장치 레지스터가 메모리 주소 500부터 매핑되면 읽기 요청은 다음과 같이 처리됩니다(그림 06-05).

❶ 디바이스 드라이버가 저장 장치의 데이터를 메모리의 어디로 가져올지 지정합니다.

① 메모리 주소 500(레지스터 오프셋 0)에 읽은 데이터를 저장할 주소 100을 기록합니다.

② 메모리 주소 510(레지스터 오프셋 10)에 저장 장치 내부의 읽을 주소 300을 기록합니다.

③ 메모리 주소 520(레지스터 오프셋 20)에 읽을 데이터 크기 100을 기록합니다.

❷ 디바이스 드라이버가 메모리 주소 530(레지스터 오프셋 30)에 읽기 요청을 뜻하는 0을 기록합니다.

❸ 장치가 메모리 주소 540(레지스터 오프셋 40)에 요청 처리 중 상태를 뜻하는 0을 기록합니다.

그림 06-05 저장 장치에서 읽기 작업 흐름

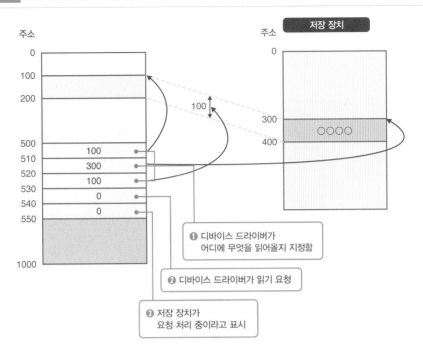

이후의 처리는 다음과 같습니다(그림 06-06).

① 장치가 장치의 주소 300~400 영역에 있는 데이터를 메모리 주소 100 이후로 전송합니다.

② 장치가 요청된 처리를 완료했다는 표시로 메모리 주소 540(레지스터 오프셋 40)에 값을 1로 변경합니다.

③ 디바이스 드라이버가 요청된 처리 완료를 확인합니다.

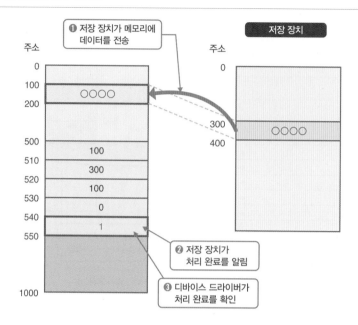

그림 06-06 저장 장치에서 읽기 작업 이후

❸에서 처리 완료를 확인하려면 **폴링**^{polling} 또는 **인터럽트**^{interrupt}라고 하는 두 가지 방법 중 하나를 사용합니다.

폴링

폴링^{polling}은 디바이스 드라이버가 능동적으로 장치에서 처리를 완료했는지 확인합니다. 장치는 디바이스 드라이버가 요청한 처리를 완료하면 처리 완료 통지용 레지스터의 값을 변화시킵니다. 디바이스 드라이버는 이 값을 주기적으로 읽어서 처리 완료를 확인합니다. 여러분이 스마트폰에서 채팅 앱을 실행해서 상대방에게 질문하는 경우를 예로 들면 폴링은 여러분이 주기적으로 앱을 열어서 답변이 왔는지 확인하는 행위에 해당합니다.

가장 단순한 폴링은 디바이스 드라이버가 장치에 처리를 요청하고 처리 완료할 때까지 확인용 레지스터를 계속 확인하는 것입니다. 두 개의 프로세스 p0, p1이 존재할 때 p0이 디바이스 드라이버에 처리를 요청했고 디바이스 드라이버가 정기적으로 실행되서 장치 처리 완료를 기다리는 동작 흐름은 [그림 06-07]과 같습니다.

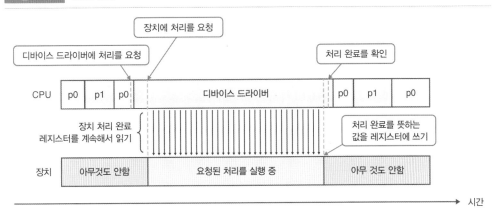

그림 06-07 단순한 폴링

이때 장치에서 처리가 끝나서 디바이스 드라이버가 완료를 확인할 때까지 CPU는 확인 작업 외에는 다른 일을 할 수 없습니다. p0은 장치 요청이 끝나기 전에는 다음 처리로 진행할 수 없으니 큰 문제가 없지만[5], 장치 처리와 관계없는 p1도 동작하지 못하는 건 CPU 자원 낭비입니다. 장치에 처리를 요청하고 완료할 때까지 필요한 시간은 밀리초, 마이크로초 단위입니다. CPU 명령 하나를 실행하는 데 걸리는 시간은 나노초 단위 또는 훨씬 더 작은 시간이라는 걸 생각하면 이게 얼마나 큰 낭비인지 알 수 있습니다.

따라서 이런 낭비를 줄이기 위해 계속해서 장치 처리 완료를 확인하는 대신에 일정 간격을 두고 레지스터 값을 확인하는 폴링 방법이 있습니다(그림 06-08).

그림 06-08 복잡한 폴링

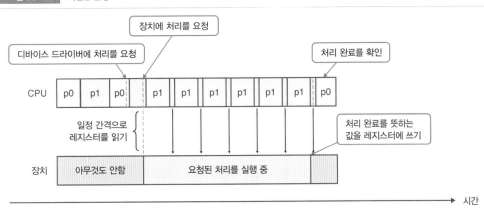

---

5 프로세스가 커널에 처리를 요청한 후에 처리 완료를 기다리지 않고 계속 진행하는 프로그래밍 모델도 있지만, 여기서는 다루지 않습니다.

이렇게 정교하게 만들어도 폴링은 디바이스 드라이버가 복잡해진다는 단점이 있습니다. 예를 들어 [그림 06-08]에서 장치에 처리를 요청하고 완료할 때까지 p1이 동작한다면, p1에서 하는 처리 중간 중간에 레지스터 값을 읽는 코드를 삽입해야 합니다. 또한 확인 간격을 늘린다고 해도 어느 정도 간격을 줘야 좋을지 정하는 것도 쉽지 않습니다. 간격이 너무 길어지면 처리 완료가 사용자 프로세스에 전달되는 시간이 늦어지고, 너무 짧으면 자원 낭비가 심해집니다.

인터럽트

인터럽트^{interrupt}는 다음과 같은 방식으로 장치가 처리를 완료했는지 확인합니다.

❶ 디바이스 드라이버가 장치에 처리를 요청합니다. 이후 CPU는 다른 처리를 실행합니다.
❷ 장치가 처리를 완료하면 인터럽트 방식으로 CPU에 알립니다.
❸ CPU는 미리 디바이스 드라이버가 **인터럽트 컨트롤러**^{interrupt controller} 하드웨어에 등록해 둔 **인터럽트 핸들러**^{interrupt handler} 처리를 호출합니다.
❹ 인터럽트 핸들러가 장치의 처리 결과를 받습니다.

폴링 때와 마찬가지로 채팅 앱을 예로 들면, 여러분이 채팅 앱이 아닌 다른 앱을 실행하고 있더라도 답변이 오면 즉시 앱이 여러분에게 알림을 보내는 방식에 해당합니다.

그러면 2개의 프로세스 p0, p1이 존재하고 p0이 디바이스 드라이버에 처리를 요청하는 경우를 생각해 봅시다(그림 06-09).

그림 06-09 인터럽트

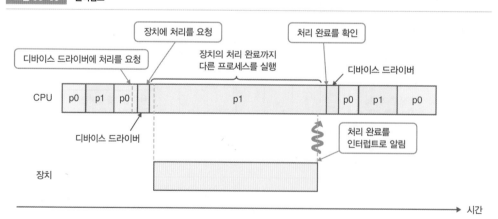

여기서 중요한 부분은 다음과 같습니다.

- 장치 처리가 완료할 때까지 CPU는 다른 프로세스를 실행할 수 있습니다. 예제에서는 p1이 동작합니다.
- 장치 처리 완료를 즉시 확인 가능합니다. 예제에서는 처리 완료 후 곧바로 p0이 동작할 수 있습니다.
- 장치에서 처리가 이뤄지는 동안 동작하는 프로세스(여기서는 p1)는 장치에서 무슨 일이 일어나고 있는지 신경 쓸 필요가 없습니다.

이런 장점 때문에 폴링보다 다루기 쉬운 인터럽트를 장치 처리 완료 확인 방법으로 사용하는 경우가 많습니다.

실습으로 인터럽트가 발생하는 모습을 확인해 봅시다. 저장 장치에 처리를 요청했을 때 인터럽트 개수가 늘어나는 걸 확인합니다. 시스템 시작 이후 지금까지 발생한 인터럽트 개수는 **/proc/interrupts** 파일을 보면 알 수 있습니다. 필자의 환경에서는 다음과 같이 출력되었습니다.

```
$ cat /proc/interrupts
        CPU0    CPU1    CPU2    CPU3 ...
   0:    36       0       0       0        IR-IO-APIC  2-edge     timer
   1:     0       0       5       0        IR-IO-APIC  1-edge     i8042
   7:     0       0       0  100000        IR-IO-APIC  7-fasteio  pinctrl_amd
(중략)
```

실제로는 70줄이 넘게 출력되는데 여러분도 크게 다르지 않을 겁니다. 그러면 출력 결과 의미를 확인해 봅시다.

인터럽트 컨트롤러는 여러 **인터럽트 요청**^Interrupt ReQuest(IRQ)을 다루는데, 요청마다 서로 다른 인터럽트 핸들러를 등록할 수 있습니다. 각각의 요청에 IRQ 번호를 할당하는데 이 번호가 식별자입니다. 출력 결과에서 하나의 줄이 하나의 IRQ 번호에 해당합니다. 대략 기기 하나당 IRQ 번호가 하나씩 대응한다고 생각하면 됩니다. 여기서 중요한 필드와 그 의미를 설명합니다.

- 첫 번째 필드: IRQ 번호에 해당합니다. 숫자가 아닌 줄이 있지만 여기서는 무시해도 됩니다.
- 두 번째~아홉 번째 필드(논리 CPU 숫자만큼 필드가 존재): IRQ 번호에 대응하는 인터

럽트가 각 논리 CPU에서 발생한 횟수

예제 결과는 논리 CPU 개수에 따라 결과가 달라지므로 그 점에 주의하기 바랍니다.

커널에서 일정 시간 후에 인터럽트를 발생시킬 때 사용하는 타이머 인터럽트의 발생 횟수를 1초마다 출력해 봅시다. 이런 인터럽트는 첫 번째 필드값이 **LOC:**입니다.

```
$ while true ; do grep Local /proc/interrupts ; sleep 1 ; done
LOC: 21864665 18393529 28227980 84045773 23459541 19307390 25777844 19001056
Local timer interrupts
LOC: 21864669 18393529 28227983 84045788 23459557 19307390 25777852 19001077
Local timer interrupts
...
LOC: 21864735 18393584 28228116 84046062 23459767 19307398 25778080 19001404
Local timer interrupts
```

점점 횟수가 늘어나는 걸 알 수 있습니다. 예전에는 이런 인터럽트가 모든 논리 CPU에 1초 동안 1000회처럼 정기적으로 발생했지만 요즘은 필요할 때만 타이머 인터럽트를 발생시킵니다. 따라서 인터럽트 처리 횟수가 줄어서 CPU 모드 전환에 따른 성능 저하 방지나 소비 전력 절약에 도움이 됩니다.

일부러 폴링을 사용하는 경우 Column

장치 처리가 빠르고 처리 빈도가 높다면 예외적으로 폴링을 사용하기도 합니다. 그 이유는 인터럽트 핸들러 호출은 어느 이상의 오버헤드(overhead)가 발생하고, 장치 처리가 너무 빠르면 인터럽트 핸들러를 호출하는 사이에 차례차례로 인터럽트가 계속 발생해서 처리를 따라잡지 못할 위험이 있기 때문입니다. 그외에도 평소에는 인터럽트를 사용하지만 인터럽트 빈도가 높아지면 폴링으로 전환하는 디바이스 드라이버도 있습니다.

디바이스 레지스터를 매핑한 메모리 영역을 프로세스의 가상 주소 공간에 매핑해서, 프로세스에서 장치를 조작하는 **사용자 공간 입출력**(userspace I/O, UIO) 기능도 존재합니다. UIO를 사용하면 원한다면 파이썬으로도 디바이스 드라이버를 만들 수 있습니다. UIO를 사용하면 디바이스 파일에 접근할 때마다 CPU 모드가 전환되는 걸 피할 수 있어서 장치 접근 속도가 빨라지는 효과를 기대할 수 있습니다.

처리 고속화 목적으로 UIO를 사용하는 디바이스 드라이버는 폴링을 사용해서 장치와 상호 작용하거나 디바이스 드라이버 전용으로 논리 CPU를 할당하는 방법 등 다양한 기법을 활용합니다. 흥미가 생기신 분은 userspace I/O(UIO), Data Plane Development Kit(DPDK), Storage Performance Development Kit(SPDK) 같은 용어로 검색해 보기 바랍니다.

디바이스 파일명은 바뀌기 마련

같은 종류의 장치를 여러 개 연결한 경우라면 디바이스 파일명을 조심해서 다뤄야 합니다. 여기서는 저장 장치에 한정해서 설명합니다.

여러 장치가 연결되어 있다면 커널은 일정한 규칙에 따라 각각 다른 이름으로 디바이스 파일(정확하게는 메이저 번호와 마이너 번호 조합)에 대응시킵니다. SATA나 SAS라면 **/dev/sda**, **/dev/sdb**, **/dev/sdc**, …, NVMe SSD라면 **/dev/nvme0n1**, **/dev/nvme1n1**, **/dev/nvme2n1**, … 이런 식이 됩니다. 주의할 점은 이런 대응 관계는 PC를 기동할 때마다 바뀐다는 점입니다.

예를 들어 어떤 SATA 접속 방식의 저장 장치 A, B를 연결하는 경우를 생각해 봅시다. 이때 무엇이 **/dev/sda**가 되고 **/dev/sdb**가 될지는 장치 인식 순서에 달려 있습니다. 커널에서 저장 장치를 인식하는데 A가 먼저 그리고 B 순서였다면 인식한 순서대로 **/dev/sda**, **/dev/sdb**라고 이름이 붙습니다(그림 06-10).

그림 06-10 저장 장치 A, B 순서로 인식됨

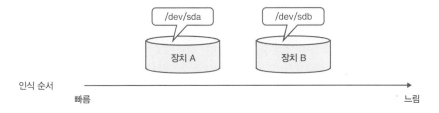

이후에 재시작했을 때 어떤 이유로 저장 장치 인식 순서가 바뀌게 되면 서로 장치명이 바뀝니다.[6] 순서가 바뀌는 데에는 다음과 같은 이유가 있습니다(그림 06-11).

- 다른 저장 장치 추가: 만약에 저장 장치 C를 추가해서 인식 순서가 A → C → B가 되면, B 장치명은 **/dev/sdb**가 아니라 **/dev/sdc**로 바뀝니다.
- 저장 장치 위치 변경: 예를 들어 A와 B를 설치한 위치를 바꾸면 A가 **/dev/sdb**, B가 **/dev/sda**가 됩니다.
- 저장 장치 고장으로 인식되지 않을 때: 예를 들어 A가 고장이라면 B가 **/dev/sda**로 인식됩니다.

---

6 USB 접속처럼 시스템 동작 중에 추가 가능한 저장 장치는 시스템 기동 중에 문제가 생길 수 있습니다.

그림 06-11 | 다양한 이유로 장치명이 변함

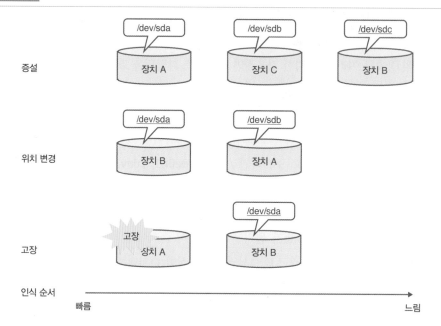

이렇게 이름이 바뀌면 어떤 일이 일어날까요? 운이 좋으면 부팅에 실패하는 정도로 끝나지만 운이 나쁘면 데이터가 파괴됩니다.

앞의 예에서 다른 장치를 추가한 경우를 예로 들면, 디스크 C에 파일 시스템을 만들려는 의도로 **mkfs.ext4 /dev/sdc**를 실행했지만 실제로는 기존에 있던 디스크 B를 대상으로 파일 시스템을 만드는 명령이 되어서 데이터가 파괴될 위험성이 있습니다.[7]

이런 문제는 **systemd**의 **udev** 프로그램이 만드는 **영구 장치명**persistent device name을 이용하면 해결할 수 있습니다.

udev는 기동 또는 장치를 인식할 때마다 기기에 설치된 장치 구성이 변화해도, 안 바뀌거나 잘 변하지 않는 장치명을 **/dev/disk** 아래에 자동으로 작성합니다.

영구 장치명은 **/dev/disk/by-path/** 디렉터리 아래에 존재하는, 디스크가 설치된 경로 위치 같은 정보를 바탕으로 만들어진 디바이스 파일이 있습니다. 필자의 경우 **/dev/sda**는 다음과 같은 별명이 있습니다.

---

7   **mkfs**는 잘 만든 프로그램이라서 디스크 B에 파일 시스템이 이미 존재하면 기존 파일 시스템이 있기 때문에 지울 수 없다는 메시지가 출력됩니다. 하지만 해당 명령어에 익숙한 사람은 **mkfs.ext4 -F /dev/sdc**(**-F** 옵션은 기존 파일 시스템이 존재해도 무시하고 작업합니다.)라고 실행해서 실수로 지워버리곤 합니다.

```
$ ls -l /dev/sda
brw-rw---- 1 root disk 8, 0 Dec 24 18:34 /dev/sda
$ ls -l /dev/disk/by-path/acpi-VMBUS\:00-scsi-0\:0\:0\:0
lrwxrwxrwx 1 root root 9 Jan 4 11:05 /dev/disk/by-path/acpiVMBUS:00-
scsi-0:0:0:0 -> ../../sda
```

이외에도 파일 시스템에 레이블이나 UUID가 있으면 **udev**는 대응하는 장치에 **/dev/disk/by-label/** 디렉터리, **/dev/disk/by-uuid/** 디렉터리 아래에 파일을 만듭니다.

보다 자세히 알고 싶으신 분은 다음 홈페이지를 참조하기 바랍니다.

- **Arch 위키의 Persistent block device naming 페이지**[8]

단순히 마운트할 파일 시스템의 실수를 방지할 목적이라면 **mount** 명령어에 레이블이나 UUID를 지정해서 문제 발생을 막을 수 있습니다.

예를 들어 필자의 경우, 시스템 시작할 때 자동으로 마운트하는 파일 시스템을 설정하는 **/etc/fstab** 파일에는 **/dev/sda** 같은 커널이 붙인 이름이 아니라 UUID로 장치를 지정했습니다.

```
$ cat /etc/fstab
UUID=077f5c8f-a2f3-4b7f-be96-b7f2d31d07fe / ext4 defaults 0 0 UUID=C922-4DDC /
boot/efi vfat defaults 0 0
```

따라서 **UUID=077f5c8f-a2f3-4b7f-be96-b7f2d31d07fe**에 대응하는 장치를 커널에서 **/dev/sda** 또는 **/dev/sdb**라고 이름 붙이든지, 문제없이 마운트할 수 있습니다.

---

8 https://wiki.archlinux.org/title/persistent_block_device_naming

제 7 장

파일 시스템

6장에서 각종 장치는 디바이스 파일로 접근 가능하다고 설명했습니다. 하지만 대부분의 저장
장치는 이 장에서 설명하는 **파일 시스템**^{file system}으로 접근합니다.

파일 시스템이 존재하지 않으면 데이터를 디스크 어떤 위치에 저장할지 직접 정해야 합니다. 게
다가 다른 데이터를 훼손하지 않도록 비어 있는 영역도 관리가 필요합니다. 그리고 쓰기가 끝나
서 나중에 다시 읽어 오려면 어느 위치에, 파일 크기가 얼마이고, 어떤 데이터를 배치했는지 기
억해야 합니다(그림 07-01).

그림 07-01 모든 데이터 위치나 크기 등을 기억해야 함

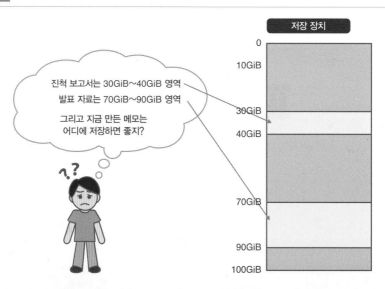

파일 시스템은 이런 정보를 대신해서 관리해 줍니다. 파일 시스템은 사용자에게 의미 있는 데이
터 뭉치를 파일 단위로 관리합니다. 각각의 데이터가 어디에 있는지 사용자가 직접 관리하지 않
아도 저장 장치의 관리 영역에 기록됩니다(그림 07-02).

그림 07-02 파일 시스템

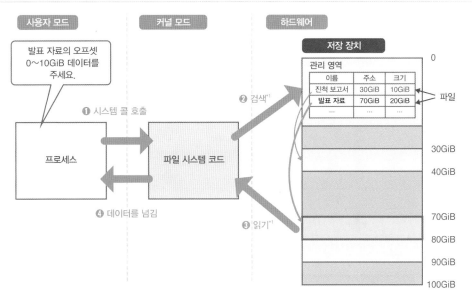

*1 디바이스 드라이버는 생략(설명 단순화)

조금 어렵지만 [그림 07-02]에서 파일 형식으로 데이터를 관리하는 저장 장치의 영역(관리 영역 포함)과 해당 저장 영역을 다루는 처리(그림에서 '파일 시스템 코드') 양쪽을 모두 합쳐서 **파일 시스템**이라고 부릅니다.

저장 장치에 디바이스 파일을 사용해서 접근하는 방법과 파일 시스템으로 접근하는 방법의 차이를 [그림 07-03]에서 살펴보겠습니다.

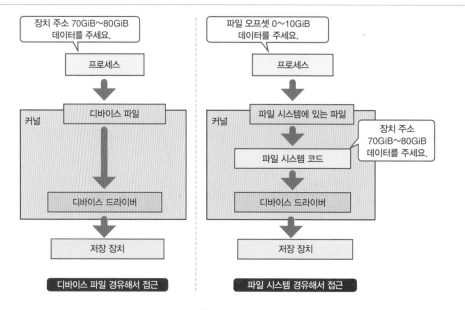

그림 07-03 디바이스 파일과 파일 시스템으로 저장 장치에 접근하기

리눅스 파일 시스템은 각 파일을 **디렉터리**^{directory}라고 하는 특수한 파일을 사용해서 분류할 수 있습니다. 디렉터리가 다르면 동일한 파일명을 사용할 수 있습니다. 또한 디렉터리 안에 또 다시 디렉터리를 만들어서 트리 구조를 만들 수 있습니다. 이건 평소에 리눅스를 사용하는 분이라면 친숙하겠지요(그림 07-04).

그림 07-04 파일 시스템 트리 구조

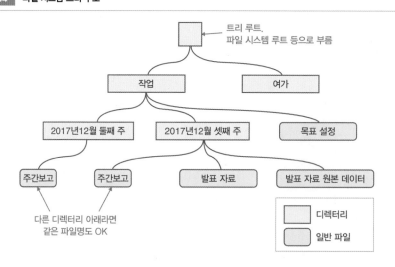

파일 시스템에는 **데이터**와 **메타 데이터**^{meta data} 두 종류의 데이터가 있습니다. 데이터는 사용자가

작성한 문서나 영상, 동영상, 프로그램 등에 해당합니다. 이에 반해 메타 데이터는 파일을 관리할 목적으로 파일 시스템에 존재하는 부가적인 정보입니다. [그림 07-02] 내부의 관리 영역 데이터에 해당합니다. 메타 데이터에는 [표 07-01]과 같은 정보가 담겨 있습니다.

표 07-01 주요 메타 데이터

종류	내용
파일 이름	
저장 장치에서의 위치, 크기	
파일 종류	일반 파일, 디렉터리, 디바이스 파일 등
파일 시각 정보	작성 날짜, 최종 접근 날짜, 최종 수정 날짜
파일 권한 정보	어떤 사용자가 파일에 접근 가능한가
디렉터리 데이터	디렉터리 내부에 어떤 파일이 들어 있는가 등

파일 접근 방법

파일 시스템에는 POSIX에서 정한 함수로 접근할 수 있습니다.

- 파일 조작
    - 작성, 삭제: **creat()**, **unlink()** 등
    - 열고 닫기: **open()**, **close()** 등
    - 읽고 쓰기: **read()**, **write()**, **mmap()** 등
- 디렉터리 조작
    - 작성, 삭제: **mkdir()**, **rmdir()**
    - 현재 디렉터리 변경: **chdir()**
    - 열고 닫기: **opendir()**, **closedir()**
    - 읽기: **readdir()** 등

이런 함수 덕분에 사용자는 파일 시스템에 접근할 때 파일 시스템 종류의 차이를 의식할 필요없이 파일 시스템이 ext4 혹은 XFS이라도 관계없이 파일을 만들고 싶다면 **creat()** 함수를 사용합니다.

여러분이 **bash** 같은 셸로 다양한 프로그램에서 파일 시스템에 접근할 때 내부적으로는 이러한 함수를 호출합니다.

파일 시스템 조작용 함수를 호출하면 다음과 같은 순서로 처리가 진행됩니다.

❶ 파일 시스템 조작용 함수가 내부적으로 파일 시스템을 조작하는 시스템 콜을 호출합니다.

❷ 커널 내부 **가상 파일 시스템**^{Virtual File System}(VFS) 처리가 동작하고 각각의 파일 시스템 처리를 호출합니다.

❸ 파일 시스템 처리가 디바이스 드라이버를 호출합니다.[1]

❹ 디바이스 드라이버가 장치를 조작합니다.

예를 들어 동일한 디바이스 드라이버로 조작할 수 있는 블록 장치 A, B, C가 있을 때 각각 ext4, XFS, Btrfs 파일 시스템이 존재한다면 [그림 07-05]처럼 됩니다.

그림 07-05 파일 시스템의 인터페이스

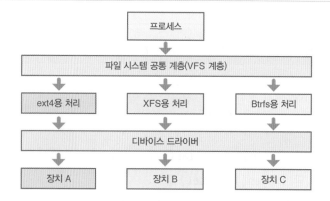

메모리 맵 파일

리눅스에는 파일 영역을 가상 주소 공간에 매핑하는 **메모리 맵 파일**^{memory-mapped file} 기능이 있습니다. **mmap()** 함수를 특정한 방법으로 호출하면 파일 내용을 메모리로 읽어서 그 영역을 가상 주소 공간에 매핑할 수 있습니다(그림 07-06).

---

1 정확하게는 파일 시스템 처리와 디바이스 드라이버 사이에는 블록 계층이 들어가지만 자세한 건 9장을 참조하기 바랍니다.

그림 07-06 메모리 맵 파일

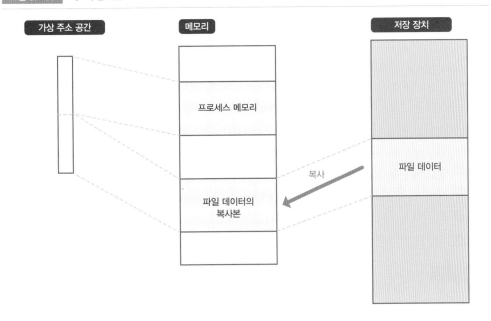

메모리 맵에 저장된 파일은 메모리와 같은 방법으로 접근할 수 있습니다. 데이터를 변경하면 나중에 저장 장치에 있는 파일에도 정해진 타이밍에 반영합니다(그림 07-07). 이런 타이밍은 8장에서 설명합니다.

그림 07-07 접근한 영역은 파일에 다시 반영됨

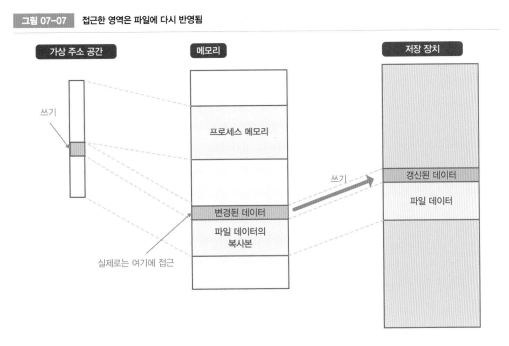

그러면 메모리 맵 파일을 사용해서 파일 데이터를 실제로 변경해 봅시다. 우선 hello 문자열이 들어 있는 testfile 파일을 작성합니다.

```
$ echo hello > testfile
$
```

이제 다음처럼 동작하는 filemap 프로그램(코드 07–01)을 실행합니다.

❶ 프로세스 메모리 맵 상황(**/proc/<pid>/maps** 출력)을 표시합니다.

❷ testfile 파일을 열어서 파일을 **mmap()**으로 메모리 공간에 매핑합니다.

❸ 프로세스 메모리 맵 상황을 다시 표시합니다.

❹ 맵핑된 영역의 데이터를 hello에서 HELLO로 변경합니다.

코드 07–01   filemap.go

```go
package main

import (
    "fmt"
    "log"
    "os"
    "os/exec"
    "strconv"
    "syscall"
)

func main() {
    pid := os.Getpid()
    fmt.Println("*** testfile 메모리 맵 이전의 프로세스 가상 주소 공간 ***")
    command := exec.Command("cat", "/proc/"+strconv.Itoa(pid)+"/maps")
    command.Stdout = os.Stdout
    err := command.Run()
    if err != nil {
        log.Fatal("cat 실행에 실패했습니다")
    }
```

```go
    file, err := os.OpenFile("testfile", os.O_RDWR, 0)
    if err != nil {
        log.Fatal("testfile을 열지 못했습니다")
    }
    defer file.Close()

    // mmap() 시스템 콜을 호출해서 5바이트 메모리 영역을 확보
    data, err := syscall.Mmap(int(file.Fd()), 0, 5, syscall.PROT_READ|syscall.
PROT_WRITE, syscall.MAP_SHARED)
    if err != nil {
        log.Fatal("mmap() 실행에 실패했습니다")
    }

    fmt.Println("")
    fmt.Printf("testfile을 매핑한 주소: %p\n", &data[0])
    fmt.Println("")

    fmt.Println("*** testfile 메모리 맵 이후의 프로세스 가상 주소 공간 ***")
    command = exec.Command("cat", "/proc/"+strconv.Itoa(pid)+"/maps")
    command.Stdout = os.Stdout
    err = command.Run()
    if err != nil {
        log.Fatal("cat 실행에 실패했습니다")
    }

    // 매핑한 파일 내용을 변경
    replaceBytes := []byte("HELLO")
    for i, _ := range data {
        data[i] = replaceBytes[i]
    }
}
```

```
$ go build filemap.go
$ ./filemap
```

201

```
*** testfile 메모리 맵 이전의 프로세스 가상 주소 공간 ***
...
001b7000-001d5000 rw-p 00000000 00:00 0
4000000000-4004000000 rw-p 00000000 00:00 0
...
testfile을 매핑한 주소: 0xffffa3f69000  ❶

*** testfile 메모리 맵 이후의 프로세스 가상 주소 공간 ***
...
001b7000-001d5000 rw-p 00000000 00:00 0
4000000000-4004000000 rw-p 00000000 00:00 0
ffffa3f69000-ffffa3f6a000 rw-s 00000000 08:01 519098          .../testfile  ❷
ffffa3f6a000-ffffa621b000 rw-p 00000000 00:00 0
...
$ cat testfile
HELLO  ❸
```

❶에서 **mmap()** 함수 실행에 성공해서 testfile 파일 데이터 시작 주소가 **0xffffa3f69000**가 되었습니다. ❷에서는 이 주소로 시작하는 영역이 실제로 메모리 매핑된 걸 알 수 있습니다. 마지막으로 ❸에서 실제로 파일 내용이 변경된 걸 확인했습니다.

일반적인 파일 시스템

리눅스는 ext4, XFS, Btrfs 같은 파일 시스템을 주로 사용합니다. 아주 간략하게 설명하자면 각 파일 시스템은 [표 07-02]와 같은 특징이 있습니다.

표 07-02 주요 파일 시스템

파일 시스템	특징
ext4	예전부터 리눅스에서 사용하던 ext2, ext3에서 전환하기 편함
XFS	뛰어난 확장성
Btrfs	풍부한 기능

각 파일 시스템은 저장 장치에서 만드는 데이터 구조와 관리하는 처리 방식이 다릅니다. 따라서 다음과 같은 차이점이 존재합니다.

- 파일 시스템 최대 크기
- 파일 최대 크기
- 최대 파일 개수
- 파일명 최대 길이
- 동작별 처리 속도
- 표준 기능 이외의 추가 기능 유무

모든 차이점을 다루는 건 불가능하므로 앞으로 이런 파일 시스템의 일반적인 기능을 소개하면서 기능을 구현하는 방법이 파일 시스템마다 어떻게 다른지 설명합니다.

쿼터(용량 제한)

다양한 용도로 시스템을 사용하다 보면 파일 시스템 용량을 무제한으로 사용하다가, 다른 기능 실행에 필요한 용량이 부족해지는 경우가 있습니다. 특히나 시스템 관리용 처리를 하는 데 필요한 용량이 부족하면 시스템 전체가 불안정해집니다.

이런 문제를 방지하려면 용도별로 사용 가능한 파일 시스템 용량을 제한하는 기능이 필요합니다. 이런 기능을 **쿼터**quota(용량 제한, 할당)라고 부릅니다. 예를 들어 [그림 07-08]은 용도 A에 쿼터 제한을 두는 모습입니다.

그림 07-08　쿼터

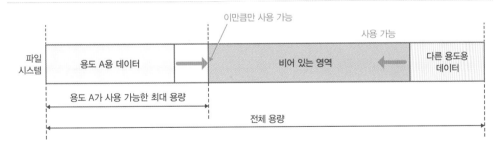

쿼터에는 다음과 같은 종류가 있습니다.

- 사용자 쿼터: 파일 소유자인 사용자마다 용량을 제한합니다. 예를 들어 일반 사용자 때문에 **/home/** 디렉터리가 가득 차는 사태를 방지하는 목적입니다. ext4와 XFS는 사용자 쿼터 기능을 사용할 수 있습니다.
- 디렉터리 쿼터(프로젝트 쿼터): 특정 디렉터리마다 용량을 제한합니다. 예를 들어 어떤 프로젝트 멤버가 공유하는 디렉터리에 용량 제한을 둡니다. ext4와 XFS 파일 시스템에서 사용 가능합니다.
- 서브 볼륨 쿼터: 파일 시스템 내부의 서브 볼륨 단위마다 용량을 제한합니다. 디렉터리 쿼터와 사용법이 비슷합니다. Btrfs가 서브 볼륨 쿼터 기능을 사용합니다.

특히나 업무용 시스템에서 쿼터를 설정해서 특정 사용자나 프로그램이 저장 용량을 지나치게 사용하지 않도록 제어하는 경우가 많습니다.

파일 시스템 정합성 유지

시스템을 운영하다 보면, 파일 시스템 내용에 오류가 생기기도 합니다. 전형적인 예를 들면 파일 시스템 데이터를 저장 장치에서 읽거나 쓰는 도중에 시스템 전원이 강제적으로 끊기는 경우입니다.

root 아래에 foo, bar라는 2개의 디렉터리가 있고 foo 아래에는 hoge, huga라는 파일이 존재하는 파일 시스템을 예제로 파일 시스템 오류가 어떤 건지 설명합니다. 이 상태에서 bar를 foo 아래로 이동시키면 파일 시스템은 [그림 07-09]처럼 처리합니다.

그림 07-09 디렉터리 이동 처리 흐름

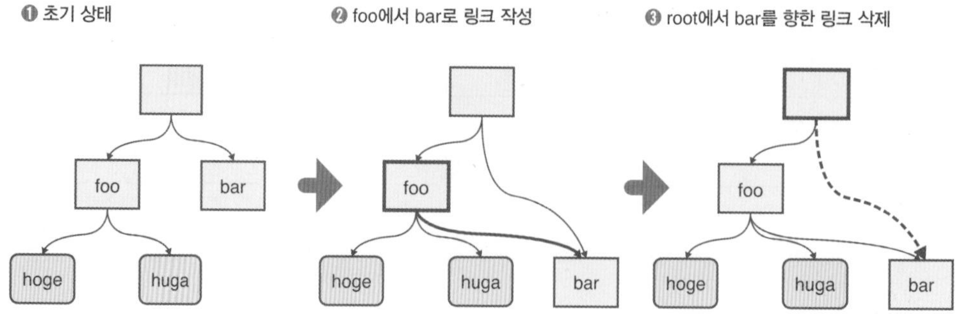

❶ 초기 상태   ❷ foo에서 bar로 링크 작성   ❸ root에서 bar를 향한 링크 삭제

이런 처리 흐름은 프로세스에서 보자면 중간에 끼어들 수 없는 아토믹 처리입니다. 첫 번째 쓰기(foo 파일 데이터 갱신)가 끝나고 두 번째 쓰기(root 데이터 갱신)가 끝나기 전에 전원이 꺼졌다면 [그림 07-10]처럼 파일 시스템이 어중간한 오류 상태가 될지도 모릅니다.

그림 07-10 파일 시스템 오류

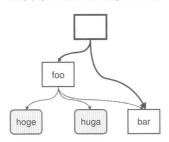

이후에 파일 시스템이 오류를 감지하는데 마운트 작업 중이라면 파일 시스템이 마운트 불가능하거나, 읽기 전용 모드로 다시 마운트[remount]합니다. 또는 **시스템 패닉**[system panic](윈도의 블루 스크린에 해당)이 일어납니다.

파일 시스템의 오류 방지 기술에는 여러 종류가 있지만 널리 사용되는 건 **저널링**과 **카피 온 라이트** 두 가지 방식입니다. ext4와 XFS는 저널링, Btrfs는 카피 온 라이트로 각각 파일 시스템 오류를 방지합니다.

저널링을 사용한 오류 방지

저널링[journaling]은 파일 시스템 내부에 저널 영역이라고 하는 특수한 메타 데이터 영역을 준비합니다. 이때 파일 시스템 갱신 방법은 다음과 같습니다(그림 07-11).

❶ 갱신에 필요한 아토믹한 처리 목록을 일단 저널 영역에 기록합니다. 이 목록을 **저널 로그**[journal log]라고 부릅니다.

❷ 저널 영역에 기록된 내용에 따라 실제로 파일 시스템 내용을 갱신합니다.

그림 07-11 저널링 방식을 사용한 갱신 처리

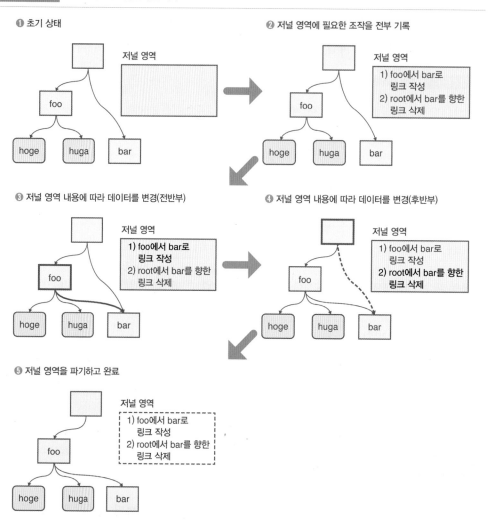

저널 로그를 갱신하던 도중(그림 07-11에서 ❷)에 강제로 전원이 끊겼다면 단순히 저널 로그를 버리기만 하면 실제 데이터는 처리 전 상태와 변함이 없습니다(그림 07-12).

그림 07-12 저널링으로 오류 방지(1)

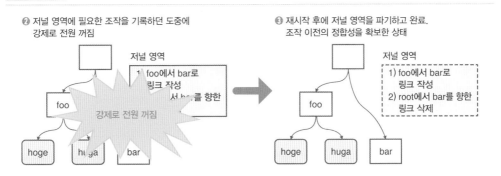

실제 데이터를 갱신하던 도중(그림 07-11에서 ❹)에 강제로 전원이 끊기면 저널 로그를 다시 시작해서 처리를 완료 상태로 만듭니다(그림 07-13).

그림 07-13 저널링으로 오류 방지(2)

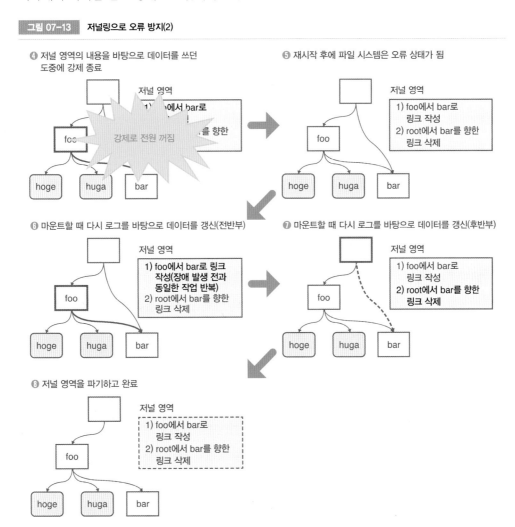

카피 온 라이트로 오류 방지

카피 온 라이트로 오류 방지를 이야기 하기 전에 파일 시스템의 데이터 저장 방법을 먼저 알아봅시다. ext4나 XFS 등은 일단 저장 장치에 파일 데이터를 썼다면 이후 파일을 갱신할 때는 저장 장치의 동일한 위치에 데이터를 써넣습니다(그림 07-14).

그림 07-14　**카피 온 라이트 방식이 아닌 경우의 파일 갱신**

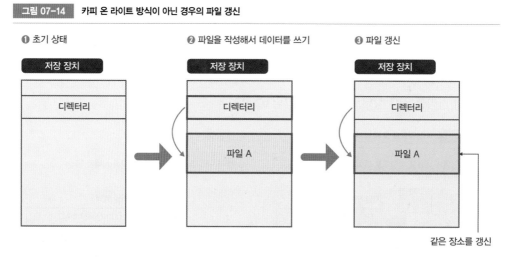

한편, Btrfs 같은 카피 온 라이트 형식의 파일 시스템은 일단 파일에 데이터를 쓴 이후로는 갱신할 때마다 다른 장소에 데이터를 작성합니다[2](그림 07-15).

그림 07-15　**카피 온 라이트 방식의 파일 갱신**

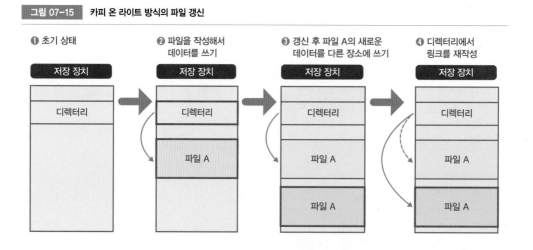

---

2 [그림 07-15]에서는 단순한 설명을 위해 파일 전체를 다시 만드는 것처럼 표현했지만 실제로는 파일 내부의 변경된 부분만 다른 장소에 복사됩니다.

앞에서 설명한 파일 이동 같은 작업은 갱신한 데이터를 다른 장소에 먼저 작성하고 나서 링크를 재작성하는 순서로 이루어집니다(그림 07-16).

그림 07-16 Btrfs의 mv 처리

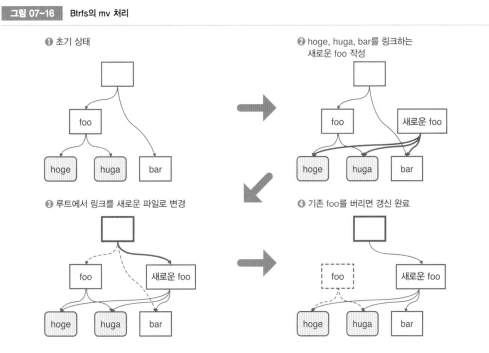

처리 중에 전원이 끊기는 일이 발생해도 재시작 후에 그전에 만들고 있던 중간 데이터를 삭제하면 오류는 발생하지 않습니다(그림 07-17).

그림 07-17 Btrfs에서 mv 작업 도중에 강제로 전원 꺼짐

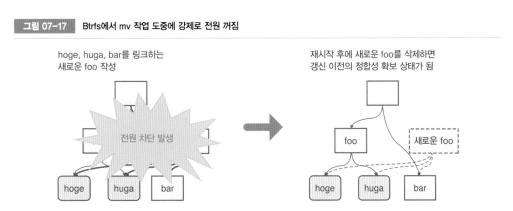

뭐니 뭐니 해도 백업

앞에서 설명한 오류 방지 기능 덕분에 파일 시스템 오류 발생 빈도는 줄어들지만 완전히 없어지는 건 아닙니다. 파일 시스템에 버그가 있거나 하드웨어 장애가 생기면 당연히 문제가 발생하기 때문입니다.

그렇다면 어떻게 하면 좋을까요? 파일 시스템을 정기적으로 백업해서 파일 시스템 오류가 발생하면 마지막으로 백업한 시점으로 복원하는 방법이 일반적입니다. 어떤 이유로 평소에 정기적으로 백업하기 어렵다면 각 파일 시스템에 존재하는 복구용 명령어로 정합성을 회복하는 방법도 있습니다.

파일 시스템에 따라 복구용 명령어 가짓수나 성질은 다르지만, 모든 파일 시스템에는 `fsck` 명령어(ext4라면 `fsck.ext4`, XFS라면 `xfs_repair`, Btrfs라면 `btrfs check`)가 있습니다. 하지만 `fsck` 사용은 다음과 같은 이유로 그다지 추천하지 않습니다.

- 정합성 확인 및 복구를 위해 파일 시스템 전체를 검사하므로 파일 시스템 사용량에 따라 필요한 시간이 늘어납니다. 수 TiB급 파일 시스템이라면 몇십 시간~며칠 단위로 걸리기도 합니다.
- 복구 검사에 오랜 시간을 들여도 결국 실패로 끝나는 경우가 많습니다.
- 사용자가 원하는 상태로 복구된다는 보장이 없습니다. `fsck`는 데이터 오류가 발생한 파일 시스템을 억지로 마운트 가능하게 만드는 명령어에 불과합니다. 복구 처리 중에 오류가 생긴 데이터나 메타 데이터를 가차없이 삭제합니다(그림 07-18).

그림 07-18 fsck 동작

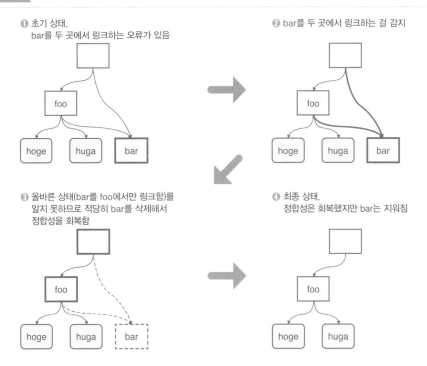

① 초기 상태.
bar를 두 곳에서 링크하는 오류가 있음

② bar를 두 곳에서 링크하는 걸 감지

③ 올바른 상태(bar를 foo에서만 링크함)를
알지 못하므로 적당히 bar를 삭제해서
정합성을 회복함

④ 최종 상태.
정합성은 회복했지만 bar는 지워짐

역시나 정기적으로 백업하는 것이 가장 좋은 방법입니다.

Btrfs가 제공하는 파일 시스템의 고급 기능

ext4나 XFS는 조금씩 차이는 있지만 기능면에서는 리눅스의 원조라고 할 수 있는 유닉스가 만들어졌을 때부터 있던 기본적인 기능만 제공합니다. 한편 Btrfs는 다른 파일 시스템에는 없는 추가 기능이 있습니다.

스냅샷

Btrfs는 파일 시스템의 **스냅샷**snapshot을 만들 수 있습니다. 스냅샷 작성은 데이터 전체 복사가 아니라, 데이터를 참조하는 메타 데이터 작성만으로 끝나므로 일반 복사 작업보다 훨씬 빠릅니다. 스냅샷은 원본 파일 시스템과 데이터를 공유하므로 차지하는 공간도 줄어듭니다. 스냅샷은 Btrfs의 카피 온 라이트 방식을 사용한 데이터 갱신 특성을 최대한으로 활용하는 기능입니다.

Btrfs 구조는 무척 복잡해서 자세한 설명은 어렵지만 여기서는 간단한 예를 사용해서 스냅샷 구조 방식을 설명합니다.

root 밑에 foo, bar 두 파일이 존재하는 상태를 생각해 봅시다(그림 07-19).

그림 07-19 스냅샷 작성 전

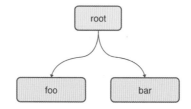

이때 파일 시스템의 스냅샷을 만들면 [그림 07-20]처럼 스냅샷의 root는 foo, bar를 향한 링크를 만들기만 하고 foo, bar 데이터 자체는 복사하지 않습니다.

그림 07-20 스냅샷 작성

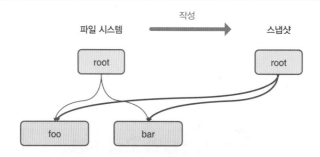

이후 foo 데이터를 변경하면 다음과 같은 처리가 진행됩니다.

❶ foo 데이터를 다른 새로운 영역에 복사합니다.

❷ 새로운 영역 데이터를 갱신합니다.

❸ 마지막으로 root에서 갱신한 영역으로 포인터를 다시 교체합니다[3](그림 07-21).

---

3   실제로는 파일을 모두 복사하는 것이 아니라 바뀐 영역만 복사합니다.

그림 07-21 스냅샷 작성 이후의 데이터 갱신

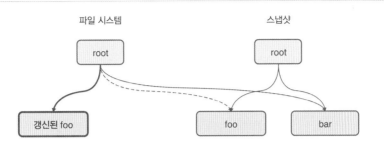

위의 그림에서 본 것처럼 스냅샷은 원본 파일 시스템과 데이터를 공유하므로 공유한 데이터에 문제가 생기면 스냅샷 데이터에도 문제가 생깁니다. 따라서 스냅샷은 백업 목적으로 사용하는 기능이 아닙니다. 백업을 작성하려면 스냅샷을 만든 후에 해당 데이터를 별도로 다른 곳에 복사해야 합니다.

파일 시스템 수준에서 백업을 작성하려면 일반적으로 파일 시스템 입출력을 멈춰야 하는데 스냅샷을 사용하면 그 시간을 줄일 수 있습니다. 좀 더 자세히 말하면 스냅샷을 작성하는 짧은 시간 동안만 입출력을 멈추고 그후에는 스냅샷을 사용해서 백업을 만든다면 파일 시스템 본체의 입출력을 멈추지 않아도 됩니다(그림 07-22).

그림 07-22 백업과 스냅샷

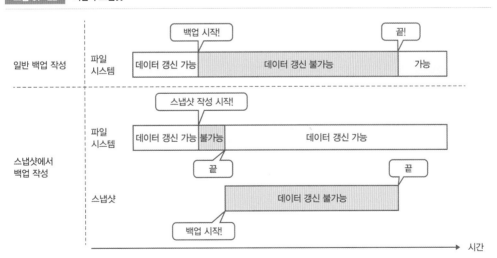

멀티 볼륨

ext4나 XFS는 1개의 파티션에 1개의 파일 시스템을 작성합니다. Btrfs는 1개 또는 여러 저장 장치와 파티션으로 커다란 **저장소 풀**^{storage pool}을 만들어서 거기에 마운트 가능한 **서브 볼륨** subvolume 영역을 작성합니다. 저장소 풀은 **Logical Volume Manager(LVM)**[4]에서 다루는 볼륨 그룹과 비슷하고, 서브 볼륨은 LVM의 논리 볼륨과 파일 시스템을 합친 것에 가깝습니다. 이렇듯 Btrfs는 기존의 파일 시스템 종류로 생각하기 보다는 파일 시스템 + LVM처럼 동작하는 볼륨 매니저로 보는 편이 알기 쉽습니다(그림 07-23).

그림 07-23 Btrfs 저장소 풀

Btrfs는 LVM처럼 **레이드**^{RAID} 구성도 만들 수 있습니다. 지원하는 건 RAID 0, 1, 10, 5, 6, dup[5] 입니다. RAID1 구성은 [그림 07-24]처럼 됩니다.

---

4   https://github.com/lvmteam/lvm2

5   하나의 장치에 동일한 데이터 2개를 작성합니다.

그림 07-24 RAID1 구성의 Btrfs

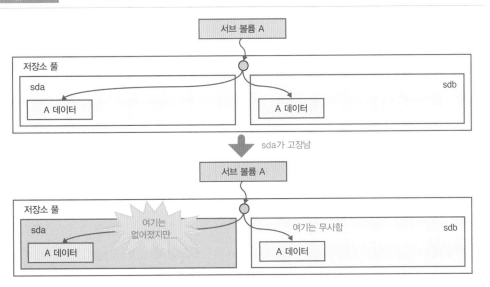

결국 어떤 파일 시스템을 사용하면 좋은가?

결국 어떤 파일 시스템을 사용하면 되는지 묻는 질문을 받는 경우가 종종 있습니다. 이 질문은 무척이나 답하기 어렵습니다. 그건 모든 상황에서 만족스러운 파일 시스템은 존재하지 않고 다들 장단점이 있기 때문입니다.

좋은 파일 시스템을 판단하는 기준은 조건에 따라 달라집니다. 그 조건이 어떤 필수 기능을 사용해야 하는데 해당 기능이 특정 파일 시스템에만 존재한다면 답은 간단합니다. 하지만 대부분은 '파일 작성 패턴이 이렇고, 접근하는 방식이 이럴 때 제일 빠른 파일 시스템이면 된다'라는 식으로 작업 상황에 의존하는 복잡한 조건이 되기 마련입니다. 그런 조건은 일반적으로 단순히 파일을 100만 개 연속으로 작성하는 성능을 측정하는 매크로 벤치마크 결과만 가지고 판단할 수 없습니다. 결국은 스스로 직접 성능을 측정하고 평가하는 과정이 필요합니다. 무엇이 자신에게 적합한지는 자기 자신밖에 알지 못하는 경우가 대부분입니다.

각 파일 시스템의 세세한 차이점은 이 책에서 다루는 범위 밖이므로 생략합니다. 흥미가 있으신 분은 다음 사이트를 참조하기 바랍니다.

- Ext4(and Ext2/Ext3) 위키[6]
- XFS.org[7]
- Btrfs 위키[8]

---

6 https://ext4.wiki.kernel.org/index.php/Main_Page

7 https://xfs.wiki.kernel.org

8 https://btrfs.readthedocs.io/en/latest/

데이터 손상 감지와 복구

하드웨어 비트 오류 등의 이유로 파일 시스템 데이터가 망가질 때가 있습니다. 데이터에 이상이 생기는 건 아주 큰일이고 이걸 시작으로 더 많은 데이터 손상이 일어날 수도 있습니다. 또한 이런 문제는 원인을 밝히기 어렵습니다. Btrfs는 이런 데이터 손상을 감지하는 기능이 있고 또한 레이드 구성을 사용하면 원상 복구도 가능합니다.

Btrfs는 모든 데이터에 **체크섬**^{checksum}이 있어서 데이터 손상을 감지할 수 있습니다. 데이터를 읽을 때 체크섬 에러를 감지하면 해당 데이터를 버리고 읽기를 요청한 프로그램에 입출력 에러를 통지합니다. Btrfs를 **/dev/sda**에 구축한 경우가 [그림 07-25]입니다.

그림 07-25　데이터 손상을 체크섬으로 감지

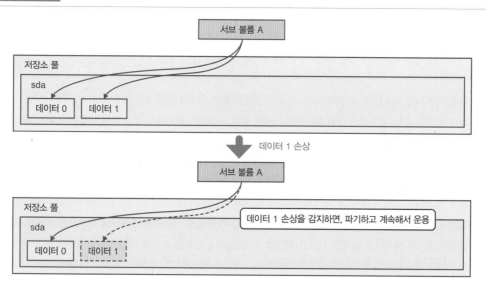

레이드 구성을 해뒀으면 남아 있는 올바른 데이터를 바탕으로 손상된 데이터를 원상 복구할 수 있습니다. **/dev/sda**와 **/dev/sdb**를 사용해서 RAID1을 구성했을 때 복구 처리가 [그림 07-26]입니다.

그림 07-26 손상된 데이터 복구하기

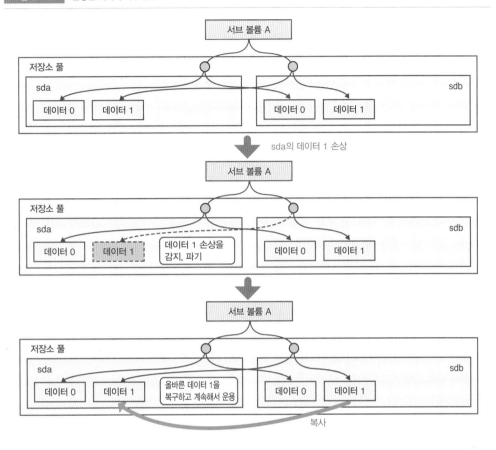

기타 파일 시스템

지금까지 소개한 ext4, XFS, Btrfs 파일 시스템 외에도 리눅스는 다양한 파일 시스템을 지원합니다. 이번에는 그중에서 몇 가지를 소개합니다.

메모리 기반의 파일 시스템

저장 장치 대신에 메모리를 사용해서 작성하는 **tmpfs** 파일 시스템이 있습니다. tmpfs 파일 시스템에 저장된 데이터는 컴퓨터 전원이 꺼지면 사라지지만 저장 장치에 접근할 필요가 없어서 접근 속도가 빠릅니다(그림 07-27).

그림 07-27　tmpfs

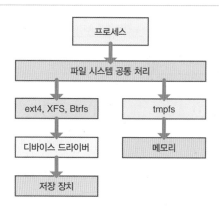

tmpfs는 재시작할 때 기존 파일이 남아 있지 않아도 되는 **/tmp**나 **/var/run**에서 주로 사용합니다. 필자가 사용하는 우분투 20.04도 다양한 용도로 tmpfs를 사용합니다.

```
$ mount | grep ^tmpfs
tmpfs on /run type tmpfs (rw,nosuid,nodev,noexec,relatime,size=1535936k,mo
de=755)
tmpfs on /dev/shm type tmpfs (rw,nosuid,nodev)
tmpfs on /run/lock type tmpfs (rw,nosuid,nodev,noexec,relatime,size=5120k)
tmpfs on /sys/fs/cgroup type tmpfs (ro,nosuid,nodev,noexec,mode=755)
tmpfs on /run/user/1000 type tmpfs (rw,nosuid,nodev,relatime,size=1535932k,mod
e=700,uid=1000,gid=1000)
```

free 명령어 출력 결과에 있는 **shared** 필드값이 tmpfs 등에서 실제로 사용된 메모리 용량을 뜻합니다.

```
$ free
          total      used       free       shared     buff/cache    available
Mem:      15359352   471052     9294360    1560       5593940       14557712
Swap:     0          0          0
```

필자의 시스템에서는 tmpfs 용도로 합계 1560KiB 즉, 1.5MiB 메모리를 사용하고 있습니다. tmpfs는 우분투 같은 OS에서만 만드는 것이 아니라 **mount** 명령어로 사용자도 만들 수 있습니다. 다음은 1GiB의 tmpfs를 만들어서 **/mnt** 밑에 마운트하는 예제입니다.

```
$ sudo mount -t tmpfs tmpfs /mnt -osize=1G
$ mount | grep /mnt
tmpfs on /mnt type tmpfs (rw,relatime,size=1048576k)
```

tmpfs가 사용하는 메모리는 파일 시스템 작성과 동시에 전부 확보하는게 아니라, 데이터에 처음으로 접근했을 때 페이지 단위로 메모리를 확보하는 구조입니다.

```
$ free
          total       used       free     shared  buff/cache   available
Mem:   15359352     464328    9301044       1560     5593980    14564436
Swap:         0          0          0
```

출력 결과처럼 **shared** 값은 늘어나지 않았습니다. **/mnt** 아래에 데이터를 기록하고 다시 **free** 명령어를 실행해 봅시다.

```
$ sudo dd if=/dev/zero of=/mnt/testfile bs=100M count=1
1+0 records in
1+0 records out
104857600 bytes (105 MB, 100 MiB) copied, 0.0580327 s, 1.8 GB/s
$ free
          total       used       free     shared  buff/cache   available
Mem:   15359352     464292    9198452     103960     5696608    14462072
Swap:         0          0          0
```

shared 사용량이 100MiB 늘어난 걸 알 수 있습니다. 실습이 끝났으면 정리합시다. tmpfs는 **umount**하면 지워집니다. 이때 tmpfs가 사용하던 메모리도 모두 해제됩니다.

```
$ sudo umount /mnt
$ free
          total       used       free     shared  buff/cache   available
Mem:   15359352     464108    9300896       1560     5594348    14564656
Swap:         0          0          0
```

네트워크 파일 시스템

지금까지 설명한 파일 시스템은 로컬 기기에 존재하는 데이터를 다루었는데, 네트워크로 연결된 원격 호스트의 데이터에 파일 시스템 인터페이스를 사용해서 접근하는 **네트워크 파일 시스템**도 있습니다.

Network File System(NFS)이나 **Common Internet File System(CIFS)**은 원격 호스트에 있는 파일 시스템을 로컬에 있는 파일 시스템처럼 조작할 수 있습니다(그림 07-28). NFS는 리눅스를 포함한 유닉스 계통 OS의 원격 파일 시스템에 접근할 때 주로 사용하고, CIFS는 윈도 기기의 파일 시스템에 접근할 때 사용합니다.

그림 07-28 NFS와 CIFS

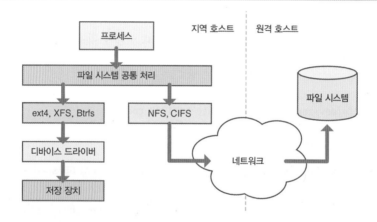

여러 기기의 저장 장치를 하나로 묶어서 커다란 파일 시스템으로 만드는 **CephFS** 같은 파일 시스템도 있습니다(그림 07-29).

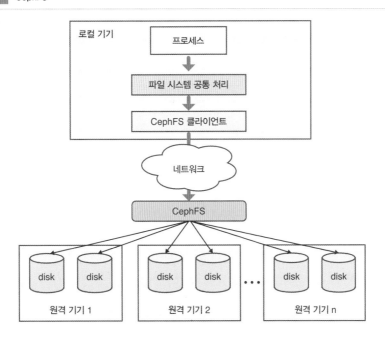

그림 07-29 CephFS

procfs

시스템에 있는 프로세스 관련 정보를 얻기 위해서 **procfs**라고 하는 파일 시스템이 존재합니다. 보통 procfs는 **/proc** 아래에 마운트됩니다. **/proc/pid/** 아래에 있는 파일에 접근하면 **pid**에 대응하는 프로세스 정보를 얻을 수 있습니다. 다음은 필자의 환경에서 사용하는 **bash** 관련 정보입니다.

```
$ ls /proc/$$
... cmdline ... maps ... stack ...
... comm    ... mem  ... stat  ...
```

수많은 파일이 존재하는데 일부를 소개합니다(표 07-03).

표 07-03 /proc/pid/ 이하 **파일(일부)**

파일명	의미
/proc/\<pid\>/maps	이 책에서도 몇 차례 이용한 프로세스 메모리 맵
/proc/\<pid\>/cmdline	프로세스 명령줄 인수
/proc/\<pid\>/stat	프로세스 상태, 지금까지 사용한 CPU 시간, 우선도, 사용 메모리 용량 등

프로세스 이외의 정보도 얻을 수 있습니다(표 07-04).

표 07-04 /proc/ 이하 **파일(일부)**

파일명	의미
/proc/cpuinfo	시스템에 설치된 CPU 관련 정보
/proc/diskstat	시스템에 설치된 저장 장치 관련 정보
/proc/meminfo	시스템 메모리 관련 정보
/proc/sys/ 디렉터리 이하 파일	커널의 각종 튜닝 파라미터. sysctl 명령어와 /etc/sysctl.conf로 변경하는 파라미터와 1대1 관계

지금까지 사용한 **ps**, **sar**, **free**같은 명령어처럼 OS가 제공하는 각종 정보를 표시하는 명령어는 procfs에서 정보를 수집합니다. 흥미가 있으신 분은 이런 명령어를 **strace**를 사용해서 실행해 보기 바랍니다. **/proc/** 아래에 있는 파일에서 데이터를 읽어 오는 걸 알 수 있습니다.
더 자세한 내용은 **man 5 proc**를 참조하기 바랍니다.

sysfs

리눅스에 procfs가 도입된 후 얼마 지나지 않아 프로세스 관련 정보 이외에도 커널이 관리하는 잡다한 정보를 아무런 제한 없이 procfs에 저장하는 문제가 생겼습니다. 따라서 procfs를 더이상 남용하지 않도록 이러한 정보를 모아둘 장소로 만든 것이 **sysfs**입니다. sysfs는 보통 **/sys/** 디렉터리 아래에 마운트됩니다.

sysfs에서 얻을 수 있는 정보의 예로 **/sys/block/** 디렉터리를 소개합니다. 이 디렉터리 아래에는 시스템에 존재하는 블록 장치마다 디렉터리가 존재합니다.

```
$ ls /sys/block/
loop0  loop1  loop2  loop3  loop4  loop5  loop6  loop7  nvme0n1
```

이중에서 **nvme0n1** 디렉터리는 NVMe SSD 장치를 가리키고 **/dev/nvme0n1**에 대응합니다. 이런 디렉터리 아래에 있는 **dev** 파일 내용에는 장치의 메이저 번호와 마이너 번호가 들어 있습니다.

```
$ cat /sys/block/nvme0n1/dev
259:0
$ ls -l /dev/nvme0n1
brw-rw---- 1 root disk 259, 0 Oct  2 08:06 /dev/nvme0n1
```

그외에도 [표 07-05]에 있는 것처럼 재미있는 파일이 있습니다.

표 07-05 블록 장치의 sysfs 파일(일부)

파일	설명
removable	CD나 DVD와 같은 장치에서 미디어를 꺼낼 수 있으면 1, 아니면 0
ro	1이라면 읽기 전용, 0이라면 읽고 쓰기 가능
size	장치 크기
queue/rotational	접근할 때 디스크처럼 회전이 필요한 HDD, CD, DVD라면 1, 회전이 필요하지 않은 SSD 같은 기기라면 0
nvme0n1p<n>	파티션에 대응하는 디렉터리. 각 디렉터리에는 위에서 설명한 파일들이 존재

sysfs를 자세히 알고 싶다면 **man 5 sysfs**를 보기 바랍니다.

제8장

메모리 계층

여러분은 컴퓨터의 기억장치 계층 구조를 표시한 [그림 08-01]와 같은 그림을 본 적이 있으신가요?

그림 08-01　기억장치 계층 구조

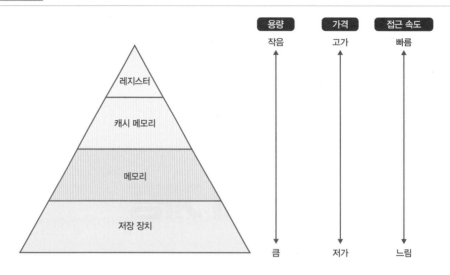

컴퓨터에는 다양한 기억장치가 있고 [그림 08-01]의 구조처럼 위로 갈수록 접근 속도는 빠르지만 크기가 작고, 용량 대비 가격이 높아집니다.

이 장에서는 구체적으로 이런 기억 장치가 얼마나 크기 및 성능에 차이가 있는지, 그리고 이런 차이점을 고려해서 하드웨어와 리눅스가 어떤 일을 하는지 살펴봅니다.

캐시 메모리

CPU 동작을 단순히 표현하면 다음과 같은 동작의 반복입니다.

　❶ 명령을 읽고 명령 내용에 따라 메모리에서 레지스터로 데이터를 읽어 들입니다.

　❷ 레지스터에 있는 데이터를 가지고 계산합니다.

　❸ 계산 결과를 메모리에 다시 저장합니다.

레지스터에서 처리하는 계산 시간에 비하면 메모리 접근 속도는 무척 느립니다. 예를 들어 필자가 사용하는 PC에서는 레지스터 계산은 1회당 약 1나노초 미만이지만, 메모리 접근은 1회당 수십 나노초가 걸립니다. 따라서 처리 ❷가 아무리 빠르더라도 처리 ❶과 처리 ❸에서 병목 현상이 일어나서 전체 처리 속도는 늦어집니다.

이런 문제를 해결하는 방법으로 **캐시 메모리**^{cache memory}가 있습니다. 일반적으로 캐시 메모리는 CPU 내부에 존재하는 고속 기억장치입니다. CPU에서 캐시 메모리에 접근하는 속도는 일반 메모리에 접근하는 속도에 비해 수배~수십 배 빠릅니다.

메모리에서 레지스터로 데이터를 읽어 들일 때, 일단 캐시 메모리에 **캐시라인**^{cache-line}이라고 부르는 단위로 데이터를 읽어서 그 데이터를 레지스터로 옮깁니다. 캐시라인 크기는 CPU마다 정해져 있습니다. 이런 처리는 하드웨어에서 이뤄지므로 커널은 관여하지 않습니다.[1]

다음과 같은 가상적인 CPU를 예로 들어 캐시 메모리가 하는 일을 살펴봅시다.

- 레지스터는 R0과 R1 두 종류이며, 둘 다 크기는 10바이트
- 캐시 메모리 크기는 50바이트
- 캐시라인 크기는 10바이트

우선 CPU의 R0에 메모리 주소 300의 데이터를 읽어 옵니다(그림 08-02).

그림 08-02 R0에 메모리 주소 300의 데이터를 읽어 옴

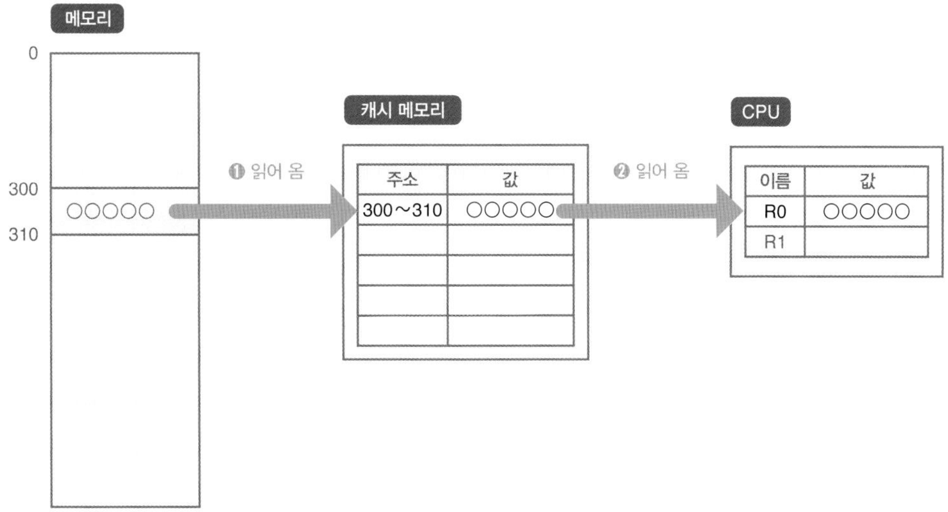

CPU가 주소 300의 데이터를 다시 읽는다면, 예를 들어 R1으로 읽어 온다면 메모리에서 가져오는 대신에 캐시 메모리에 곧바로 접근하면 되니까 빠르게 처리가 가능합니다(그림 08-03).

---

1 CPU에는 캐시 메모리를 지우거나 하는 캐시 메모리 제어용 CPU 명령어가 있지만 이 책에서는 설명을 생략합니다.

그림 08-03 캐시 메모리를 사용한 데이터 접근

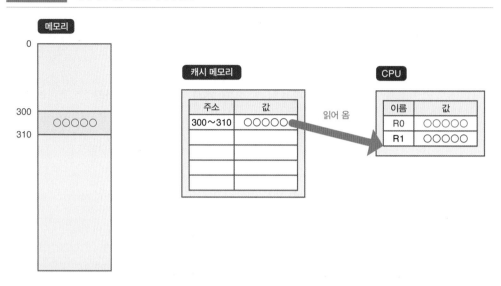

[그림 08-03] 상태에서 R0 값을 변경하고 변경된 내용을 메모리 주소 300에 반영한다면 메모리에 쓰기 전에 캐시 메모리에 먼저 저장합니다. 이때 캐시라인에는 메모리에서 읽어 들인 데이터가 변경되었다는 것을 뜻하는 표시를 붙입니다. 이런 표시가 붙은 캐시라인을 **더티**dirty하다라고 이야기합니다(그림 08-04).

그림 08-04 메모리 주소 300 값을 변경

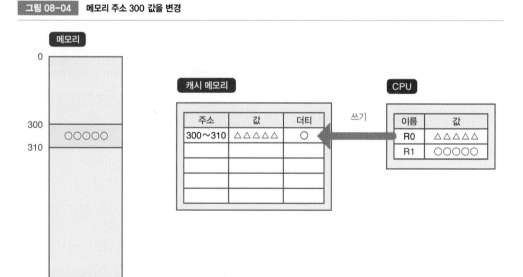

이런 더티 표시가 붙은 캐시라인의 데이터를 메모리에 반영하면 캐시라인에 붙은 더티 표시가 사라집니다. 메모리에 데이터를 쓰는 방법에는 **라이트 스루**^{write-through}(바로 쓰기) 방식과 **라이트 백**^{write-back}(나중에 쓰기) 방식의 두 종류가 있습니다. 라이트 스루는 데이터를 캐시 메모리에 씀과 동시에 메모리에도 바로 기록합니다. 반면에 라이트 백은 나중에 정해진 때가 되면 기록합니다(그림 08-05). 라이트 스루는 구현이 간단하고, 라이트 백은 CPU에서 메모리로 데이터를 쓰는 명령어를 실행할 때 곧바로 메모리에 접근하지 않아도 되므로 처리 속도가 빠릅니다.

그림 08-05 더티 표시된 캐시라인을 메모리에 반영하기

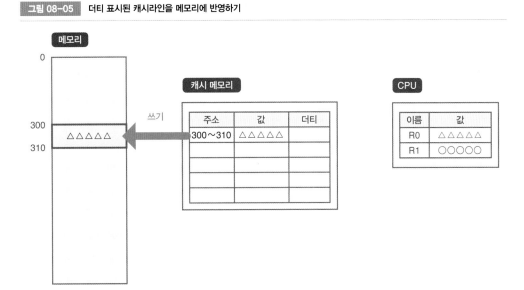

캐시 메모리가 가득 찼는데 캐시에 존재하지 않는 데이터를 읽어 들이면 기존의 캐시라인 중에서 하나를 버리고 빈 캐시라인에 새로운 데이터를 넣습니다. 예를 들어 [그림 08-06]에서 주소 350의 데이터를 읽으면 캐시라인의 데이터 하나를 버리고(주소 340-350 필드) 지금 비운 캐시라인에 읽어 올 주소의 데이터를 복사합니다(그림 08-07).

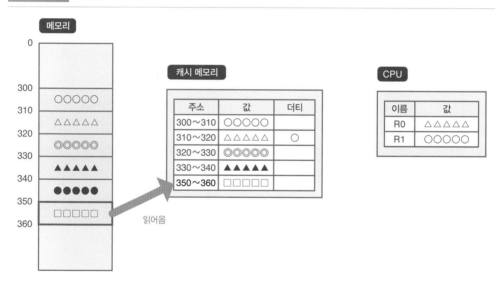

그림 08-06 캐시 메모리가 가득 찬 상태일 때 캐시라인에서 데이터 버리기

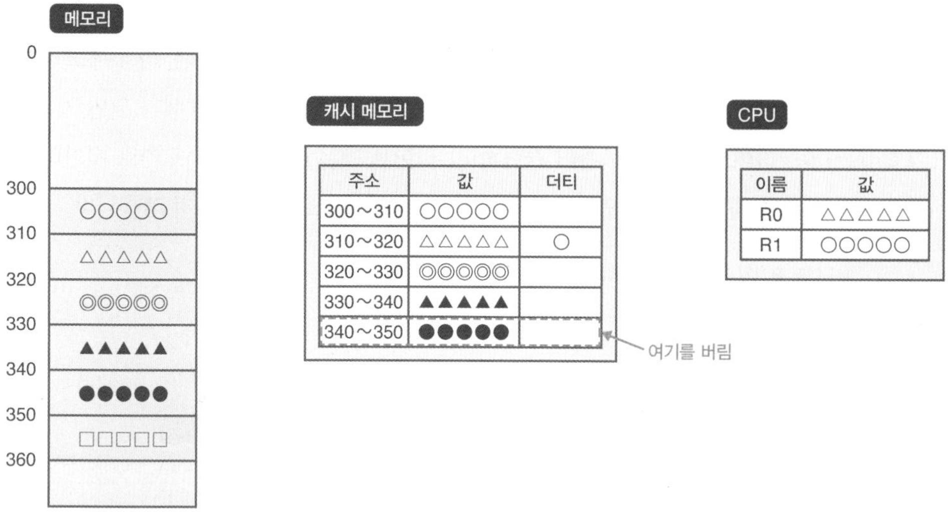

그림 08-07 새로운 데이터를 캐시라인에 복사

만약에 이때 버리는 캐시라인이 더티 상태라면 메모리에 데이터를 저장하는 **클린**^{clean} 처리를 하고 버립니다. 캐시 메모리가 가득찬 상태로 계속해서 캐시되지 않은 메모리 영역에 접근하면, 캐시라인 내부 데이터가 빈번히 교체되는 **스래싱**^{thrashing} 상태가 되어서 처리 성능이 떨어집니다.

참조 지역성

만약 CPU가 사용하는 데이터가 전부 캐시 메모리에 존재한다면, CPU가 메모리에서 레지스터로 데이터를 읽어 오는 명령을 실행할 때 캐시 메모리 접근만으로 모든 처리가 끝납니다. 라이트 백 방식을 사용한다면 레지스터에서 메모리에 데이터를 쓰는 처리도 캐시 메모리에 쓰면 끝입니다. 이런 꿈 같은 일이 정말로 일어날까 싶겠지만 실제로는 꽤 자주 발생합니다.

많은 프로그램에서 **참조 지역성**Locality of reference이라고 하는 다음과 같은 특징이 존재합니다.

- **시간적 지역성**Temporal locality : 어떤 시점에 접근하는 메모리는 가까운 미래에 또다시 접근할 가능성이 높습니다. 반복 처리 내부에 존재하는 코드가 전형적인 예입니다.
- **공간적 지역성**Spatial locality : 어떤 시점에 메모리에 접근하면 가까운 미래에 그 근처에 있는 데이터에 접근할 가능성이 높습니다. 배열 요소 전체를 순서대로 조사하는 배열 데이터가 전형적인 예입니다.

따라서 프로세스가 메모리에 접근하는 모습을 관찰할 때 어떤 짧은 기간으로 한정하면, 프로세스 시작부터 종료할 때까지 사용하는 메모리 총량에 비교했을 때 무척이나 적은 메모리만 사용하는 편입니다. 이때 사용하는 메모리 용량이 캐시 메모리 용량으로 충분히 처리할 수 있으면 앞에서 말한 이상적인 고속 처리를 기대할 수 있습니다.

계층형 캐시 메모리

최신 CPU는 캐시 메모리를 계층화된 구조 형태로 관리합니다. 각 층을 **L1 캐시, L2 캐시, L3 캐시**라고 부릅니다(L은 Level의 첫글자). 레지스터에 가장 가까이 있는 캐시가 L1 캐시라고 합니다. L1은 캐시 중에서 가장 빠르고 가장 용량이 적습니다. 계층 숫자가 늘어날수록 레지스터에서 멀어지고 용량이 늘어나지만 속도는 떨어집니다.

캐시 메모리 정보는 **/sys/devices/system/cpu/cpu0/cache/index0/** 디렉터리에 있는 파일 내용을 보면 확인할 수 있습니다(표 08-01).

표 08-01 캐시 메모리의 sysfs 파일(일부)

파일명	의미
type	캐시할 데이터 종류. Data라면 데이터 Instruction이라면 코드. Unified라면 코드와 데이터 모두 캐시함
shared_cpu_list	캐시를 공유하는 논리 CPU 목록
coherency_line_size	캐시라인 크기
size	크기

필자의 환경에서는 [표 08-02]처럼 출력되었습니다.

표 08-02 캐시 메모리 정보(필자의 환경)

디렉터리명	하드웨어 명칭	종류	공유하는 논리 CPU	캐시라인 크기 (바이트)	크기 (KiB)
index0	L1d	데이터	공유하지 않음	64	32
index1	L1i	코드	공유하지 않음	64	64
index2	L2	데이터와 코드	공유하지 않음	64	512
index3	L3	데이터와 코드	전체 논리 CPU와 공유	64	4096

캐시 메모리 접근 속도 측정

cache 프로그램(코드 08-01)을 사용해서 메모리 접근 속도와 캐시 메모리 접근 속도의 차이를 측정해 봅시다. 이 프로그램은 다음과 같이 동작합니다.

❶ 2^2 = 4KiB부터 $2^{2.25}$ = 4.76KiB, $2^{2.5}$ = 5.7KiB와 같은 식으로 최종적으로 64MiB가 될 때까지 다음 처리를 반복합니다.

① 숫자 크기만큼의 버퍼를 확보합니다.

② 버퍼의 모든 캐시라인에 순차적으로 접근합니다. 마지막 캐시라인까지 접근했으면 다시 처음 캐시라인으로 돌아가고, 최종적으로 소스 코드에 지정한 **NACCESS**번 메모리에 접근합니다.

③ 접근 1회당 걸린 시간을 기록합니다.

❷ ❶에서 나온 결과를 바탕으로 그래프를 작성해서 **cache.jpg** 파일로 저장합니다.

코드 08-01   cache.go

···

```
/*

cache

1. 2^2(=4)K바이트부터 2^2.25K바이트, 2^2.5K바이트, ...식으로 최종적으로 64M바
이트가 될 때까지 다음 처리를 반복

  1) 숫자에 해당하는 크기의 버퍼를 확보
  2) 버퍼의 모든 캐시라인에 순차적으로 접근. 마지막 캐시라인까지 접근했으면 다
시 첫 캐시라인으로 돌아가고, 최종적으로 소스 코드에 지정한 NACCESS번 메모리에
접근함
  3) 접근 1회당 걸린 시간을 기록

2. 1에서 나온 결과를 바탕으로 그래프를 작성해서 cache.jpg 파일로 저장

*/

package main

import (
  "fmt"
  "log"
  "math"
  "os"
  "os/exec"
  "syscall"
  "time"
)

const (
  CACHE_LINE_SIZE = 64
  // 프로그램이 제대로 동작하지 않으면 이 값을 변경
```

```
    // 성능이 좋은 PC라면 접근 횟수가 부족해서 버퍼 크기가 작은 경우의 결과 값이
이상할 수 있으므로 큰 값을 사용
    // 느린 PC라면 시간이 오래 걸릴 수 있으므로 작은 값을 사용
    NACCESS = 128 * 1024 * 1024
)

func main() {
    _ = os.Remove("out.txt")
    f, err := os.OpenFile("out.txt", os.O_CREATE|os.O_RDWR, 0660)
    if err != nil {
        log.Fatal("openfile()에 실패했습니다")
    }
    defer f.Close()
    for i := 2.0; i <= 16.0; i += 0.25 {
        bufSize := int(math.Pow(2, i)) * 1024
        data, err := syscall.Mmap(-1, 0, bufSize, syscall.PROT_READ|syscall.
PROT_WRITE, syscall.MAP_ANON|syscall.MAP_PRIVATE)
        defer syscall.Munmap(data)
        if err != nil {
                log.Fatal("mmap()에 실패했습니다")
        }

        fmt.Printf("버퍼 크기 2^%.2f(%d) KB 데이터 수집중...\n", i, bufSize/1024)
        start := time.Now()
        for i := 0; i < NACCESS/(bufSize/CACHE_LINE_SIZE); i++ {
                for j := 0; j < bufSize; j += CACHE_LINE_SIZE {
                        data[j] = 0
                }
        }
        end := time.Since(start)
        f.Write([]byte(fmt.Sprintf("%f\t%f\n", i, float64(NACCESS)/float64(end.
Nanoseconds()))))
    }
    command := exec.Command("./plot-cache.py")
    out, err := command.Output()
```

```
    if err != nil {
        fmt.Fprintf(os.Stderr, "명령어 실행에 실패했습니다: %q: %q", err,
string(out))
        os.Exit(1)
    }
}
```

cache 프로그램은 내부적으로 **plot-cache.py** 프로그램(코드 08-02)을 실행해서 그래프를
작성합니다. cache 프로그램을 실행하기 전에 같은 디렉터리에 **plot-cache.py** 프로그램도
넣어두기 바랍니다.

코드 08-02   plot-cache.py

```
#!/usr/bin/python3

import numpy as np
from PIL import Image
import matplotlib
import os

matplotlib.use('Agg')

import matplotlib.pyplot as plt

plt.rcParams['font.family'] = "NanumGothic"
plt.rcParams['axes.unicode_minus'] = False

def plot_cache():
  fig = plt.figure()
  ax = fig.add_subplot(1,1,1)
  x, y = np.loadtxt("out.txt", unpack=True)
  ax.scatter(x,y,s=1)
  ax.set_title("캐시 메모리 효과의 시각화")
  ax.set_xlabel("버퍼 크기[2^x KiB]")
  ax.set_ylabel("접근 속도[접근횟수/나노초]")
```

```
    # Ubuntu 20.04의 matplotlib 버그를 회피하기 위해 일단 png 파일로 저장한 후에
jpg로 변환
    # https://bugs.launchpad.net/ubuntu/+source/matplotlib/+bug/1897283?comments
=all
    pngfilename = "cache.png"
    jpgfilename = "cache.jpg"
    fig.savefig(pngfilename)
    Image.open(pngfilename).convert("RGB").save(jpgfilename)
    os.remove(pngfilename)

plot_cache()
```

필자의 환경에서 다음 명령어를 실행해서 얻은 그래프가 [그림 08-08]입니다.

```
$ go build cache.go
$ ./cache
```

그림 08-08 　캐시 메모리 효과

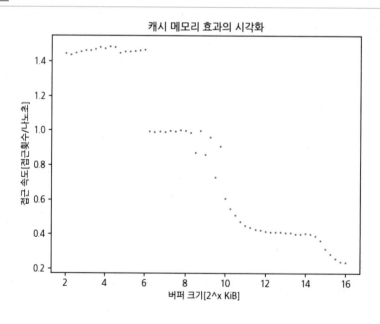

버퍼 크기는 $2^{(X \stackrel{\cdot}{=} \stackrel{\cdot}{=})}$이 되므로 주의하기 바랍니다.

대략 각 캐시 크기를 경계로 접근 시간은 계단식으로 변화하고, 버퍼 크기가 L1, L2, L3 캐시 메모리 용량에 도달하거나 그 전후로 접근 속도가 변하는 걸 알 수 있습니다.

출력된 그래프에서 $2^2(=4)$KiB에서 $2^6(=64)$KiB가 될 때까지 속도가 빨라지는 이유를 보충 설명하겠습니다.

이 프로그램에서 측정하는 소요 시간은 정확하게 따지면, 실행 중에 확보하는 버퍼 접근 시간뿐만 아니라 접근하는 메모리를 정하는 변수 i를 증가시키는 명령어나 if문 같은 다른 명령문을 실행하는 시간도 포함됩니다. 버퍼 크기가 작을 때는 다른 명령어 실행 비용을 무시할 수 없어서 점점 속도가 빨라지는 결과가 출력됩니다.

하지만 cache 프로그램 목적은 접근 속도의 절댓값을 구하는 것이 아니라 접근할 메모리 영역 크기 변화에 따른 메모리 접근 성능 변화를 확인하는 데 있으므로 너무 깊이 생각하지 않아도 됩니다.

Simultaneous Multi Threading(SMT)

앞에서 설명했듯이 CPU의 계산 처리 소요 시간보다 메모리 접근 시간이 훨씬 더 깁니다. 게다가 캐시 메모리라고 해도 접근 소요 시간이 CPU 계산 처리에 비하면 좀 늦는 편입니다.

따라서 time 명령어의 user나 sys에 포함되는 CPU 사용 시간 중 많은 부분이 메모리 또는 캐시 메모리에서 데이터 전송을 기다리기만 하고 CPU 계산 자원은 놀고 있는 상태인 경우가 많습니다.

데이터 전송 대기 이외에도 CPU 계산 자원이 놀고 있는 이유는 많습니다. 예를 들어 CPU에는 정수 연산을 하는 유닛과 부동 소수점 연산을 하는 유닛이 존재하는데, 정수 연산을 하는 동안은 부동 소수점 연산 유닛은 놀고 있는 상태가 됩니다.

이런 비어 있는 자원을 하드웨어의 **Simultaneous Multi Threading(동시 멀티스레딩)** 기능으로 유용하게 활용할 수 있습니다. SMT에서 말하는 스레드는 프로세스에서 말하는 스레드와 전혀 별개의 단어입니다.

SMT는 CPU 코어 내부에 있는 레지스터 등의 일부 자원을 여러 개(필자가 사용하는 CPU라면 2개) 만들어서 각각을 스레드로 삼습니다. 리눅스 커널은 이렇게 만든 각 스레드를 논리 CPU로 인식합니다.

하나의 CPU에 t0, t1 이렇게 2개의 스레드가 존재하고 t0에는 프로세스 p0, t1에는 프로세스 p1이 동작한다고 합시다. t0에서 p0이 동작하고 있을 때 CPU에 어떤 자원이 비어 있다면 t1의 p1은 그 자원을 사용해서 처리를 먼저 진행할 수 있습니다. 운 좋게도 p0과 p1 사이에 사용하는 자원이 겹치지 않는다면 SMT 효과가 더욱 커집니다.

예를 들어 p0은 정수 연산만 실행하고 p1은 부동 소수점 연산만 실행하는 상황이 바로 그렇습니다. 한편 빈번하게 사용하는 자원이 겹친다면 SMT 효과가 적어지고 오히려 SMT를 사용하지 않을 때보다 성능이 나빠질 가능성도 있습니다.

여기서 3장에서 사용한 **cpuperf.sh** 프로그램을 써서 SMT 효과를 확인해 봅시다. SMT가 유효화 상태, 즉 논리 CPU가 8개인 상태에서 **./cpuperf.sh -m 12**를 실행한 결과가 [그림 08-09]와 [그림 08-10]입니다.

그림 08-09 SMT 유효, 최대 프로세스 개수가 12일 때 평균 턴어라운드 타임

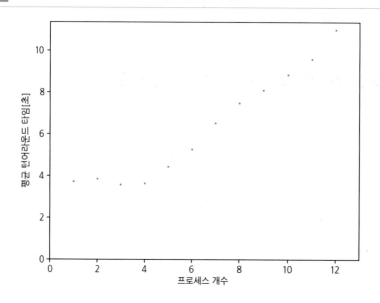

238

그림 08-10 SMT 유효, 최대 프로세스 개수가 12일 때 스루풋

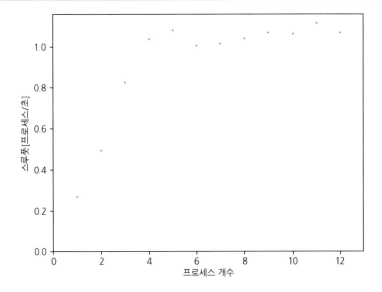

논리 CPU가 8개인데도 불구하고 평균 턴어라운드 타임은 코어 개수(4)를 넘을 때부터 기록이 나빠지고, 스루풋도 비슷한 타이밍에 한계치에 다다른 것을 알 수 있습니다. `cpuperf.sh` 내부에서 부하 처리를 담당하는 `load.py` 프로그램이 SMT와 상성이 좋지 않군요.

변환 색인 버퍼(Translation Lookaside Buffer)

프로세스가 어떤 가상 주소에 있는 데이터에 접근하려면 다음과 같은 순서를 따라야 합니다.

❶ 물리 메모리에 존재하는 페이지 테이블을 참조해서 가상 주소를 물리 주소로 변환합니다.

❷ ❶에서 얻은 물리 메모리에 접근합니다.

캐시 메모리를 쓰면 ❷가 빨라진다는 건 이미 설명했는데 ❶은 여전히 메모리에 있는 페이지 테이블에 접근해야 하므로 기껏 캐시 메모리를 사용해도 그 효과를 최대한으로 살릴 수 없습니다.

이런 문제를 해결하기 위해 CPU에는 **변환 색인 버퍼**(TLB) 영역이 존재합니다. TLB는 가상 주소를 물리 주소로 바꾸는 변환표를 저장하고 있어서 ❶을 고속으로 처리할 수 있습니다.

4장에서 설명한 Huge Page는 페이지 테이블 크기를 줄이는 것뿐만 아니라 TLB 용량도 줄일 수 있는 장점이 있습니다.

페이지 캐시

이번에는 4장에서 설명한 페이지 캐시를 자세히 알아보겠습니다.

우선 이전에 설명했던 내용을 다시 확인해 봅시다. CPU에서 메모리에 접근하는 속도에 비해 저장 장치에 접근하는 속도는 훨씬 느립니다. 특히 하드 디스크 같은 경우라면 1000배 이상 느립니다. 이런 속도 차이를 줄이기 위해 커널은 **페이지 캐시**를 사용합니다.

페이지 캐시는 캐시 메모리와 무척이나 닮았습니다. 캐시 메모리가 메모리 데이터를 캐시 메모리에 캐시하는 반면에, 페이지 캐시는 파일 데이터를 메모리에 캐시합니다. 캐시 메모리는 캐시 라인 단위로 데이터를 다루지만, 페이지 캐시는 페이지 단위로 데이터를 다룹니다. 그외에도 페이지의 더티 상태를 표시하는 **더티 페이지**^{dirty page}, 더티 페이지를 디스크에 다시 쓰는 라이트 백 개념도 존재합니다.

프로세스가 파일 데이터를 읽기 시작하면 커널은 프로세스 메모리에 파일 데이터를 직접 복사하는 대신에 [그림 08-11]처럼 일단 커널 메모리에 있는 페이지 캐시 영역에 복사해두고, 해당 데이터를 프로세스 메모리에 복사합니다. 여기서는 간단한 설명을 위해 프로세스의 가상 주소 공간 관련 내용은 생략합니다.

그림 08-11 페이지 캐시

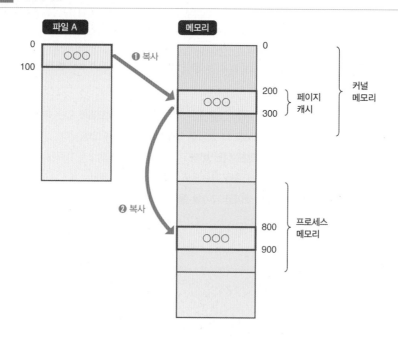

커널은 페이지 캐시에 캐시한 영역의 관련 정보를 관리하는 영역을 커널 메모리 안에 둡니다(그림 08-12).

그림 08-12　페이지 캐시의 관리 영역

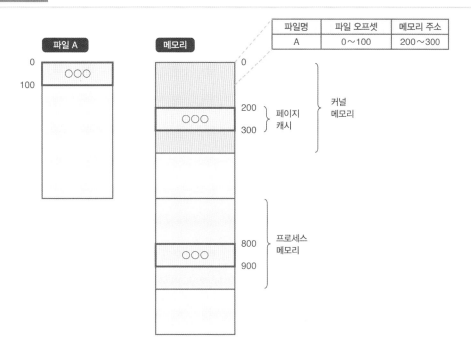

이 프로세스 또는 다른 프로세스가 페이지 캐시에 존재하는 데이터를 또 읽으면 커널은 저장 장치에 접근하는 대신에 페이지 캐시에 있는 데이터를 돌려주므로 빠르게 끝납니다(그림 08-13).

그림 08-13 페이지 캐시에 존재하는 데이터 읽기

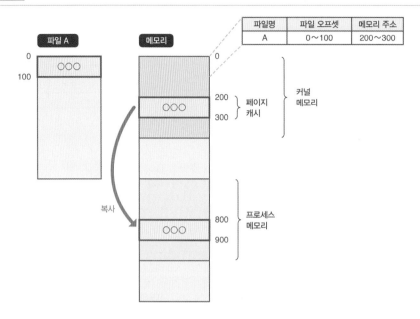

파일명	파일 오프셋	메모리 주소
A	0~100	200~300

프로세스가 데이터를 파일에 쓰면 [그림 08-14]처럼 커널은 페이지 캐시에만 데이터를 기록합니다. 이때 데이터 내용이 저장 장치에 있는 것보다 최신이라는 표시를 관리 영역 내부의 변경된 페이지 관련 항목에 남깁니다. 이런 표시가 있는 페이지를 **더티 페이지**라고 부릅니다.

그림 08-14 페이지 캐시에 쓰기

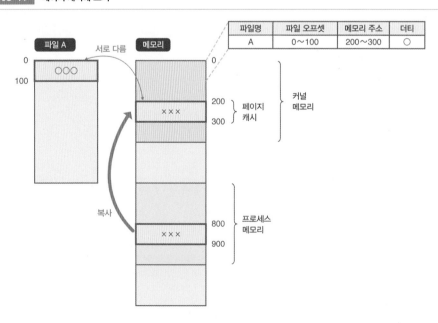

파일명	파일 오프셋	메모리 주소	더티
A	0~100	200~300	○

페이지 캐시를 사용하면 쓰기 작업도 읽기처럼 저장 장치에 접근할 때보다 빨라집니다.

더티 페이지에 있는 데이터는 나중에 설명하겠지만 특정 타이밍에 저장 장치에 반영됩니다. 이걸 **라이트 백** 처리라고 부릅니다. 저장 장치에 반영되면 더티 페이지 표시가 지워집니다(그림 08-15). 라이트 백 타이밍은 나중에 설명합니다.

그림 08-15 라이트 백

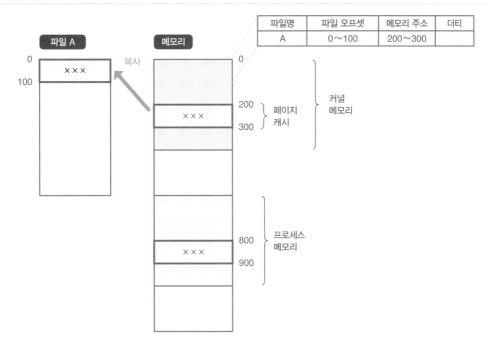

페이지 캐시에 더티 페이지가 존재하는 상태인데 전원이 갑자기 꺼지면 어떻게 될까요?

그렇게 되면 페이지 캐시에 있던 데이터는 사라집니다. 이런 일을 방지하기 위해선 **open()** 시스템 콜로 파일을 열 때 **O_SYNC** 플래그를 설정합니다. 이 플래그를 사용하면 파일을 대상으로 **write()** 시스템 콜을 호출할 때 페이지 캐시뿐만 아니라 저장 장치에도 동시에 데이터를 기록합니다.

페이지 캐시 효과

크기가 1GiB인 testfile을 준비해서 이 파일을 읽고 쓰는 데 걸리는 시간을 측정해보고 페이지 캐시 효과를 확인해 봅시다.

우선 동기화 쓰기를 사용해서 새로운 파일을 만듭니다. 이때 **dd** 명령어를 사용합니다. **oflag= sync** 옵션을 붙이면 동기화 쓰기 모드가 됩니다.

```
$ dd if=/dev/zero of=testfile oflag=sync bs=1G count=1
...
1073741824 bytes (1.1 GB, 1.0 GiB) copied, 1.58657 s, 677 MB/s
```

약 1.58초 걸렸습니다. 필자의 환경에서는 비어 있는 메모리가 충분하기 때문에 testfile 데이터는 모두 페이지 캐시에 존재할 수 있습니다. 이 상태로 이번에는 **oflag=sync**를 빼고 다시 1GiB 데이터를 작성해 봅시다.

```
$ dd if=/dev/zero of=testfile bs=1G count=1
...
1073741824 bytes (1.1 GB, 1.0 GiB) copied, 0.708557 s, 1.5 GB/s
```

이번에는 0.708초 걸렸습니다. 약 2배 정도 빨라졌습니다. 필자는 저장 장치로 NVMe SSD를 사용하고 있으므로 메모리에 비해서 많은 속도 차이가 나지 않았지만 하드 디스크라면 엄청난 차이가 있습니다.

이어서 이번에는 읽기를 해봅시다. 우선 testfile 페이지 캐시를 모두 파기하기 위해 **/proc/ sys/vm/drop_caches** 파일에 **3**을 씁니다. 실제로 어떻게 되는지 봅시다.

```
$ free
          total      used       free        shared   buff/cache    available
Mem:      15359056   381080     10746368    1560     4231608       14647468   ❶
Swap:     0          0          0
$ sudo su
# echo 3 > /proc/sys/vm/drop_caches
# free
          total      used       free        shared   buff/cache    available
Mem:      15359056   377500     14768852    1560     212704        14712968   ❷
Swap:     0          0          0
```

drop_caches 파일을 수정하기 전에는 **buff/caches**가 약 4GiB 정도였는데 수정한 후에는

200MiB 정도까지 줄었습니다. testfile 크기 정도인 1GiB를 훨씬 넘는 양이 줄어든 이유는 이건 시스템 전체의 페이지 캐시를 파기[2]했기 때문입니다.

실제로 이렇게 캐시를 강제로 삭제할 기회는 별로 없겠지만, 시스템 성능에 페이지 캐시가 어떤 영향을 주는지 확인하는 용도로는 무척 편리합니다. 참고로 왜 3인가는 그다지 중요하지 않으므로 신경쓰지 않아도 됩니다.[3]

이렇게 해서 testfile의 캐시 메모리는 메모리에 존재하지 않습니다. 이 상태로 testfile 내용을 두 번 읽으면, 첫 번째 접근에서는 저장 장치에서 읽고 두 번째 접근에서는 저장 장치 대신에 캐시 메모리를 이용해서 읽어 옵니다.

```
$ dd if=testfile of=/dev/null bs=1G count=1
...
1073741824 bytes (1.1 GB, 1.0 GiB) copied, 0.586834 s, 1.8 GB/s
$ dd if=testfile of=/dev/null bs=1G count=1
...
1073741824 bytes (1.1 GB, 1.0 GiB) copied, 0.359579 s, 3.0 GB/s
```

읽기도 수십% 정도 빨라졌습니다. 마지막으로 testfile을 삭제합시다.

```
$ rm testfile
```

버퍼 캐시

페이지 캐시와 비슷한 **버퍼 캐시**buffer cache가 있습니다. 버퍼 캐시는 디스크의 데이터 중에서 파일 데이터 이외의 것을 캐시하는 방식입니다. 버퍼 캐시는 다음과 같은 목적으로 사용합니다.

- 파일 시스템을 사용하지 않고 디바이스 파일로 저장 장치에 직접 접근할 때
- 파일 크기나 권한 등의 메타 데이터에 접근할 때[4]

---

2 물론 더티 페이지 내용은 저장 장치에 반영됩니다.

3 역자주_ 1은 페이지 캐시만, 2는 회수 가능한 슬랩(slab, 커널이 덴트리(dentry)와 아이노드(inode) 등을 캐시할 목적으로 사용하는 메모리 영역) 객체만, 3은 페이지 캐시와 슬랩 객체를 파기합니다.

4 Btrfs는 예외적으로 이런 데이터도 페이지 캐시를 사용해서 캐시합니다.

버퍼 캐시도 페이지 캐시와 마찬가지로 버퍼 캐시에 쓴 데이터가 아직 디스크에는 반영되지 않은 더티 상태가 존재합니다.

어떤 장치에 파일 시스템이 존재하고 그 파일 시스템을 마운트한 상태라고 가정합시다. 이때 장치의 버퍼 캐시와 파일 시스템의 페이지 캐시는 서로 다른 존재이므로 동기화도 하지 않습니다. 따라서 예를 들어 파일 시스템을 마운트하고 있을 때

```
dd if=<파일 시스템에 대응하는 장치의 디바이스 파일명> of=<백업 파일명>
```

이렇게 디스크 백업을 만들면 파일 시스템의 더티 페이지 내용은 백업 파일에 반영되지 않습니다. 이러한 문제를 피하려면 파일 시스템 마운트 중에는 대응하는 디바이스 파일에 접근하지 않는 것이 좋습니다.

쓰기 타이밍

더티 페이지는 보통 백그라운드로 동작하는 커널의 라이트 백 처리에 따라 디스크에 저장됩니다. 동작 타이밍은 다음 두 종류입니다.

- 주기적으로 동작. 기본값은 5초마다 1회
- 더티 페이지가 늘어났을 때 동작

라이트 백 주기는 **sysctl**의 **vm.dirty_writeback_centisecs** 파라미터로 변경할 수 있습니다. 단위는 센티초(1/100초)로 조금 낯선 단위이므로 주의해야 합니다.

```
$ sysctl vm.dirty_writeback_centisecs
vm.dirty_writeback_centisecs = 500
```

파라미터 값을 0으로 지정하면 주기적인 라이트 백이 무효화됩니다. 하지만 무효화 상태로 전원이 갑자기 꺼지거나 하면 큰 영향이 가서 위험하므로 실험 용도 등이 아니라면 건드리지 않는 것이 좋습니다.

시스템에 설치된 전체 물리 메모리 중에서 더티 페이지가 차지하는 비율이 **vm.dirty_background_ratio** 파라미터로 지정한 비율(%단위)을 넘기면 라이트 백 처리가 동작합니다

(기본값은 10).

```
$ sysctl vm.dirty_background_ratio
vm.dirty_background_ratio = 10
```

바이트 단위로 지정하고 싶으면 **vm.dirty_background_bytes** 파라미터를 사용합니다(기본값은 미설정을 뜻하는 0).

더티 페이지가 계속 늘어서 **vm.dirty_ratio** 파라미터로 지정한 비율(%단위)을 넘기면 파일 쓰기 처리의 연장으로 동기적으로 데이터를 디스크에 기록합니다(기본값은 20).

```
$ sysctl vm.dirty_ratio
vm.dirty_ratio = 20
```

이쪽도 바이트 단위로 지정하고 싶으면 **vm.dirty_bytes** 파라미터를 사용합니다(기본값은 미설정을 뜻하는 0).

더티 페이지가 많이 생기는 시스템에서는 메모리가 부족해서 더티 페이지의 라이트 백이 자주 발생하면 시스템이 멈추거나 더 심하면 OOM이 발생하는 경우가 수두룩합니다. 지금 설명한 더티 페이지 관련 파라미터를 잘 조정해서 이런 문제가 발생하지 않도록 합시다.

직접 입출력

대부분의 경우라면 페이지 캐시나 버퍼 캐시가 유용하지만, 다음과 같은 상황에서는 없는 편이 나을 수 있습니다.

- 한 번 읽고 쓰면 두 번 다시 사용하지 않는 데이터인 경우. 예를 들어 어떤 파일 시스템의 데이터를 USB 같은 이동식 저장 장치에 백업한다면 백업 대상 저장 장치는 백업이 끝나면 곧바로 시스템에서 제거하므로 페이지 캐시를 할당할 의미가 없는데 이런 데이터를 페이지 캐시하기 위해서 유용한 다른 페이지 캐시를 해제해야 하는 경우도 있습니다.
- 프로세스가 자체적으로 페이지 캐시에 해당하는 기능을 구현한 경우

이럴 때에는 **직접 입출력**direct I/O 방식을 사용하면 페이지 캐시 없이 처리할 수 있습니다. 직접 입

출력을 사용하려면 파일을 대상으로 **open()**할 때 **O_DIRECT** 플래그를 지정합니다. 일부러 프로그래밍하지 않아도 **dd** 명령어의 **iflag**나 **oflag**에 **direct** 값을 지정하면 사용할 수 있습니다. 다음은 **dd** 명령어로 직접 입출력을 사용하는 예입니다.

```
$ free
         total      used       free       shared     buff/cache    available
Mem:     15359056   379448     14457512   1564       522096        14700612    ❶
Swap:    0          0          0
$ dd if=/dev/zero of=testfile bs=1G count=1 oflag=direct,sync
(중략)
$ free
         total      used       free       shared     buff/cache    available
Mem:     15359056   388236     14358836   1564       611984        14691808    ❷
Swap:    0          0          0
$ rm testfile
```

oflag에 **direct** 뿐만 아니라 **sync**도 지정한 이유는 직접 입출력은 장치에 입출력을 호출하면 완료할 때까지 기다리지 않고 곧바로 복귀하기 때문입니다. 따라서 입출력 완료를 기다려서 복귀하려면 일반 입출력과 마찬가지로 **sync** 옵션이 필요합니다.

평소의 쓰기 방식대로 1GiB 파일을 작성하면 ❶과 ❷ 사이에 페이지 캐시가 1GiB 정도 늘어나지만, 직접 입출력은 거의 변화가 없습니다.

직접 입출력에 관련된 기타 자세한 내용은 **man 2 open**의 **O_DIRECT** 설명을 참조하기 바랍니다.

스왑

4장에서 사용 가능한 물리 메모리가 없어지면 OOM 상태가 된다고 설명했습니다. 하지만 **스왑**^swap 기능을 사용하면 메모리가 고갈되어도 곧바로 OOM이 발생하는 걸 방지할 수 있습니다.

스왑은 저장 장치 일부를 일시적으로 메모리처럼 사용하는 방법입니다. 구체적으로는 시스템의 물리 메모리가 고갈된 상태일 때 더 많은 메모리를 확보해야 한다면 사용 중인 물리 메모리 일

부를 저장 장치로 옮기고 메모리에 빈 공간을 만듭니다. 이때 데이터를 옮긴 영역을 **스왑 영역**[5]
이라고 부릅니다.

물리 메모리가 고갈된 상태에서 프로세스 B가 물리 메모리에 담겨 있지 않은 가상 주소 100에
접근해서 페이지 폴트가 발생했다고 합시다(그림 08-16).

그림 08-16 물리 메모리 고갈

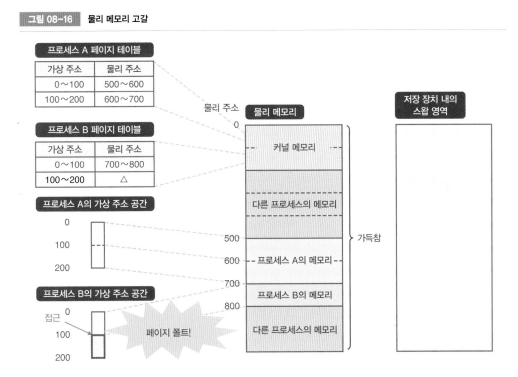

이때 물리 메모리 내부에서 한동안 사용되지 않을 거라고 커널이 판단한 메모리를 스왑 영역으
로 옮겨 기록합니다. 이 처리를 **페이지 아웃**[page-out](또는 **스왑 아웃**[swap-out])이라고 합니다. 그림에
서는 프로세스 A의 가상 주소 100~200과 연결된 물리 주소 600~700의 페이지에 해당합니다
(그림 08-17).

---

5   헷갈리기 쉽지만 윈도는 스왑 영역을 가상 메모리라고 부릅니다.

그림 08-17 페이지 아웃

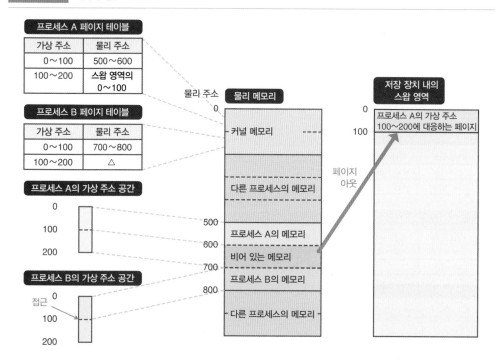

[그림 08-17]에서는 대피시킨 페이지의 스왑 영역 위치가 페이지 테이블 엔트리에 적혀 있는 것처럼 보이지만, 실제로는 커널 메모리 안에 기록됩니다.

이제 커널은 비어 있는 메모리를 프로세스 B에 할당합니다(그림 08-18).

그림 08-18 페이지 아웃으로 비운 메모리를 프로세스 B에 할당하기

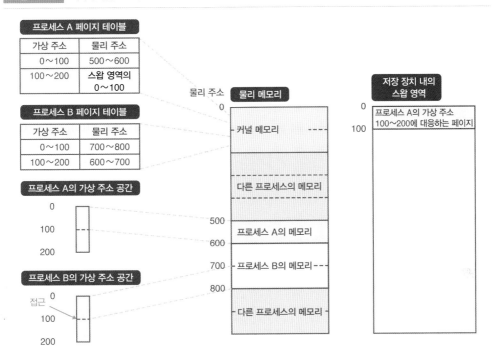

이후, 메모리 빈 공간이 생긴 상황에서 프로세스 A가 앞서 페이지 아웃한 페이지에 접근하면 대응하는 데이터를 다시 메모리로 읽어 옵니다. 이런 작업을 **페이지 인**page-in 또는 **스왑 인**swap-in이라고 부릅니다(그림 08-19).

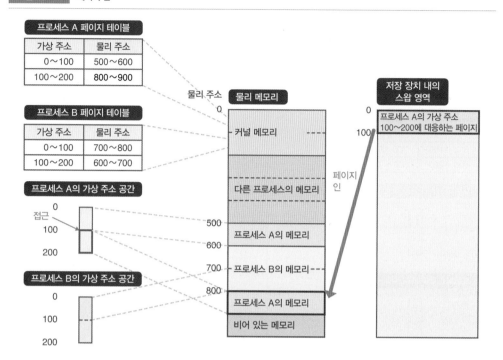

그림 08-19 페이지 인

페이지 폴트 중에서 페이지 인 때문에 저장 장치에 접근이 발생하는 것은 **메이저 폴트**[major fault], 그외는 **마이너 폴트**[minor fault]라고 부릅니다. 둘 다 커널 내부 처리가 동작해서 성능에 영향을 주지만 메이저 폴트 쪽이 훨씬 영향도가 큽니다. 이제야 드디어 4장에서 다룬 `fault/s`와 `majflt/s` 차이를 확실히 알게 되었습니다.

스왑을 사용하면 명목상 시스템에서 사용 가능한 메모리 용량이 실제로 설치된 물리 메모리 + 스왑 영역만큼 늘어나므로 좋은 기능처럼 보이지만 사실 커다란 문제점이 있습니다. 저장 장치에 접근하는 속도는 메모리 접근 속도에 비해 무척이나 느리다는 점입니다.

시스템 메모리 부족 현상이 일시적이 아니라 늘 부족한 상태라면 메모리 접근을 할 때마다 페이지 인, 페이지 아웃이 반복되는 **스래싱**[thrashing] 상태가 됩니다.[6] PC를 사용하다가 파일 읽기 쓰기 작업을 하지 않았는데도 저장 장치가 동작했을 때 깜빡이는 램프가 쉬지 않고 깜빡이는 경험이 있지 않으신가요?[7] 이런 경우는 스래싱이 발생했을 가능성이 높습니다. 스래싱이 발생하면 그대로 동작이 멈추거나 아니면 OOM이 발생합니다.

---

6 페이지 캐시의 스래싱과는 다른 상태입니다.
  역자주_ 가상 메모리 처리에 과부하가 생겨서 CPU나 OS가 페이징에 처리 능력 대부분을 소비하는 상태를 뜻합니다.

7 저장 장치로 하드 디스크를 사용한다면 계속해서 회전해서 징징거리는 소음도 들릴 것입니다.

스래싱이 발생하는 시스템이라면 메모리 사용량을 줄이기 위해서 작업량을 줄이거나 아니면 메모리를 늘리는 대책이 필요합니다.

통계 정보

이 절에서는 페이지 캐시, 버퍼 캐시, 그리고 스왑과 관련된 통계 정보를 알아보겠습니다. 서로서로 복잡하게 연관되어 있으므로 이해하기 어려운 부분도 있겠지만 알아두면 앞으로 큰 도움이 될 것입니다.

4장에서 이미 다루었던 **sar -r** 명령어의 중요 필드 의미를 예제를 들어 다시 한 번 설명하겠습니다(표 08-03).

```
$ sar -r 1
Linux 5.4.0-74-generic (coffee)        12/25/2021 _x86_64_      (8 CPU)
08:10:18 PM  kbmemfree  kbavail  ...  kbbuffers  kbcached  ...  kbactive
kbinact  kbdirty
08:10:19 PM  13709132   14719880      24         1232900        1265492
136124   0
08:10:20 PM  13709132   14719880      24         1232900        1265492
136124   0
08:10:21 PM  13709108   14720036      24         1232956        1265492
136200   0
08:10:22 PM  13709108   14720036      24         1232956        1265492
136200   0
...
```

표 08-03 ▏ sar -r 명령어 중요 필드

필드명	의미
kbmemfree	비어 있는 메모리 용량(KiB 단위). 페이지 캐시나 버퍼 캐시, 스왑 영역은 포함 안됨
kbavail	사실 상 비어 있는 메모리 용량(KiB 단위). kbmemfree에 kbbuffers와 kbcahed를 더한 값. 스왑 영역은 포함 안됨
kbbuffers	버퍼 캐시 용량(KiB 단위)
kbcached	페이지 캐시 용량(KiB 단위)
kbdirty	더티한 상태의 페이지 캐시와 버퍼 캐시 용량(KiB 단위)

예를 들어 **kbdirty** 값이 평소보다 크다면 조만간 동기적으로 라이트 백 처리가 실행될 가능성이 있습니다.

sar -B 명령어를 사용하면 페이지 인과 페이지 아웃 관련 정보를 확인할 수 있습니다. 페이지 인과 페이지 아웃은 지금까지 스왑과 관련된 용어로 설명했지만, 페이지 캐시나 버퍼 캐시가 디스크와 데이터를 주고 받는 것도 똑같이 페이지 인, 페이지 아웃이라고 부릅니다.

```
$ sar -B 1
Linux 5.4.0-74-generic (coffee)          12/25/2021  _x86_64_
(8 CPU)
08:28:32 PM  pgpgin/s  pgpgout/s  fault/s  majflt/s  pgfree/s  pgscank/s
pgscand/s  pgsteal/s  %vmeff
08:28:33 PM  0.00      76.00      1966.00  0.00      980.00    0.00
0.00       0.00       0.00
08:28:34 PM  0.00      0.00       864.00   0.00      860.00    0.00
0.00       0.00       0.00
08:28:35 PM  0.00      0.00       683.00   0.00      451.00    0.00
0.00       0.00       0.00
```

주요 필드 의미는 [표 08-04]에 정리했습니다.

표 08-04 sar -B 명령어 중요 필드

필드	의미
pgpgin/s	초당 페이지 인 데이터량(KiB 단위). 페이지 캐시, 버퍼 캐시, 스왑 전부를 포함
pgpgout/s	초당 페이지 아웃 데이터량(KiB 단위). 페이지 캐시, 버퍼 캐시, 스왑 전부를 포함
fault/s	페이지 폴트 수
majflt/s	페이지 폴트 중에서 페이지 인이 일어난 수(메이저 폴트)

시스템의 스왑 영역은 **swapon --show** 명령어로 확인할 수 있습니다.

```
$ swapon --show
NAME            TYPE        SIZE    USED    PRIO
/dev/nvme0n1p3  partition   15G     0B      -2
```

필자는 **/dev/nvme0n1p3** 파티션을 스왑 영역으로 사용하고 있습니다. 크기는 약 15GiB입니다. 스왑 영역 크기는 **free** 명령어로도 확인할 수 있습니다.

```
$ free
          total       used        free      shared    buff/cache   available
Mem:      15359352    448804      9627684   1552       5282864      14579968
Swap:     15683580    0           15683580
```

출력 내용에서 **Swap:**으로 시작하는 줄이 스왑 영역 정보입니다. **total** 필드 값이 KiB 단위의 스왑 영역 크기이고, **free** 필드값은 그 중에서 비어 있는 영역 크기입니다.

sar -W 명령어로 지금 스왑이 발생하고 있는지 알 수 있습니다. 다음은 1초마다 데이터를 출력하는 예입니다.

```
$ sar -W 1
(중략)
08:41:46 PM    pswpin/s    pswpout/s
08:41:47 PM    0.00        0.00
08:41:48 PM    0.00        0.00
08:41:49 PM    0.00        0.00
(중략)
```

pswpin/s 필드가 페이지 인 횟수, **pswpout/s** 필드가 페이지 아웃 횟수를 뜻합니다. 시스템 성능이 갑자기 나빠졌을 때 페이지 인, 아웃 횟수가 0이 아니라면 스왑 때문에 느려졌을 수 있습니다.

sar -S 명령어를 사용하면 스왑 영역 이용 상황을 알 수 있습니다.

```
$ sar -S 1
(중략)
08:47:15 PM    kbswpfree    kbswpused    %swpused    kbswpcad    %swpcad
08:47:16 PM    0            0            0.00        0           0.00
08:47:17 PM    0            0            0.00        0           0.00
08:47:18 PM    0            0            0.00        0           0.00
08:47:19 PM    0            0            0.00        0           0.00
08:47:20 PM    0            0            0.00        0           0.00
(중략)
```

보통은 **kbswpused** 필드에 표시되는 스왑 영역 사용량 추세를 보면 됩니다. 이 값이 점점 늘어나면 위험 신호입니다.

## 제9장

블록 계층

9장에서는 블록 장치(저장 장치) 성능 향상을 위한 커널 기능인 **블록 계층**^{block layer}을 설명합니다.

블록 장치의 구체적인 조작 방법은 장치별로 다르지만, 종류가 같다면 성능을 끌어내는 방법은 서로 비슷합니다. 따라서 리눅스는 블록 장치의 성능 향상을 위한 처리는 디바이스 드라이버가 아니라 블록 계층으로 별도로 나눕니다(그림 09-01).

그림 09-01 블록 계층의 역할

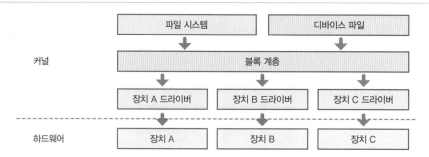

블록 계층이 등장한 시기에 사용하던 블록 장치가 하드 디스크였기 때문에 처음의 블록 계층은 하드 디스크용 기능이었습니다. 그후 SSD, NVMe SSD 같은 다른 종류의 장치가 생겨나면서 블록 계층도 이런 장치에 대응하도록 진화했습니다. 이런 점을 반영해서 이 장에서는 다음과 같은 순서로 블록 계층을 설명합니다.

❶ 하드 디스크의 특징
❷ 하드 디스크를 대상으로 하는 블록 계층의 기본 기능
❸ 블록 장치의 성능 지표와 측정 방법
❹ 블록 계층이 하드 디스크 성능에 주는 영향
❺ 기술 혁신에 따른 블록 계층의 변화
❻ 블록 계층이 NVMe SSD 성능에 주는 영향

하드 디스크의 특징

하드 디스크는 데이터를 자기 정보로 표현해서 **플래터**^{platter}라고 부르는 자기 디스크에 기록하는 저장 장치입니다. 데이터는 바이트 단위가 아니라 512B 또는 4KiB의 **섹터**^{sector} 단위로 읽고 씁니다. [그림 09-02]처럼 섹터는 반지름과 원둘레 방향으로 분할되고 각각에 연속된 번호가 할

당됩니다.[1]

그림 09-02　하드 디스크의 섹터

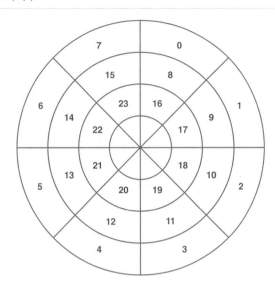

하드 디스크는 **자기 헤드**^{magnetic head}라는 부품으로 섹터에 저장된 데이터를 읽고 씁니다. 자기 헤드는 플래터의 반지름 방향으로 이동할 수 있는 **스윙 암**^{swing arm/actuator arm}에 달려 있습니다. 그리고 플래터를 회전시켜서 읽고 쓸 대상 섹터로 자기 헤드를 이동시킵니다. 하드 디스크의 데이터 전송은 다음과 같은 순서로 이루어집니다(그림 09-03).

❶ 디바이스 드라이버가 데이터를 읽고 쓰는 데 필요한 정보를 하드 디스크에 전달합니다. 섹터 번호, 섹터 개수, 접근 종류(읽기 또는 쓰기) 등

❷ 스윙 암과 플래터를 움직여서 원하는 섹터 위에 자기 헤드 위치를 맞춥니다.

❸ 데이터를 읽고 씁니다.

1　실제로는 바깥쪽이 안쪽보다 한 바퀴당 섹터 개수가 더 많습니다.

그림 09-03　하드 디스크 접근

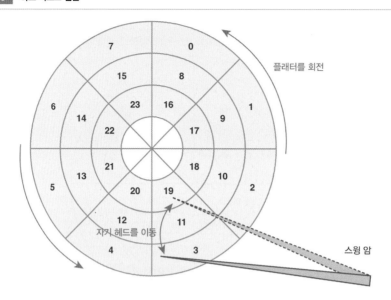

❶과 ❸은 전기 신호 처리라서 무척 빠르지만, ❷는 그보다 훨씬 느린 기계적인 처리입니다. 따라서 하드 디스크 접근에 소요되는 시간 대부분이 기계적 처리에 걸리는 시간입니다(그림 09-04). 다르게 말하면 기계적 처리를 얼마나 줄일 수 있는가에 따라 하드 디스크 성능이 크게 달라집니다.

그림 09-04　하드 디스크 접근에 걸리는 소요 시간

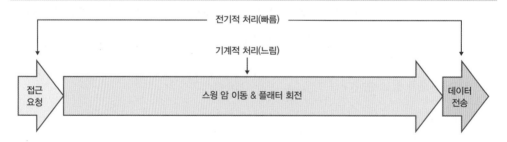

하드 디스크는 연속한 섹터에 있는 데이터라면 한 번의 접근 요청으로 한꺼번에 읽을 수 있습니다. 스윙 암을 움직여서 자기 헤드 위치를 반지름 방향에 맞추면 그후에는 플래터를 회전시켜서 연속된 섹터에 있는 데이터를 한꺼번에 읽을 수 있기 때문입니다. 한번에 읽을 수 있는 데이터 용량은 하드 디스크에 따라 제한이 있습니다. 섹터 0에서 섹터 2까지 데이터를 한꺼번에 읽을 때의 자기 헤드 궤적이 [그림 09-05]입니다.

그림 09-05 인접한 섹터를 한꺼번에 읽기

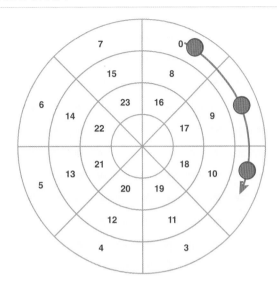

이런 성능의 특성 때문에 각종 파일 시스템은 각 파일 데이터를 가급적 연속된 영역에 배치합니다. 여러분이 프로그램을 만들 때도 다음과 같은 부분을 고려하면 입출력 성능을 개선할 수 있습니다.

- 파일 내부에 동시에 접근할 데이터를 가능한 연속 또는 가까운 영역에 배치합니다.
- 연속한 영역에 접근한다면 여러 번으로 나누는 대신에 묶어서 처리합니다.

이번에는 연속하진 않지만 가까운 위치에 있는 여러 섹터에 접근하는 방법을 생각해 봅시다. 예를 들어 섹터 0, 3, 6에 접근할 때 접근 요청 순서가 3, 0, 6이라면 다음과 같이 효율이 나쁩니다 (그림 09-06).

❶ 섹터 3에 접근
❷ 플래터를 한 바퀴 돌려서 섹터 0에 접근
❸ 플래터를 한 바퀴 돌려서 섹터 6에 접근

그림 09-06　연속하지 않은 섹터의 비효율적인 접근 방법

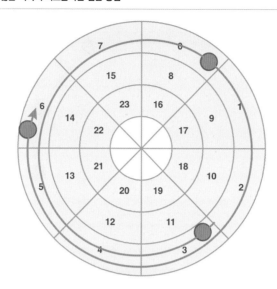

반면에 접근 요청이 0, 3, 6 순서로 나열되어 있으면 효율적으로 접근할 수 있습니다(그림 09-07).

그림 09-07　연속하지 않은 섹터의 효율적인 접근 방법

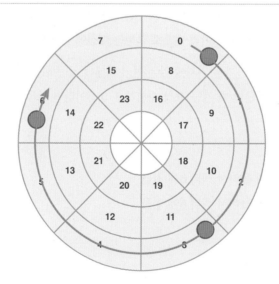

블록 계층의 기본 기능

블록 계층의 기본 기능은 앞에서 설명한 대로 하드 디스크 특징을 의식해서 만들었습니다. 그런 대표적인 기능이 **입출력 스케줄러**^I/O scheduler^와 **미리 읽기**^readahead^입니다.

입출력 스케줄러는 블록 장치의 접근 요청을 일정 시간 보류했다가 다음과 같은 최적화 처리를 해서 디바이스 드라이버에 입출력 요청을 호출합니다.

- **합치기**^merge^: 연속된 섹터의 입출력 요청을 하나로 합칩니다.
- **정렬**^sort^: 연속하지 않은 섹터의 입출력 요청을 섹터 번호 순서로 재정렬합니다.

정렬 이후에 합치기 처리가 발생하기도 하는데 그러면 상황에 따라 입출력 성능이 더욱 향상될 가능성이 있습니다. 입출력 스케줄러 동작 모습이 [그림 09-08]입니다.

그림 09-08 입출력 스케줄러 동작

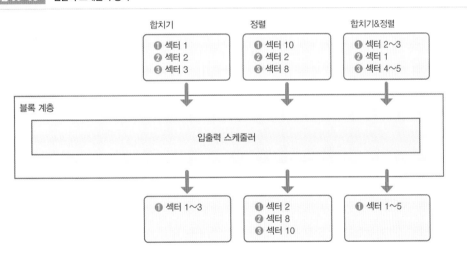

입출력 스케줄러 덕분에 프로그램 작성자가 블록 장치 성능의 특성을 자세히 알지 못해도 일정 수준 이상의 성능을 낼 수 있습니다.

8장에서 설명한 공간적 지역성은 메모리뿐만 아니라 저장 장치의 데이터에도 해당합니다. 이런 특성을 이용한 기능이 **미리 읽기**입니다. 미리 읽기는 블록 장치의 어떤 영역을 읽을 때 가까운 미래에 지금 접근한 영역 근처에 접근할 가능성이 높다고 추측해서 후속 영역을 미리 읽어서 페이지 캐시에 보관하는 기능입니다. 예를 들어 섹터 0~2에 접근하는 [그림 09-09]를 살펴봅시다.

그림 09-09 미리 읽기

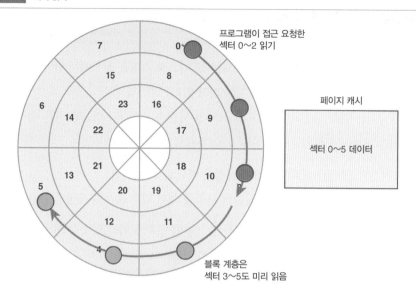

이후에 미리 읽기한 영역에 실제로 접근하는 처리가 있으면 이미 데이터가 메모리의 페이지 캐시에 존재하므로 빠르게 접근할 수 있습니다(그림 09-10).

그림 09-10 성공적인 미리 읽기

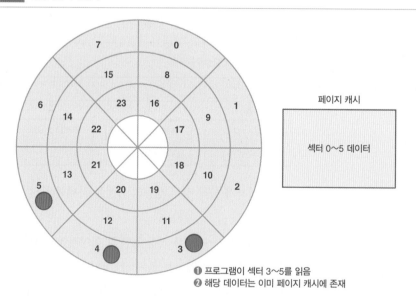

미리 읽기는 블록 장치에 접근하는 패턴이 순차^{sequential} 접근이 많을 때 효과가 좋습니다.

이어진 처리가 순차적인 접근을 하지 않더라도 단순히 미리 읽은 데이터가 곧바로 사용되지 않을 뿐입니다. 상황에 따라서는 무작위 접근 비중이 높아지면 미리 읽는 범위를 줄이거나 아예 미리 읽기를 사용하지 않는 경우도 있습니다.

블록 장치의 성능 지표와 측정 방법

커널의 블록 계층이 성능에 어떤 영향을 주는지 이해하기 위해서 블록 장치 성능이 무엇을 뜻하는지 알아봅시다.

블록 장치 성능에는 여러가지 종류가 있는데 크게 다음과 같은 종류가 있습니다.

- 스루풋
- 레이턴시[latency]
- IOPS

이제 순서대로 블록 장치 성능 지표를 설명하겠습니다. 우선 프로세스 하나가 블록 장치에 접근해서 블록 입출력(이후 입출력)을 호출하는 단순한 경우를 예로 블록 장치 성능 지표를 설명합니다. 그리고 다수의 프로세스가 병렬로 입출력을 호출하는 경우도 설명합니다.

하나의 프로세스만 입출력을 호출하는 경우

스루풋은 단위 시간당 데이터 전송량입니다. 크기가 큰 데이터를 복사한다면 이 값이 중요합니다. 이런저런 블록 장치 성능 지표 중에서도 여러분에게 가장 친숙한 값이 아닐까 싶습니다.

예를 들어 2개의 블록 장치가 있을 때 1GiB 데이터를 장치에서 메모리로 복사한다면 [그림 09-11]처럼 됩니다.

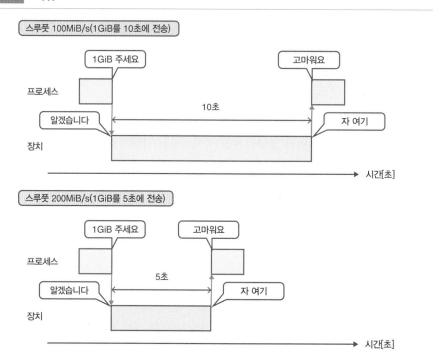

그림 09-11   스루풋

실제로는 프로세스와 장치 사이에는 커널 내부의 파일 시스템이나 블록 계층, 디바이스 드라이버 등이 끼어 있지만 [그림 09-11]에서는 간단한 설명을 위해 생략합니다.

레이턴시는 입출력 1회당 걸린 시간으로 저장 장치의 응답 성능을 나타내는 지표입니다. 입출력 크기는 관계없습니다. [그림 09-11]에서 보면 100MiB/s는 10초, 200MiB/s는 5초입니다. 다만 이 값에 신경 써야 하는 상황은 대용량 데이터 전송보다 주로 자잘한 입출력이 많은 경우입니다.

어떤 시스템에서 블록 장치에 상품의 주문 데이터를 저장하는 관계형 데이터베이스(이후 데이터베이스)를 설치한 경우를 생각해 봅시다. 이때 데이터베이스는 사용자 지시에 따라 레코드 단위로 데이터를 읽고 씁니다. 블록 장치 A, B가 있고 사용자가 데이터베이스에서 레코드 하나를 읽을 때의 레이턴시가 [그림 09-12]입니다.

그림 09-12 레이턴시

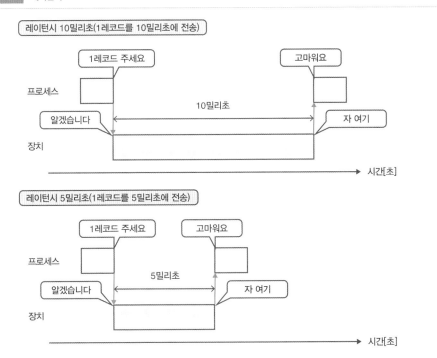

레이턴시는 사용자 입장에서 시스템 응답 속도에 큰 영향을 주는 중요한 지표입니다. 극단적인 예를 들자면 여러분이 시스템을 사용하는 사용자 입장이라면 버튼을 클릭해서 레코드 하나를 읽는 데 1초가 걸리는(레이턴시가 1초) 시스템과 1밀리초가 걸리는 시스템이 있다면 어느 쪽을 사용하고 싶은지 물어볼 필요도 없습니다.

IOPS는 I/O per second 약어로 초당 처리 가능한 입출력 횟수를 나타냅니다. 예를 들어 2개의 장치에 존재하는 동일한 데이터베이스에서 레코드 5개를 연속해서 읽는다면 [그림 09-13]처럼 됩니다.

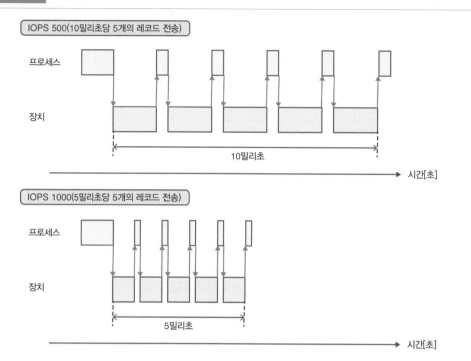

그림 09-13 IOPS

단순한 레이턴시를 뒤집은 지표처럼 보이겠지만 앞으로 설명하는 병렬 입출력에서 양쪽의 차이를 잘 알 수 있습니다.

여러 프로세스가 병렬로 입출력을 호출하는 경우

어떤 블록 장치에서 2개의 프로세스가 병렬로 1GiB를 읽어오는 입출력 호출을 생각해 봅시다. [그림 09-14]의 위쪽은 병렬 접근이 불가능한 장치, 아래쪽은 병렬 접근 가능한 장치입니다. 위쪽 장치와 비교해서 아래쪽 장치가 시스템 전체에서 보면 스루풋이 2배가 됩니다 (그림 09-14).

그림 09-14 병렬 입출력의 스루풋

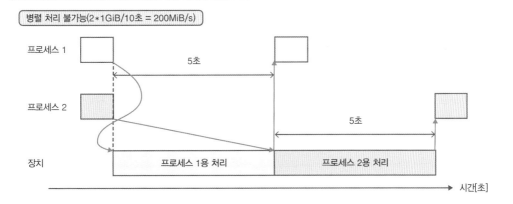

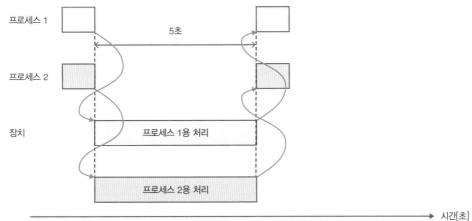

병렬도가 높아진다고 스루풋이 계속 증가하는 건 아닙니다. 장치나 버스(데이터 전송 경로)의 다양한 제약에 의해서 장치의 스루풋은 병렬도를 높여도 어느 시점 이후로 한계에 도달하는 경우가 대부분입니다.

두 프로세스가 장치에 존재하는 데이터베이스에서 동시에 각각 하나씩 레코드를 읽어오는 모습이 [그림 09-15]입니다.

그림 09-15 병렬 입출력의 레이턴시

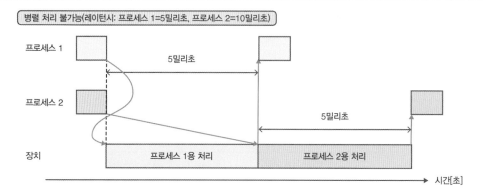

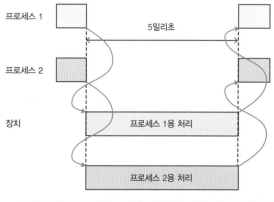

[그림 09-15]의 위쪽은 병렬화가 불가능한 경우입니다. 프로세스 2의 입출력 처리는 프로세스 1 이후에 이루어지므로 전체 레이턴시가 늘어납니다. 아래쪽은 병렬 처리가 가능하므로 모든 프로세스가 동일한 레이터시로 처리가 끝났습니다.

일반적으로 장치의 부하가 적으면 적을수록 레이턴시가 짧아지는 경향이 있습니다.

[그림 09-16]에서 입출력이 병렬 호출할 수 있는 경우의 IOPS를 살펴봅시다.

[그림 09-16]의 위쪽 그림은 프로세스 1개의 입출력입니다. 프로세스가 입출력 완료를 확인하고 CPU를 사용하는 처리를 하는 동안에 장치는 아무것도 하지 않습니다. 아래쪽 그림처럼 입출력을 병렬로 호출하면 이런 비어 있는 시간을 채울 수 있습니다. [그림 09-16]이라면 2배의 입출력을 처리하는 데 시간은 1.6배밖에 안 걸린 셈이 됩니다. 만약 [그림 09-15]나 [그림 09-16] 아래쪽 그림처럼 장치가 병렬 입출력을 지원한다면 IOPS가 더욱 향상될 수 있습니다.

IOPS가 높은 장치일수록 단위 시간당 더 많은 요청을 처리할 수 있어서 확장성이 좋습니다.

그림 09-16 병렬 입출력의 IOPS

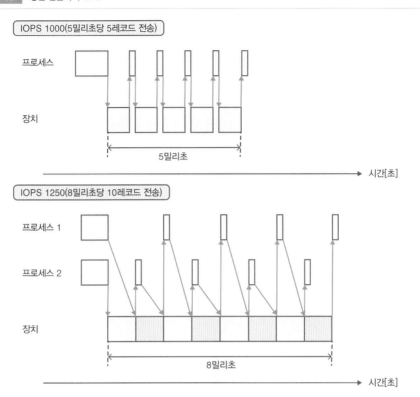

추측하지 말고 측정해라

전체 성능은 장치 성능만 본다고 판단할 수 없습니다. 예를 들어 IOPS 최댓값은 1개의 프로세스에서 입출력을 호출하는 것으로는 한계를 알 수 없어서 일정 이상의 높은 병렬도가 필요한 경우도 많습니다. 그리고 입출력 데이터의 크고 작음에 따라서도 한계값은 상당히 달라집니다.

각 장치의 외부 요인으로도 성능은 변화합니다. 예를 들어 데이터 버스 하나에 여러 장치가 연결되어 있을 때, 각자의 장치 성능은 아직까지 한계치가 아니더라도 연결된 버스의 성능 제약 때문에 생각한 만큼 성능이 나오지 않는 경우도 발생합니다.

따라서 장치 성능만 보고 시스템에 해당하는 장치만 설치하면 충분히 성능이 나올 거라고 가볍게 판단하는 것은 위험합니다. 추측을 통해서 판단하는 건 무척 중요한 방법이지만, 추측 했으면 실제 환경에서 직접 부하를 걸어서 얼마큼 성능이 나오는가 측정해 보는 작업이 필요합니다.

성능 측정 도구: fio

fio는 원래 파일 시스템 성능을 측정하는 용도로 쓰였지만 장치 성능 측정 도구로도 사용합니다. fio는 다음과 같은 특징이 있습니다.

- 입출력 패턴이나 병렬도, 사용할 입출력 방식(fio에서는 I/O engine이라고 부름)을 세세하게 정할 수 있습니다.
- 레이턴시, 스루풋, IOPS 등 다양한 종류의 성능 정보를 수집 가능합니다.

fio는 성능 측정 대상의 입출력 부하를 명령줄 인수로 세세하게 제어할 수 있습니다. 그중에서 기본적인 내용만 소개합니다.

- --test : 각각의 성능 측정 작업명
- --filename : 입출력 대상 파일명
- --filesize : 입출력 대상 파일 크기
- --size : 입출력의 합계 크기
- --bs(--blocksize) : 입출력 크기. 합계 입출력 횟수는 --size로 지정한 값을 --bs으로 지정한 값으로 나눈 값이 됩니다.
- --readwrite : 입출력 종류를 선택합니다. read(순차 읽기), write(순차 쓰기), ran-dread(무작위 읽기), randwrite(무작위 쓰기) 등.
- --sync=1 : 쓰기 작업을 동기화합니다.
- --numjobs : 입출력 병렬도. 기본값은 1로 병렬 실행하지 않습니다.
- --group_reporting : 병렬도가 2 이상일 때 성능 측정 결과를 각각 출력(기본값)하는 대신에 모든 처리를 합쳐서 출력합니다.
- --output-format : 출력 형식

그외에도 다양한 옵션이 있으므로 흥미가 있으신 분은 man 1 fio를 실행해 보기 바랍니다.

우선 복잡한 건 미뤄두고 fio를 사용해 봅시다. 다음과 같이 입출력을 호출합니다.

- 작업명은 test. 작업은 fio 용어로 성능 측정 대상이 되는 개별 입출력 처리를 식별하기 위한 명칭입니다.
- 입출력 패턴은 무작위 읽기
- 파일명이 testdata인 1GiB짜리 파일에서 4KiB씩 합계 4MiB 데이터를 읽어 옵니다.

이렇게 하려면 다음처럼 fio 명령어를 실행합니다.

```
$ fio --name test --readwrite=randread --filename testdata --filesize=1G --size=4M
--bs=4K --output-format=json
```

명령줄 옵션을 사용하는 대신에 설정 파일을 작성하는 방법도 있지만 이 책에서는 다루지 않습니다.

위의 명령어를 실행하면 다음처럼 결과가 출력됩니다.

```
$ fio --name test --readwrite=randread --filename testdata --filesize=1G --size=4M
--bs=4K --output-format=json
{
  "fio version" : "fio-3.16",
  "timestamp" : 1681542581,
  "timestamp_ms" : 1681542581963,
  "time" : "Sat Apr 15 16:09:41 2023",
  "jobs" : [
    {
      "jobname" : "test",
        (중략)
      "elapsed" : 1,
      "job options" : {
        "name" : "test",
        "rw" : "randread",
        "filename" : "testdata",
        "filesize" : "1G",
        "size" : "4M",
        "bs" : "4K"
      },
      "read" : {
        "io_bytes" : 4194304,
        "io_kbytes" : 4096,
        "bw_bytes" : 10131169,  ❶
        "bw" : 9893,
        "iops" : 2473.429952,  ❷
```

```
      (중략)
      "lat_ns" : {
        "min" : 277600,
        "max" : 6875400,
        "mean" : 402362.187500,  ❸
        "stddev" : 249285.055008
      },
      (중략)
    },
    "write" : {
      "io_bytes" : 0,
      "io_kbytes" : 0,
      "bw_bytes" : 0,  ❹
      "bw" : 0,
      "iops" : 0.000000,  ❺
      ..
      "lat_ns" : {
        "min" : 0,
        "max" : 0,
        "mean" : 0.000000,  ❻
        "stddev" : 0.000000
      },
      (중략)
}
```

실제로 출력되는 내용은 훨씬 많지만 세세한 부분은 넘어가고 실행 결과에서 주목할 곳은 ❶-❻ 부분뿐입니다.

❶-❸은 읽기 작업 부하 실험에서만 의미가 있습니다. 마찬가지로 ❹-❻은 쓰기 작업 부하 실험에서만 의미가 있습니다.

- ❶과 ❹는 바이트 단위 스루풋입니다.
- ❷와 ❺는 IOPS입니다.
- ❸과 ❻은 나노초 단위의 평균 레이턴시입니다.

실행이 끝났으면 실험용 파일을 삭제합시다.

```
$ rm testdata
```

블록 계층이 하드 디스크 성능에 주는 영향

이 절에서는 블록 계층이 성능에 어떤 영향을 주는지 fio를 사용해서 확인합니다.

구체적으로 블록 계층의 입출력 스케줄러와 미리 읽기 기능을 유효화, 무효화해서 측정한 성능 결과를 비교해서 각 기능의 영향을 확인합니다.

입출력 스케줄러의 무효화 방법은 **/sys/block/<장치명>/queue/scheduler** 파일에 **none** 을 씁니다.[2] 미리 읽기를 무효화하려면 **/sys/block/<장치명>/queue/read_ahead_kb**에 **0** 을 씁니다.

이번에는 다음 두 패턴으로 성능 데이터를 수집합니다.

- 패턴 A: 입출력 스케줄러 효과를 확인합니다. 크기가 작은 여러 데이터를 무작위 쓰기합니다.(레이턴시와 IOPS가 중요)
- 패턴 B: 미리 읽기 효과를 확인합니다. 하나의 대용량 데이터를 순차 읽기합니다.(스루 풋이 중요)

양 쪽 모두 [표 09-01]의 인수를 fio에 공통으로 사용합니다.

표 09-01 fio 인수(패턴 A, 패턴 B 공통)

인수명	값
filesize	1GiB
group_reporting	—

패턴 A는 [표 09-02]의 인수를 추가로 사용합니다.

---

2 정확하게 따지면 정렬은 무효화할 수 있지만, 합치기는 무효화할 수 없습니다. 하지만 다른 방법이 없으니 이게 최선입니다.

표 09-02   fio 인수(패턴 A)

인수명	값
readwrite	randwrite
size	4MiB
bs	4KiB
direct	1^3

그리고 **numjobs**에 1~8을 주고 데이터를 수집합니다.

패턴 B는 [표 09-03]의 인수를 추가로 사용합니다.

표 09-03   fio 인수(패턴 B)

인수명	값
readwrite	read
size	128MiB
bs	1MiB

[표 09-03] 인수를 사용하고 입출력 스케줄러 유효화와 무효화를 바꿔가며 데이터를 수집합니다. **numjobs**는 늘 1입니다.

입출력 스케줄러에는 여러 종류가 있지만 이 책에서는 입출력 스케줄러를 무효화할 때 앞서 설명한 **none**을 설정합니다. 유효화는 **mq-deadline** 스케줄러를 사용합니다. 기타 스케줄러는 이 책에서 다루는 범위 밖이므로 설명하지 않습니다.

다음 예시는 입출력 스케줄러를 사용하지 않는 상태에서 mq-deadline 스케줄러를 선택해 봅니다.

```
# cat /sys/block/nvme0n1/queue/scheduler
[none] mq-deadline
# echo mq-deadline > /sys/block/nvme0n1/queue/scheduler
# cat /sys/block/nvme0n1/queue/scheduler
```

---

3 쓰기 처리가 페이지 캐시로 끝나는 것이 아니라 디스크에도 쓰도록 지정하는 인수입니다.(부작용으로 페이지 캐시를 사용하지 못합니다.)

```
[mq-deadline] none
#
```

패턴 B는 미리 읽기도 유효화와 무효화를 바꿔가며 양쪽 데이터를 수집합니다. 미리 읽기 유효화는 **/sys/block/<장치명>/queue/read_ahead_kb**에 **128**(기본값)을 쓰고 무효화는 **0**을 씁니다.

그리고 측정할 때 기존의 페이지 캐시에 영향 받지 않도록 **fio**를 실행하기 전에 매번 **echo 3 > /proc/sys/vm/drop_caches**를 실행해서 페이지 캐시를 비웁니다.

측정에는 내부적으로 지금까지 설명한 패턴으로 **fio**를 호출하는 **measure.sh** 프로그램(코드 09-01)과 **plot-block.py** 프로그램(코드 09-02)을 사용합니다.

코드 09-01 measure.sh

```bash
#!/bin/bash -e

extract() {
  PATTERN=$1
  JSONFILE=$2.json
  OUTFILE=$2.txt

  case $PATTERN in
  read)
    RW=read
    ;;
  randwrite)
    RW=write
    ;;
  *)
    echo "입출력 패턴에 문제가 있습니다: $PATTERN" >&2
    exit 1
  esac

  BW_BPS=$(jq ".jobs[0].${RW}.bw_bytes" $JSONFILE)
  IOPS=$(jq ".jobs[0].${RW}.iops" $JSONFILE)
```

```
    LATENCY_NS=$(jq ".jobs[0].${RW}.lat_ns.mean" $JSONFILE)
    echo $BW_BPS $IOPS $LATENCY_NS >$OUTFILE
}

if [ $# -ne 1 ] ; then
    echo "사용법: $0 <설정 파일명>" >&2
    exit 1
fi

if [ $(id -u) -ne 0 ] ; then
    echo "프로그램 실행에 루트 권한이 필요합니다" >&2
    exit 1
fi

CONFFILE=$1

. ${CONFFILE}

DATA_FILE=${DATA_DIR}/data
DATA_FILE_SIZE=$((128*1024*1024))
QUEUE_DIR=/sys/block/${DEVICE_NAME}/queue
SCHED_FILE=${QUEUE_DIR}/scheduler
READ_AHEAD_KB_FILE=${QUEUE_DIR}/read_ahead_kb

if [ "$PART_NAME" = "" ] ; then
    DEVICE_FILE=/dev/${DEVICE_NAME}
else
    DEVICE_FILE=/dev/${PART_NAME}
fi

if [ ! -e ${DATA_DIR} ] ; then
    echo "존재하지 않는 데이터 디렉터리 (${DATA_DIR})입니다" >&2
    exit 1
fi

if [ ! -e ${DEVICE_FILE} ] ; then
```

```
    echo "존재하지 않는 디바이스 파일 (${DEVICE_FILE})입니다" >&2
    exit 1
fi


mount | grep -q ${DEVICE_FILE}
RET=$?
if [ ${RET} != 0 ] ; then
    echo "마운트되지 않은 디바이스 파일 (${DEVICE_FILE})입니다" >&2
    exit 1
fi


if [ ! -e ${SCHED_FILE} ] ; then
    echo "존재하지 않는 입출력 스케줄러 파일 (${SCHED_FILE})입니다" >&2
    exit 1
fi


SCHEDULERS="mq-deadline none"

if [ ! -e ${READ_AHEAD_KB_FILE} ] ; then
    echo "존재하지 않는 미리 읽기 설정 파일 (${READ_AHEAD_KB_FILE})입니다" >&2
    exit 1
fi


mkdir -p ${TYPE}
rm -f ${DATA_FILE}
dd if=/dev/zero of=${DATA_FILE} oflag=direct,sync bs=${DATA_FILE_SIZE} count=1

COMMON_FIO_OPTIONS="--name linux-in-practice --group_reporting --output-
format=json --filename=${DATA_FILE} --filesize=${DATA_FILE_SIZE}"

# 미리 읽기 효과 확인용 데이터 수집

## 데이터 수집

SIZE=${DATA_FILE_SIZE}
BLOCK_SIZE=$((1024*1024))
```

```
for SCHED in ${SCHEDULERS} ; do
  echo ${SCHED} >${SCHED_FILE}
  for READ_AHEAD_KB in 128 0 ; do
    echo ${READ_AHEAD_KB} >${READ_AHEAD_KB_FILE}
    echo "pattern: read, sched: ${SCHED}, read_ahead_kb: ${READ_AHEAD_KB}" >&2
    FIO_OPTIONS="${COMMON_FIO_OPTIONS} --readwrite=read --size=${SIZE}
--bs=${BLOCK_SIZE}"
    FILENAME_PATTERN="${TYPE}/read-${SCHED}-${READ_AHEAD_KB}"
    echo 3 >/proc/sys/vm/drop_caches
    fio ${FIO_OPTIONS} >${FILENAME_PATTERN}.json
    extract read ${FILENAME_PATTERN}
  done
done
```

데이터 가공

```
OUTFILENAME=${TYPE}/read.txt
rm -f ${OUTFILENAME}

for SCHED in ${SCHEDULERS} ; do
  for READ_AHEAD_KB in 128 0 ; do
    FILENAME=${TYPE}/read-${SCHED}-${READ_AHEAD_KB}.txt
    awk -v sched=${SCHED} -v read_ahead_kb=${READ_AHEAD_KB} '{print sched,
read_ahead_kb, $1}' <$FILENAME >>${OUTFILENAME}
  done
done
```

입출력 스케줄러 효과 확인용 데이터 수집

데이터 수집

```
SIZE=$((4*1024*1024))
BLOCK_SIZE=$((4*1024))
JOB_PATTERNS=$(seq $(grep -c processor /proc/cpuinfo))
```

```
for SCHED in ${SCHEDULERS} ; do
  echo ${SCHED} >${SCHED_FILE}
  for NUM_JOBS in ${JOB_PATTERNS}; do
    echo "pattern: randwrite, sched: ${SCHED}, numjobs: ${NUM_JOBS}" >&2
    FIO_OPTIONS="${COMMON_FIO_OPTIONS} --direct=1 --readwrite=randwrite
--size=${SIZE} --bs=${BLOCK_SIZE} --numjobs=${NUM_JOBS}"
    FILENAME_PATTERN="${TYPE}/randwrite-${SCHED}-${NUM_JOBS}"
    echo 3 >/proc/sys/vm/drop_caches
    fio ${FIO_OPTIONS} >${FILENAME_PATTERN}.json
    extract randwrite ${FILENAME_PATTERN}
  done
done

## 데이터 가공

for SCHED in ${SCHEDULERS} ; do
  OUTFILENAME=${TYPE}/randwrite-${SCHED}.txt
  rm -f ${OUTFILENAME}
  for NUM_JOBS in ${JOB_PATTERNS} ; do
    FILENAME=${TYPE}/randwrite-${SCHED}-${NUM_JOBS}.txt
    awk -v num_jobs=${NUM_JOBS} '{print num_jobs, $2, $3}' <$FILENAME
>>${OUTFILENAME}
  done
done

./plot-block.py

rm ${DATA_FILE}
```

코드 09-02 plot-block.py

. . . .

```python
#!/usr/bin/python3

import numpy as np
from PIL import Image
```

```
import matplotlib
import os

matplotlib.use('Agg')

import matplotlib.pyplot as plt

SCHEDULERS = ["mq-deadline", "none"]
plt.rcParams['font.family'] = "NanumGothic"
plt.rcParams['axes.unicode_minus'] = False

def do_plot(fig, pattern):
    # Ubuntu 20.04의 matplotlib 버그를 회피하기 위해 일단 png 파일로 저장한 후에
jpg로 변환
    # https://bugs.launchpad.net/ubuntu/+source/matplotlib/+bug/1897283?comments
=all
    pngfn = pattern + ".png"
    jpgfn = pattern + ".jpg"
    fig.savefig(pngfn)
    Image.open(pngfn).convert("RGB").save(jpgfn)
    os.remove(pngfn)

def plot_iops(type):
    fig = plt.figure()
    ax = fig.add_subplot(1,1,1)
    for sched in SCHEDULERS:
        x, y, _ = np.loadtxt("{}/randwrite-{}.txt".format(type, sched),
unpack=True)
        ax.scatter(x,y,s=3)
    ax.set_title("입출력 스케줄러 유효, 무효 시 IOPS")
    ax.set_xlabel("병렬도")
    ax.set_ylabel("IOPS")
    ax.set_ylim(0)
    ax.legend(SCHEDULERS)
    do_plot(fig, type + "-iops")
```

```python
def plot_iops_compare(type):
  fig = plt.figure()
  ax = fig.add_subplot(1,1,1)
  x1, y1, _ = np.loadtxt("{}/randwrite-{}.txt".format(type, "mq-deadline"),
unpack=True)
  _, y2, _ = np.loadtxt("{}/randwrite-{}.txt".format(type, "none"),
unpack=True)
  y3 = (y1 / y2 - 1) * 100
  ax.scatter(x1,y3, s=3)
  ax.set_title("입출력 스케줄러 유효화에 따른 IOPS 변화율[%]")
  ax.set_xlabel("병렬도")
  ax.set_ylabel("IOPS 변화율[%]")
  ax.set_yticks([-20, 0, 20])

  do_plot(fig, type + "-iops-compare")

def plot_latency(type):
  fig = plt.figure()
  ax = fig.add_subplot(1,1,1)
  for sched in SCHEDULERS:
    x, _, y = np.loadtxt("{}/randwrite-{}.txt".format(type, sched),
unpack=True)
    for i in range(len(y)):
      y[i] /= 1000000
    ax.scatter(x,y,s=3)
  ax.set_title("입출력 스케줄러 유효, 무효 시 레이턴시")
  ax.set_xlabel("병렬도")
  ax.set_ylabel("레이턴시[밀리초]")
  ax.set_ylim(0)
  ax.legend(SCHEDULERS)

  do_plot(fig, type + "-latency")

def plot_latency_compare(type):
  fig = plt.figure()
  ax = fig.add_subplot(1,1,1)
```

283

```
    x1, _, y1 = np.loadtxt("{}/randwrite-{}.txt".format(type, "mq-deadline"),
unpack=True)
    _, _, y2 = np.loadtxt("{}/randwrite-{}.txt".format(type, "none"),
unpack=True)
    y3 = (y1 / y2 - 1) * 100
    ax.scatter(x1,y3, s=3)
    ax.set_title("입출력 스케줄러 유효화에 따른 레이턴시 변화율[%]")
    ax.set_xlabel("병렬도")
    ax.set_ylabel("레이턴시 변화율[%]")
    ax.set_yticks([-20,0,20])

    do_plot(fig, type + "-latency-compare")

for type in ["HDD", "SSD"]:
    plot_iops(type)
    plot_iops_compare(type)
    plot_latency_compare(type)
    plot_latency(type)
```

measure.sh 프로그램은 첫 번째 인수로 지정한 설정 파일을 읽어서 성능을 측정한 후, plot-block.py 프로그램을 실행해서 그래프를 그립니다. 여러분이 직접 프로그램을 실행할 때는 두 파일을 같은 디렉터리에 두기 바랍니다.

필자가 하드 디스크를 대상으로 측정할 때 사용한 설정 파일 hdd.conf(코드 09-03)입니다.

코드 09-03   hdd.conf

```
# 디스크 종류. HDD 또는 SSD
TYPE=HDD
# 벤치마크 대상 파일 시스템이 존재하는 장치명. HDD라면 sdb나 sdc 등. NVMe SSD
이라면 nvme0n1 등
DEVICE_NAME=sda
# 해당 장치의 특정 파티션에 파일 시스템이 존재하면 파티션명을 지정. 장치에 직
접 파일 시스템을 작성한 경우는 비워둠
PART_NAME=sda1
```

```
# 벤치마크용 데이터가 저장된 디렉터리. 해당 디렉터리는 DEVICE_NAME 또는 PART_
NAME의 파일 시스템에 존재해야 함
DATA_DIR=./mnt-hdd
```

```
$ sudo ./measure.sh hdd.conf
```

여러분의 환경에 맞춰서 hdd.conf 파일을 수정한 다음에 프로그램을 실행하기 바랍니다.
이 프로그램을 실행하면 다음과 같은 파일이 생깁니다.

- 패턴 A
  - HDD-iops.jpg: 입출력 스케줄러를 유효화, 무효화했을 때 IOPS 그래프
  - HDD-iops-compare.jpg: 입출력 스케줄러 유효화에 따른 IOPS 변화율 그래프
  - HDD-latency.jpg: 입출력 스케줄러를 유효화, 무효화했을 때 레이턴시 그래프
  - HDD-latency-compare.jpg: 입출력 스케줄러 유효화에 따른 레이턴시 변화율 그래프
- 패턴 B
  - HDD/read.txt: 모든 패턴의 스루풋 데이터. 〈입출력 스케줄러명〉 〈read_ahead_kb값〉 〈스루풋[바이트/s]〉 형식

이번에는 하드 디스크 성능에 블록 계층이 어떤 영향을 주는지 알기 쉬운 패턴에 한정해서 성능 측정을 했지만, 다른 패턴에도 흥미가 생기신 분은 fio 옵션을 자유롭게 바꿔보면서 실험해 보시기 바랍니다.

패턴 A 측정 결과

입출력 스케줄러의 유효화(mq-deadline)와 무효화(none)에 따라 IOPS와 레이턴시를 비교한 결과가 [그림 09-17], [그림 09-18]입니다.

285

그림 09-17 입출력 스케줄러 유효화, 무효화의 IOPS

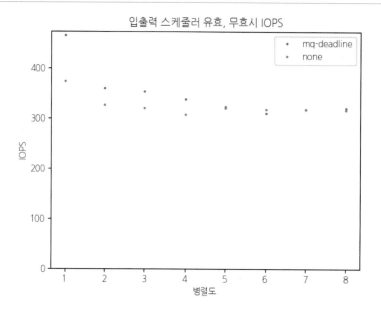

그림 09-18 입출력 스케줄러 유효화, 무효화의 레이턴시

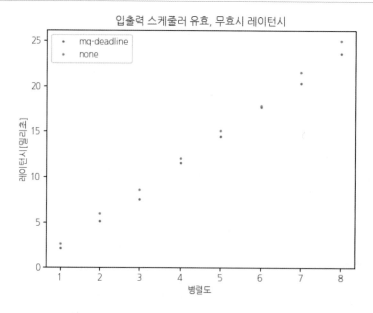

이것만 봐서는 얼마나 차이가 나는지 바로 이해하기 어려우므로, 입출력 스케줄러 유효화에 따른 IOPS와 레이턴시 변화율을 나타낸 [그림 09-19], [그림 09-20]을 살펴봅니다.

그림 09-19   입출력 스케줄러 유효화에 따른 IOPS 변화율

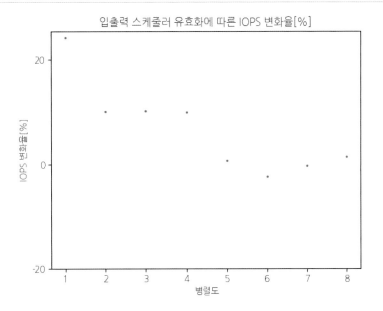

그림 09-20   입출력 스케줄러 유효화에 따른 레이턴시 변화율

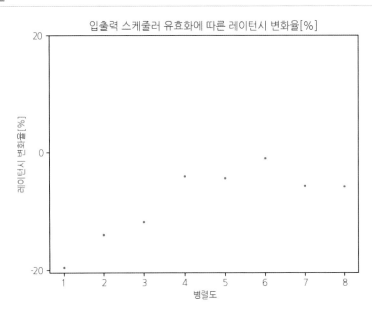

그림을 통해 입출력 스케줄러가 유효할 때 IOPS가 높아지고 레이턴시가 줄어드는 걸 알 수 있습니다. 그 이유는 입출력 스케줄러 덕분에 디스크의 입출력 요청이 효율적인 순서로 바뀌었기 때문입니다.

패턴 B 측정 결과

미리 읽기 효과를 [표 09-04]에 정리했습니다.

표 09-04 미리 읽기 효과(하드 디스크의 경우)

입출력 스케줄러	미리 읽기	스루풋[MiB/s]
유효	유효	34.1
유효	무효	13.5
무효	유효	34.8
무효	무효	13.5

미리 읽기 유효 상태가 무효일 때보다 2배 이상 성능이 높은 걸 알 수 있습니다. 대단한 효과입니다. 그리고 스루풋 결과는 입출력 스케줄러 유무에 거의 영향을 받지 않는 것도 알 수 있습니다. 그 이유는 실험에서 사용한 접근 패턴이 동기화 읽기[4] 방식이고 입출력이 병렬화되지 않아 입출력 스케줄러가 활약할 기회(합치거나 정렬로 성능 개선)가 없기 때문입니다.

무엇을 위한 성능 측정인가
Column

의식적으로 '목적이 무엇인가'부터 정해야 성능 측정을 하는 의미가 있습니다.

초보자는 목적도 정하지 않은 채, 무작정 유명하다는 벤치마크 도구를 사용해서 성능 지표를 수집해 봤다는 것으로 만족하고 끝내 버리는 경우가 많습니다. 뭔가 데이터를 많이 얻었다는 성취감은 있을지 모르겠지만, 목적 없는 측정 결과는 활용할 곳이 없으므로 그저 시간 낭비에 불과합니다.[5]

목적을 정하고 나면 어떤 패턴으로 성능 측정을 할지, 어떤 벤치마크 도구를 사용할지(또는 직접 만들지) 정해야 합니다. 성능 측정은 생각보다 시간이 오래 걸리므로 가급적 이것저것 쓸데없이 데이터를 모으는 대신에, 목적 달성을 위해 필요한 최소한의 데이터만 수집하도록 노력합시다.

---

4 디스크에서 데이터를 읽어 오는 작업이 끝나야 다음 읽기를 하는 방식입니다.

5 업무가 아니라 취미로 그냥 해봤다 같은 동기마저 전부 부정하는 건 아닙니다. 취미는 의미를 따질 것 없이 즐거우면 충분합니다.

기술 혁신에 따른 블록 계층의 변화

블록 장치는 최근 십여 년 사이에 눈부시게 발전했습니다. 주된 변화로 SSD 등장과 CPU 멀티 코어화가 있습니다. SSD는 데이터 저장에 플래시 메모리를 사용하는데 하드 디스크와 다르게 기계적인 동작이 전혀 필요없어서 읽기와 쓰기가 모두 전기적인 동작으로 끝납니다. 따라서 하드 디스크보다 훨씬 빠르게 데이터에 접근할 수 있습니다(그림 09-21).

그림 09-21 하드 디스크와 SSD의 데이터 접근 시간 차이

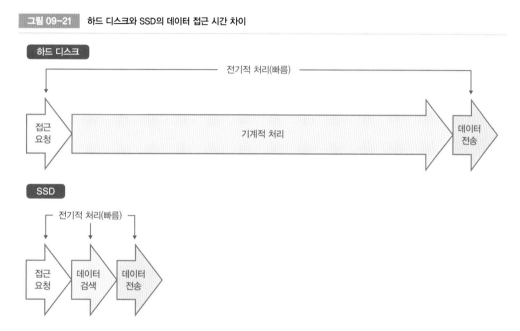

특히나 무작위 접근 성능은 엄청난 차이가 납니다. SSD는 접속 방식 차이에 따라 두 종류가 있습니다. 하드 디스크와 동일한 인터페이스로 기기에 접속하는 **SATA SSD** 또는 **SAS SSD** 종류와 새로운 고속 인터페이스로 접속하는 **NVMe SSD**가 있습니다. SATA 방식도 하드 디스크에 비하면 무척이나 빠른 편이지만 NVMe 방식은 말 그대로 수준이 다른 속도를 보여줍니다.

그렇다면 모든 저장 장치를 하드 디스크 대신에 SSD, 특히 NVMe SSD로 바꿔야 하는 건 아닌가?라는 생각이 들겠지만 그렇게 단순하지 않습니다. 용량당 가격이 하드 디스크가 SSD보다 싸기 때문에 성능에 민감한 경우를 제외하면 하드 디스크는 여전히 매력적인 선택입니다. 하드 디스크와 SSD 가격 차이는 점점 줄어 들고 있지만 당분간 공존하는 형태로 남겠지요.

NVMe SSD는 하드 디스크에 비해서 수십~수백 배의 IOPS를 낼 수 있는 하드웨어 성능입니다. 높은 IOPS를 내려면 가능한 많은 논리 CPU에서 병렬로 동시 입출력을 호출하는 방법이 효

율적입니다.

최근에는 CPU 멀티 코어화가 진행되고 있으니까 이런 조건은 큰 문제가 없을 것 같지만 현실은 그렇지 않습니다. 기존의 입출력 스케줄러는 동시에 다수의 논리 CPU에서 호출을 해도 논리 CPU 하나에서만 처리를 실행했기 때문에 확장성이 없었습니다. 이런 결점을 극복하기 위해 현재의 입출력 스케줄러는 **멀티 큐**multi-queue 방식을 도입해서 다수의 CPU에서 동작하는 방법으로 확장성을 향상시켰습니다. mq-deadline 스케줄러의 mq는 multi-queue 약어입니다.

하지만 나중에 설명하지만 하드웨어 성능이 올라가면 올라갈수록 블록 계층에서 발생하는 입출력 요청을 일단 모아뒀다가 재정렬하는 입출력 스케줄러의 처리가 문제가 되는데, 최적화에서 오는 속도 향상보다 늘어난 레이턴시 때문에 결과적으로 느려지는 현상이 증가했습니다. 따라서 우분투 20.04는 NVMe SSD라면 입출력 스케줄러를 완전히 무시하는 것이 기본값입니다. 하드 디스크 성능 측정에서 사용한 none 방식은 합치기 처리가 존재하지만, 완전히 무시하는 방식은 정말 아무 것도 하지 않습니다.

블록 계층이 NVMe SSD 성능에 미치는 영향

이 절에서는 블록 계층이 하드 디스크 성능에 미치는 영향을 확인할 때 이용한 접근 패턴을 똑같이 사용해서 NVMe SSD 성능을 측정합니다. 그후 결과를 확인해서 블록 계층이 어떤 영향을 미치는지 살펴보겠습니다.

측정을 위해 다음과 같이 measure.sh 프로그램을 실행했습니다.

```
$ sudo ./measure.sh ssd.conf
```

실행 결과로 다음과 같은 파일이 생깁니다.

- 패턴 A
  - **SSD-iops.jpg**: 입출력 스케줄러를 유효화, 무효화했을 때 IOPS 그래프
  - **SSD-iops-compare.jpg**: 입출력 스케줄러 유효화에 따른 IOPS 변화율 그래프
  - **SSD-latency.jpg**: 입출력 스케줄러를 유효화, 무효화했을 때 레이턴시 그래프
  - **SSD-latency-compare.jpg**: 입출력 스케줄러 유효화에 따른 레이턴시 변화율 그래프

- 패턴 B
  - **SSD/read.txt**: 모든 패턴의 스루풋 데이터. 〈입출력 스케줄러명〉〈read_ahead_kb값〉〈스루풋[바이트/s]〉 형식

패턴 A 측정 결과

입출력 스케줄러의 유효화(**mq-deadline**)와 무효화(**none**)에 따라 IOPS와 레이턴시를 비교한 결과가 [그림 09-22], [그림 09-23]입니다.

그림 09-22 입출력 스케줄러 유효화, 무효화의 IOPS

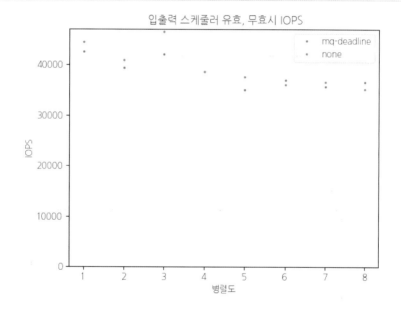

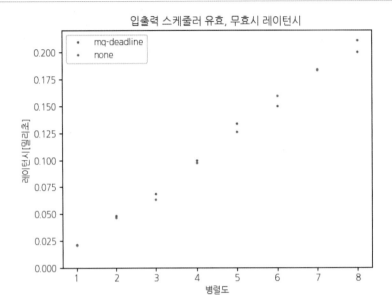

하드 디스크 때와 마찬가지로 입출력 스케줄러 유효화에 따른 IOPS와 레이턴시 변화율은 [그림 09-24], [그림 09-25]입니다.

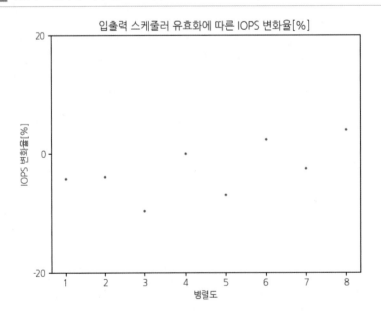

그림 09-25 입출력 스케줄러 유효화에 따른 레이턴시 변화율

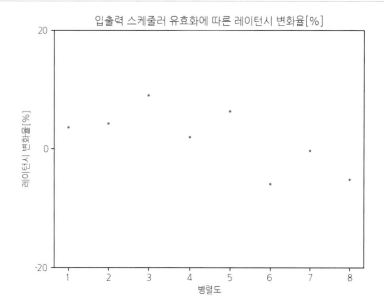

그런데 하드 디스크의 측정 결과와 경향이 다릅니다. 입출력 스케줄러가 무효인 경우, 특히 병렬도가 낮은 구간에서 IOPS가 더 높습니다. 레이턴시를 보면 병렬도가 낮으면 무효화 쪽이 레이턴시가 짧은 편이고(=성능이 좋음) 병렬도가 높아지면 유효한 편이 짧아지는 결과가 나왔습니다. 이건 NVMe SSD와 같은 고속 저장 장치는 입출력 요청을 일단 모아두는 입출력 스케줄러의 구조에서 발생하는 처리 지연 비용이 하드 디스크에 비해 상대적으로 높기 때문입니다.

입출력 스케줄러 영향을 제외하고 하드 디스크 성능 측정 결과와 비교해 보면 NVMe SSD 쪽이 IOPS가 100배 이상 많은 걸 알 수 있습니다.

패턴 B 측정 결과

미리 읽기 효과를 [표 09-05]에 정리했습니다.

표 09-05 미리 읽기 효과(NVMe SSD의 경우)

입출력 스케줄러	미리 읽기	스루풋[GiB/s]
유효	유효	1.92
유효	무효	0.186
무효	유효	2.15
무효	무효	0.201

하드 디스크 때와 마찬가지로 미리 읽기를 사용하면 스루풋이 높아집니다. 게다가 하드 디스크 때보다 훨씬 큰 숫자(하드 디스크는 MiB/s 단위, NVMe SSD는 GiB/s 단위)입니다. 입출력 스케줄러는 효과가 없는게 아니라 오히려 유효 상태일 때 성능이 더 떨어지는 결과를 보입니다. 이건 패턴 A에서 설명한 대로 NVMe SSD처럼 빠른 장치라면 입출력 스케줄러 처리 비용이 장점보다 단점이 상대적으로 많기 때문입니다.

하드 디스크의 결과(표 09-04)와 스루풋을 비교하면 수십 배 정도 성능이 좋은 걸 알 수 있습니다.

실제 성능 측정

이번 장에서는 fio를 사용해서 저장 장치 성능만 측정했습니다. 실제 시스템이라면 소프트웨어, 네트워크 같은 다른 구성 요소의 성능도 고려해야 하는 경우가 많습니다.

다음과 같은 고객 정보 관리 시스템이 있다고 해봅시다.

- 서버 기기와 클라이언트 기기는 인터넷으로 연결됩니다.
- 고객 정보는 서버 기기의 저장 장치에 존재하고, 같은 기기에 설치된 데이터베이스 관리 시스템(이후 단순히 데이터베이스로 표기)을 사용해서 읽고 씁니다.
- 사용자는 클라이언트 기기의 웹 애플리케이션을 통해서 서버 기기의 데이터베이스에 요청을 보냅니다.

이 시스템에서 웹 애플리케이션이 고객 정보를 가져올 때 데이터 흐름을 서버 위주로 그려 보면 [그림 09-26]처럼 됩니다.

그림 09-26 웹 애플리케이션이 고객 정보를 가져오는 흐름

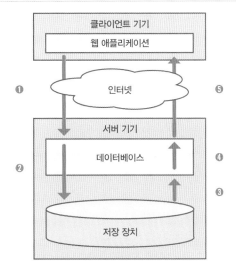

그림에 있는 번호는 각각 다음과 같은 의미가 있습니다.

❶ 데이터베이스가 웹 애플리케이션이 보낸 요청을 받습니다.

❷ 요청된 데이터가 저장 장치의 어디에 존재하는지 데이터베이스가 계산한 후에 저장 장치에 데이터를 요청합니다.

❸ 저장 장치가 요청한 데이터를 데이터베이스에 돌려줍니다.

❹ 데이터베이스가 ❸에서 얻은 데이터를 웹 애플리케이션이 원하는 형식(예를 들어 JSON)으로 변환합니다.

❺ ❹에서 만든 데이터를 웹 애플리케이션에 전송합니다.

❶, ❺에서는 네트워크[6], ❷, ❹에서는 데이터베이스 및 CPU 성능, ❸에서는 저장 장치 성능이 관여합니다. 이때 고객 한 명의 정보를 가져오는 레이턴시 목표치가 100밀리초인데 실제로는 500밀리초가 걸린 경우를 생각해 봅시다(그림 09-27). 지금 단계에서 무작정 저장 장치나 어딘가 문제가 있다고 의심하는 건 좋지 않습니다. 다음처럼 문제를 단순한 부분으로 분해해서 풀어보는 편이 낫습니다.

---

6 원래라면 서버 기기와 클라이언트 기기 사이에 네트워크 장치와 서로를 연결하는 인터넷 내부의 여러 요소가 존재해서 무척 복잡하지만 [그림 09-26]에서는 단순한 설명을 위해 생략합니다.

그림 09-27 예상보다 늦어진 레이턴시

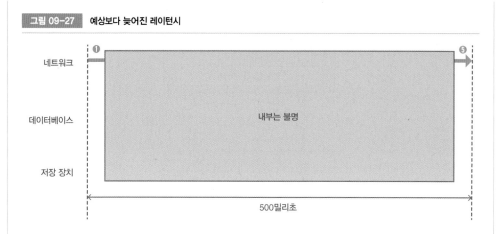

- 성능 측정한 처리(예제에서는 ❶-❺) 내역을 알아봅니다.
- ❶-❺의 어느 곳에서 시간이 오래 걸리는지 알아봅니다.
- 문제가 있는 곳을 조사합니다. 필요하다면 범위를 좁혀서 다시 성능을 재측정합니다.

[그림 09-28]은 ❷가 병목 지점입니다. 이런 경우에는 데이터베이스 처리 방식을 수정하거나, 상황에 따라서는 CPU를 고성능 CPU로 교체해야 할지도 모릅니다. 그렇게 하려면 프로그래머가 각 처리에 필요한 시간을 측정할 수 있어야 하고, 시스템 운용 관리자는 로그 확인 방법을 잘 알아야 합니다. 지금까지 설명한 것처럼 성능 측정이라고 간단히 말해도 실제로는 이렇게 심오합니다.

그림 09-28 예상보다 늦어진 레이턴시 내역

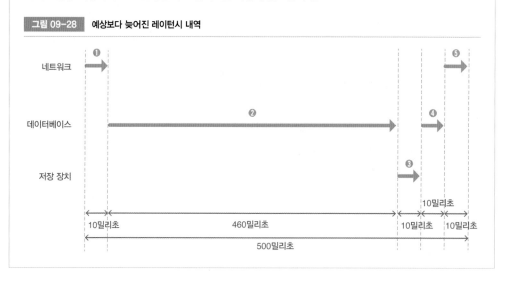

제 **10** 장

가상화 기능

요즘 기기에 설치된 OS 위에 또 다른 OS를 설치하는 **가상 머신**^{virtual machine}을 당연하듯이 사용합니다. 하지만 필자는 가상 머신이 어떻게 구현되는지 그 방법을 이해하고 있는 사람은 많지 않다고 생각합니다.

10장의 목적은 '가상 머신은 이렇구나'라고 파악할 수 있도록 돕는 것입니다. 여기서 말하는 가상화 기능은 4장에서 설명한 가상 메모리와 전혀 다른 기능입니다. 이름이 비슷해서 조금 헷갈리네요.

가상화 기능 구조 방식을 이해하려면 OS와 OS 커널 지식이 빠질 수 없습니다. 하지만 여러분은 지금까지 이런 내용을 배웠으니 이미 필요한 지식은 충분합니다. 따라서 이 장에서 설명할 내용도 이해하는 데 문제가 없으리라 생각합니다. 이해하기 어려운 부분이 있다면 앞 장의 내용을 참고해가며 확인해 보시기 바랍니다.

가상화 기능이란 무엇인가

가상화 기능^{virtualization}은 PC나 서버 등의 물리적인 기기에서 가상 머신을 동작시키는 소프트웨어 기능 및 그런 동작을 돕는 하드웨어 기능의 조합입니다. 예를 들어 다음과 같은 용도로 가상 머신을 사용합니다.

- 하드웨어를 최대한 활용하기: 1대의 물리 기기에서 여러 시스템을 가동합니다. 머신 1대에 가상 머신을 여러 개 만들고, 각각의 가상 머신을 고객이 빌려 쓰는 **IaaS**(Infrastructure as a Service)가 그 예입니다.
- 서버 통합: 수십 대의 물리 기기로 구성된 시스템을 가상 머신으로 대체해서 훨씬 숫자가 줄어든 물리 기기에 집약합니다.
- 레거시 시스템^{legacy system} 수명 연장: 하드웨어 지원이 끝난 오래된 시스템을 가상 머신에서 가동합니다.[1]
- 어떤 OS에서 다른 OS를 실행하기: 윈도 기반에서 리눅스를 실행하거나 또는 그 반대도 가능합니다.
- 개발, 테스트 환경: 업무 시스템 환경과 동일 또는 유사한 환경을 물리 기기 없이 구축합니다.

---

1 가상 머신이 오래된 시스템에 탑재된 소프트웨어를 더이상 지원하지 않는 경우도 있습니다.

예를 들어 필자는 다음과 같은 용도로 가상 머신을 이용합니다.

- 게임이나 사진 현상 프로그램처럼 윈도만 지원하는 소프트웨어 때문에 평소에는 윈도를 사용하지만 종종 리눅스도 사용하고 싶습니다.
- 취미 생활인 리눅스 커널 개발을 하다가 변경된 내용을 추가한 커널이 올바르게 동작하는지 자동 테스트하는 데 사용합니다. 커널을 교체한다고 물리 기기를 재설정하지 않아도 되므로 이런 자동화가 가능합니다.

가상화 소프트웨어

가상 머신은 물리 기기에 설치된 가상화 소프트웨어가 생성, 관리, 삭제를 담당합니다. 일반적으로 가상 머신은 물리 기기 자원이 허용하는 범위 안이라면 몇 대라도 만들 수 있습니다. 이런 모습을 [그림 10-01]처럼 표현할 수 있습니다.

그림 10-01 물리 기기와 가상 머신

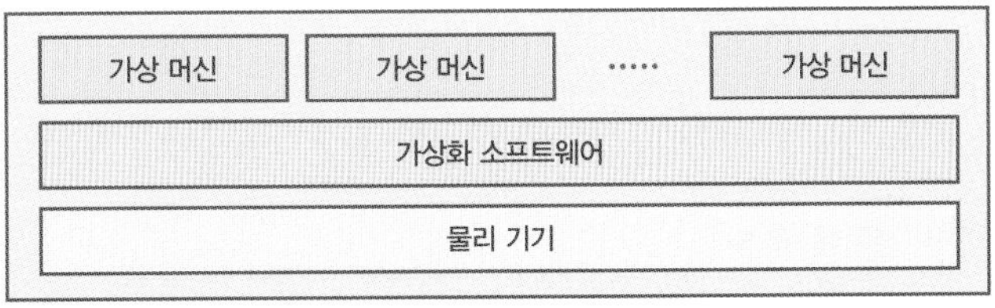

가상화 소프트웨어는 [그림 10-02]처럼 물리 기기의 하드웨어 자원을 관리하고 가상 머신에 나눠 줍니다. 이때 물리 기기의 CPU를 **물리 CPU**(Physical CPU, PCPU), 가상 머신의 CPU를 **가상 CPU**(Virtual CPU, VCPU)라고 부릅니다.

그림 10-02 가상화 소프트웨어 구조

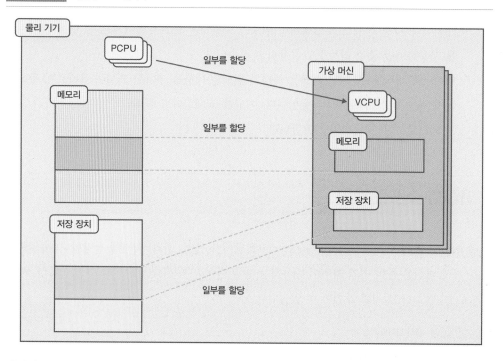

가상화 소프트웨어와 가상 머신의 관계는 커널의 프로세스 관리 시스템과 프로세스의 관계와 무척 닮았습니다. 물리 기기에 OS를 설치하면 시스템 전체 구조는 [그림 10-03]처럼 됩니다.

그림 10-03 물리 기기에 OS를 설치한 경우

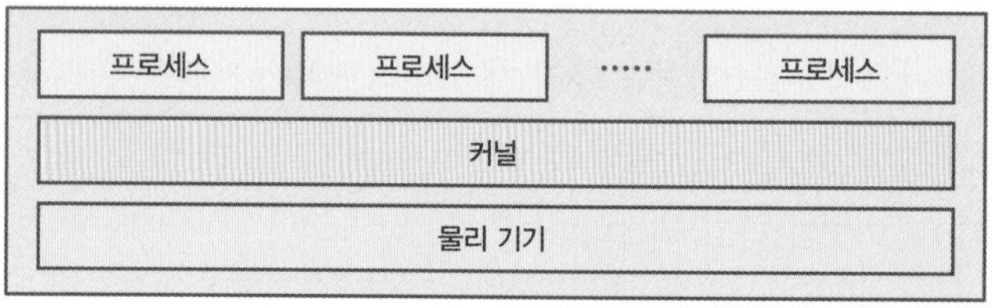

프로세스	프로세스	·····	프로세스
커널			
물리 기기			

반면에 가상 기기에 OS를 설치한다면 [그림 10-04]처럼 됩니다.

그림 10-04 가상 머신에 OS를 설치한 경우

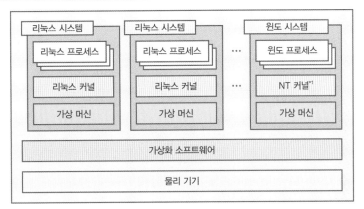

*1 윈도 커널의 명칭

이처럼 가상화 소프트웨어 위에 [그림 10-03]에서 봤던 시스템이 올라가는 구조가 됩니다. [그림 10-04]를 보면 리눅스 시스템 2개와 윈도 시스템 1개가 존재합니다. 가상 머신과 물리 기기는 장치 구성 등 일부를 제외하면 차이가 없으므로 가상 머신이 제공하는 각종 하드웨어를 지원하는 OS가 있으면 뭐든지 설치할 수 있습니다.

가상화 소프트웨어를 구현하는 방법은 다양합니다. 예를 들어 하드웨어에 직접 **하이퍼바이저**^{hypervisor} 가상화 소프트웨어를 설치하는 방법, 기존 OS를 바탕으로 애플리케이션으로 동작하는 방법 등입니다. 다음과 같은 소프트웨어가 유명합니다.

- VM웨어^{VMware} 사의 각종 제품
- 오라클^{Oracle} 사의 버추얼박스^{VirtualBox}
- 마이크로소프트^{Microsoft} 사의 하이퍼-V^{Hyper-V}
- 시트릭스 시스템즈^{Citrix Systems} 사의 젠^{Xen}

이 장에서 사용하는 가상화 소프트웨어

이 장에서는 다음 세 종류의 소프트웨어를 조합해서 가상 머신을 작성 및 관리합니다.

- **KVM**(Kernel-based Virtual Machine): 리눅스 커널이 제공하는 가상화 기능
- **QEMU**: CPU 및 하드웨어 에뮬레이터. KVM과 조합해서 사용한다면 CPU 에뮬레이션 부분은 사용하지 않습니다.

- **virt-manager**: 가상 머신 생성, 관리, 삭제를 지원합니다. 생성한 다음 실행하는 건 QEMU가 담당합니다.

이런 조합을 선택한 이유는 모두 오픈 소스로 제공되면서 다양한 리눅스 배포판에서 간단히 사용할 수 있기 때문입니다. 이렇게 조합한 시스템 구성이 [그림 10-05]입니다.

그림 10-05 가상화 시스템 구성 예시

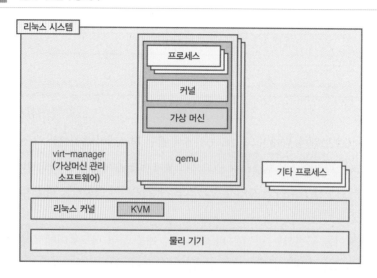

물리 기기에서 동작하는 OS는 **호스트 OS**^{host OS}, 가상 머신에서 동작하는 OS를 **게스트 OS**^{guest OS} 라고 부르는 경우가 많습니다.

virt-manager와 QEMU는 리눅스 커널 입장에서는 그저 프로세스에 불과합니다. 따라서 가상화 소프트웨어와 함께 일반적인 프로세스를 실행합니다. 가상 머신을 생성, 삭제할 때까지 흐름은 다음과 같습니다.

❶ virt-manager가 새로운 가상 머신 기반 형태를 만듭니다(CPU 개수, 메모리 용량, 기타 설치 하드웨어 등).

❷ virt-manager가 이런 형태를 바탕으로 가상 머신을 생성해서 QEMU를 기동합니다.

❸ QEMU와 KVM이 연계해서 가상 머신을 필요한 만큼 실행합니다(사용 도중에 전원 켜기, 끄기, 재시작 등도 포함).

❹ virt-manager가 사용이 끝난 가상 머신을 삭제합니다.

virt-manager는 가상 머신을 대상으로 다음과 같은 조작이 가능합니다.

- 각 가상 머신에 준비된 창을 사용해서 가상 머신의 디스플레이 출력을 표시합니다.
- 키보드나 마우스를 사용해서 가상 머신의 키보드나 마우스를 조작합니다.
- 가상 머신의 전원 끄기, 켜기, 재시작을 처리합니다.
- 가상 머신의 장치 추가, 삭제 또는 iso 파일을 가상 DVD 드라이브에 넣고 꺼내기를 합니다.

여러분이 물리 기기에서 하던 일을 virt-manager가 대신해서 가상 머신에서 하고 있다고 생각하면 됩니다(그림 10-06).

그림 10-06 virt-manager 동작 방식

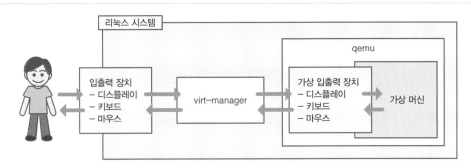

중첩 가상화 (Column)

지금까지 물리 기기를 기반으로 가상 머신이 동작하는 방법을 설명했지만 사실은 가상 머신에서 가상 머신을 실행하는 **중첩 가상화**(Nested Virtualization) 기능도 있습니다. 이 기능은 IaaS로 빌린 가상 머신에 또다시 가상 머신을 만들어서 개발이나 테스트를 하고 싶을 때 무척 편리한 기능입니다.

필자가 소속된 사이보우즈 사에서 업무 용도로 구글 컴퓨트 엔진(Google Compute Engine, GCE)의 가상 머신 위에 다수의 가상 머신으로 구성된 가상 데이터 센터[2]를 구축해서 지속적 통합(Continuous Integration, CI) 등에서 이용합니다.

중첩 가상화를 사용하는데 물리 기기라고 하면 뭔가 어색해지지만, 이 책에서는 가상 머신 실행 기반은 물리 기기를 전제로 설명합니다. 중첩 가상화는 IaaS 및 가상화 소프트웨어에 따라 사용 가능 여부가 다르므로 여러분의 환경에서 사용할 수 있는지 가상화 소프트웨어 설명서를 확인해 보기 바랍니다.

가상화를 지원하는 CPU 기능

1장에서 설명한 사용자 모드와 커널 모드를 지원하는 CPU 기능을 기억하고 있으신가요? [그림 10-07]처럼 CPU가 프로세스를 실행할 때는 사용자 모드로 동작합니다. 반면에 시스템 콜이나 인터럽트 발생을 계기로 커널이 동작한다면 커널 모드로 움직입니다. 사용자 모드에서는 프로세스가 직접 참조하면 안되는 장치와 같은 자원 접근이 제한되지만, 커널 모드에서는 뭐든지 가능합니다.

그림 10-07　CPU 모드 전환: 커널 모드와 사용자 모드

가상화 기능을 지원하는 CPU는 이런 동작 방식을 확장합니다. 구체적으로 살펴보자면, 물리 기기 처리를 하는 **VMX-root 모드**, 가상 머신 처리를 하는 **VMX-nonroot 모드**가 있습니다. 가상 머신을 처리할 때 하드웨어 접근이나 물리 기기 인터럽트가 발생하면 CPU가 VMX-root 모드가 되고 물리 기기 제어로 자동적으로 전환됩니다(그림 10-08).

그림 10-08　CPU 모드 전환: VMX-root 모드와 VMX-nonroot 모드

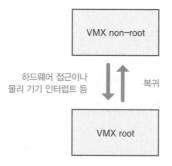

커널 모드, 사용자 모드와 VMX-root 모드, VMX-nonroot 모드 관계가 [그림 10-09]입니다.

그림 10-09 두 종류의 CPU 모드

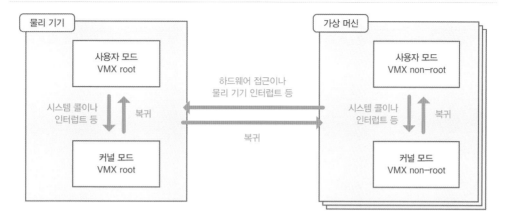

x86_64 아키텍처 CPU에서 [그림 10-09]와 같은 CPU 가상화 지원 기능을 인텔 사 CPU라면 **VT-x**, AMD 프로세서는 **SVM**이라고 부릅니다. 기능면에서 그다지 차이는 없지만, 기능을 구현하는 CPU 레벨의 명령어셋이 다릅니다. 이렇게 아키텍처별로 달라지는 부분은 KVM이 해결해주는데, 이것이 커널이 지원하는 하드웨어 기능 추상화의 예입니다.

여러분이 사용하는 환경이 VT-x 또는 SVM이 유효 상태인지 확인하려면 다음 명령어를 실행합니다.

```
$ egrep -c '^flags.*(vmx|svm)' /proc/cpuinfo
```

명령어를 실행해서 출력된 값이 1 이상이면 유효, 0이라면 무효입니다. 기능 지원 여부가 아니라 유효와 무효를 따지는 이유는 CPU 자체에 가상화 기능을 내장하더라도 바이오스[BIOS] 등에서 무효화된 경우도 있기 때문에 그러한 경우 0이 출력됩니다 .따라서 출력이 0이라면 바이오스 설정 등을 확인해보기 바랍니다.[3]

앞으로 설명하는 내용은 원칙적으로 가상화 기능이 유효한 CPU가 전제입니다.

---

3   필자는 x86_64 CPU가 가상화 기능을 지원하기 시작했을 무렵에 출시된 CPU가 설치된 PC를 구매한 적이 있습니다. 알고 보니 바이오스에서 해당 설정이 무효 상태였는데 그 당시에는 이런 설정 항목이 존재하는지 몰랐기 때문에 가상화 기능을 사용할 수 없어서 눈물만 흘렸던 기억이 있습니다.

QEMU + KVM 조합

이 절에서는 QEMU + KVM으로 가상화한 가상 머신에 리눅스가 설치된 경우, 어떤 식으로 동작하는지 설명합니다.

프로세스가 시스템 콜 호출을 이용해서 어떤 장치의 레지스터에 접근하고 싶어하는 경우를 생각해 봅시다. 물리 기기라면 [그림 10-10]처럼 됩니다.

그림 10-10 **물리 기기의 장치 접근**

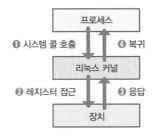

이때 CPU와 장치의 처리 흐름이 [그림 10-11]입니다.

그림 10-11 **[그림 10-10]의 CPU와 장치의 처리 흐름**

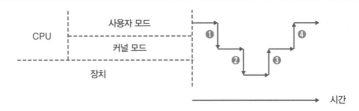

만약 가상화 환경이라면 [그림 10-12]와 [그림 10-13]처럼 됩니다.

그림 10-12 가상 머신의 장치 접근

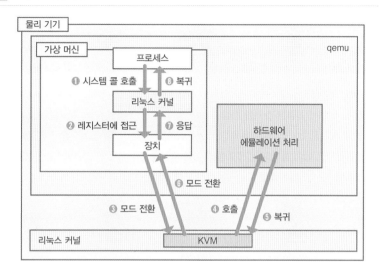

그림 10-13 [그림 10-12]의 CPU와 장치의 처리 흐름

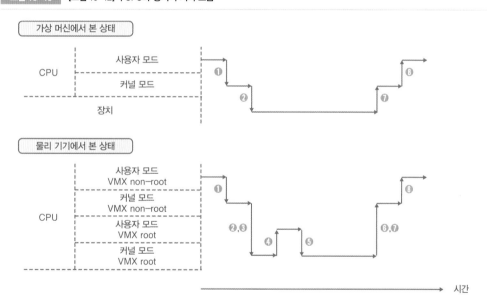

가상 머신에서 보면 [그림 10-11]의 물리 기기와 똑같은 일을 하는 것처럼 보이지만(처리 ❶, ❷, ❼, ❽), 무대 뒤를 보면 물리 기기에서 QEMU와 KVM이 하드웨어를 에뮬레이션하고 있습니다(처리 ❸~❻). 꽤 복잡합니다. 필자도 소규모 커널 정도라면 직접 만들 수 있을 만큼 하드웨어와 커널 관련 지식이 있지만 10여년 전에 이런 가상화 구조 그림을 보고 골치가 아팠던 기억이 있습니다.

가상 머신에서 하드웨어에 접근하는데 그 연장선으로 물리 기기에 있는 하드웨어에 접근한다면 더욱 복잡합니다. 이런 경우는 나중에 다시 설명합니다.

> **CPU 가상화 기능이 없는 경우의 가상화**
>
> x86_64 CPU에서 동작하는 OS에는 CPU 가상화 기능 지원이 없던 시절에도 가상화 소프트웨어가 있었습니다. 하지만 이 절에서 설명한 것처럼 가상 머신이 동작하려면 가상 머신의 하드웨어 접근을 물리 기기가 감지해야 합니다([그림 10-13]의 ❷에 해당). 이런 소프트웨어는 어떻게 그런 접근을 감지하는 걸까요? 그런 방법에는 가상 머신에서 동작하는 커널 등의 실행 파일을 변경해서 하드웨어에 접근하면 가상화 소프트웨어로 제어를 넘기는 방법이 있습니다. 구체적인 구현 방법은 다양하지만 여기서는 설명을 생략합니다. 흥미가 있으신 분은 반가상화, Para-virtualization 같은 용어로 검색해 보시기 바랍니다.

가상 머신은 호스트 OS에서 어떻게 보이는가?

이 절에서는 가상 머신이 호스트 OS에서 어떻게 보이는지 실습으로 확인합니다. 우선 실습용으로 [표 10-01]와 같은 가상 머신을 설치합니다.

표 10-01 실습용 가상 머신 구성

이름	파라미터
가상 CPU 개수	1. VCPU는 PCPU0에서만 동작(pin 지정)
OS	우분투 20.04/x86_64
메모리	8GiB
디스크	1개. 드라이브는 기본값인 virtio

virt-manager를 사용하면 GUI로 가상 머신을 작성할 수 있으므로 여기서 구체적인 작성 절차는 설명을 생략합니다.

명령줄에서 가상 머신을 만들고 싶다면 다음과 같이 명령어[4]를 실행하기 바랍니다.

---

4 중간에 줄이 바뀌는 것처럼 보이겠지만 전부 하나의 명령어입니다.

```
$ virt-install --name ubuntu2004 --vcpus 1 --cpuset=0 --memory 8192 --os-
variant ubuntu20.04 --graphics none --extra-args 'console=ttyS0 ---
console=ttyS0' --location http://us.archive.ubuntu.com/ubuntu/dists/focal/
main/installeramd64/
```

`--extra-args 'console=ttyS0 --- console=ttyS0'`는 설치 관리자 출력 내용을 콘솔에 표시하는 옵션입니다.

가상 머신에 실습에 필요한 패키지를 설치합니다.

```
$ sudo apt install sysstat fio golang python3-matplotlib python3-pil 'fonts-
nanum*' jq openssh-server
```

이렇게 설치한 게스트 OS가 ssh 접속 가능하다는 전제로 설명합니다.

앞으로 가상 머신을 CUI를 사용해서 조작하는 **virsh** CUI 명령어를 사용합니다. **virsh dumpxml ubuntu2004** 명령어를 실행하면 [코드 10-01]와 같은 XML이 출력됩니다.

코드 10-01　virsh dumpxml ubuntu2004 실행 결과로 출력된 XML

```
<domain type='kvm' id='23'>
  <name>ubuntu2004</name>
(중략)
  <memory unit='KiB'>8388608</memory>
(중략)
  <vcpu placement='static' cpuset='0'>1</vcpu>
(중략)
  <devices>
(중략)
    <disk type='file' device='disk'>
(중략)
    <source file='/var/lib/libvirt/images/ubuntu2004.qcow2' index='1'/>
(중략)
```

무언가 하드웨어와 관계 있어 보이는 내용이 많이 출력됩니다. 사실은 이 XML이 virt-manager를 사용해서 작성한 가상 머신의 정체입니다. 어려워 보이는 가상화 기능이지만 아직 까지는 별로 복잡할 것 없이 일반적인 소프트웨어와 마찬가지로 설정 내용을 파일에 저장하고 있을 뿐입니다. XML에 있는 수많은 요소 중에서 중요한 부분과 의미를 [표 10-02]로 정리했습니다.

표 10-02 가상 머신 설정에 사용하는 값과 의미

인수	값	의미
name	ubuntu2004	가상 머신을 식별하는 이름
memory	8388608(8GiB)	가상 머신에 설치된 메모리 용량
vcpu	1	VCPU 개수. cpuset attribute 값은 VCPU가 동작 가능한 VCPU 목록
devices	−	가상 머신에 설치된 하드웨어 목록
disk	−	저장 장치. 이 뒤에 있는 file은 저장 장치에 대응하는 파일명

virt-manager로 가상 머신 설정을 변경하면 XML값도 변경되므로 다양하게 실험해 보시기 바랍니다. **virsh edit** 명령어를 사용하면 XML을 텍스트 에디터로 편집 가능합니다.

호스트 OS에서 본 게스트 OS

이전 절에서 작성한 가상 머신을 기동하면 호스트 OS에서 어떻게 보이는지 확인해 봅시다. 가상 머신은 virt-manager를 사용해서 기동합니다. **virsh start** 명령어로도 기동할 수 있습니다.

```
$ virsh start ubuntu2004
```

virsh list 명령어를 실행하면 이전 절에서 작성한 ubuntu2004 가상 머신이 기동된 모습을 볼 수 있습니다.

```
$ virsh list
 Id  Name          State
 ---------------------
 23  ubuntu2004    running
```

지금 상태로 **ps ax** 명령어를 실행하면 **qemu-system-x86_64** 프로세스가 하나 존재합니다.

```
$ ps ax | grep qemu-system
 19904 ?        Sl   3:06 /usr/bin/qemu-system-x86_64 -name guest=ubuntu2004
(중략)
```

사실 이 프로세스는 동작 중인 가상 머신의 실체입니다. 바꿔 말하면 가상 머신은 **qemu-system-x86_64** 프로세스에 1대1로 대응합니다.

실행 결과 예제에서는 생략했지만 이 프로세스에는 수많은 명령줄 인수가 지정됩니다. 그중에서 비교적 알아보기 쉽고 중요해 보이는 인수에 주목하면 cpu나 device, drive처럼 하드웨어와 관련된 내용이 많다는 것을 알 수 있습니다. 게다가 이런 값은 앞에서 본 XML 파일 내용과 상당히 비슷합니다. 그건 **virsh**가 가상 머신의 XML 파일 내용을 **qemu-system-x86_64** 명령어가 해석할 수 있는 형태로 변환해서 인수로 전달하기 때문입니다(그림 10-14).

그림 10-14 **가상 머신 작성에서 기동까지**

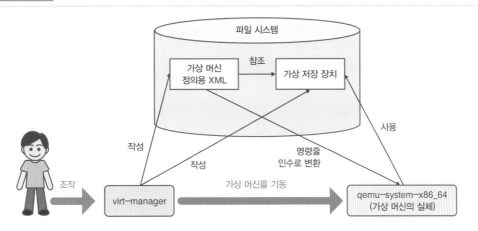

인수 중에서 중요한 몇 가지를 [표 10-03]에서 소개합니다.

표 10-03 qemu-system-x86_64 인수

인수	값의 의미
m	가상 머신에 설치된 메모리 용량. MiB 단위
guest	가상 머신을 식별하는 이름. virsh list 출력 결과에서 name 필드에 해당
smp	가상 머신의 논리 CPU 개수
device	가상 머신에 설치된 개별 하드웨어
drive	가상 머신에 설치된 저장 장치. 이어서 나오는 file은 저장 장치에 대응하는 파일명

불필요해진 가상 머신은 virt-manager로 종료시킬 수 있습니다. **virsh destroy** 명령어로
종료하는 방법도 있습니다.

여러 머신을 실행하는 경우

여러 머신을 실행하면 어떻게 되는지 확인해 봅시다. 실습을 위해 ubuntu2004를
ubuntu2004-clone이라는 이름으로 복제합니다. 가상 머신은 virt-manager를 사용해서 간단
히 복제할 수 있습니다. 또는 CUI 명령어인 **virt-clone** 명령어로도 만들 수 있습니다.

```
$ virt-clone -o ubuntu2004 -n ubuntu2004-clone --auto-clone
Allocating 'ubuntu2004-clone.
(중략)
Clone 'ubuntu2004-clone' created successfully.
`virt-clone`
```

그러면 두 가상 머신을 기동해 봅시다.

```
$ virsh start ubuntu2004
(중략)
$ virsh start ubuntu2004-clone
(중략)
```

이제 **ps ax** 명령어를 실행하면 **qemu-system-x86_64** 프로세스가 2개 존재하는 걸 알 수 있

습니다(그림 10-15).

```
$ ps ax | grep qemu-system
  21945 ?       Sl   0:09 /usr/bin/qemu-system-x86_64 -name guest=ubuntu2004 (중략)
  22004 ?       Sl   0:07 /usr/bin/qemu-system-x86_64 -name guest=ubuntu2004-
clone (중략)
(중략)
```

그림 10-15 다수의 가상 머신 기동하기

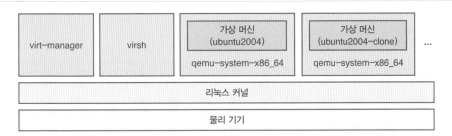

이후 설명에서는 가상 머신은 1대면 충분하므로 ubuntu2004-clone을 삭제합니다. **virsh** 명령어를 쓴다면 다음과 같이 삭제합니다.

```
$ virsh destroy ubuntu2004-clone
(중략)
$ virsh undefine ubuntu2004-clone --remove-all-storage
Domain ubuntu2004-clone has been undefined Volume 'vda'(/var/lib/libvirt/images/
ubuntu2004-clone.qcow2) removed.
```

IaaS와 오토 스케일 구조   Column

지금까지 설명한 것처럼 가상 머신 작성, 정의 변경, 기동 조작 등은 모두 CUI 도구인 `virsh` 명령어로 가능합니다. 좀 더 자세히 말하자면 `virsh`는 내부적으로 `libvirt` 라이브러리를 사용하고 있는 것에 불과합니다. 즉, 가상 머신은 사람이 직접 조작할 필요없이 `libvirt`를 사용해서 프로그램으로 조작할 수 있다는 뜻입니다. 이건 `libvirt`가 아닌 다른 방식을 사용해서 가상 머신을 관리할 때도 마찬가지입니다.

IaaS 환경에서는 시스템 부하에 따라 시스템에 만들 가상 머신 수를 조절하는 **오토 스케일**(auto scale) 기능이 있습니다. IaaS 서비스 제공자나 시스템 관리자가 직접 가상 머신을 조작하는 게 아니라 [그림 10-16]처럼 시스템 부하에 변화가 생기면 프로그램에서 가상 머신을 늘이거나 줄이는 방식으로 동작합니다. 일반 프로그램과 비슷한 감각으로 가상 머신을 조작할 수 있다니 놀라운 일입니다.

그림 10-16   IaaS와 오토 스케일 기능

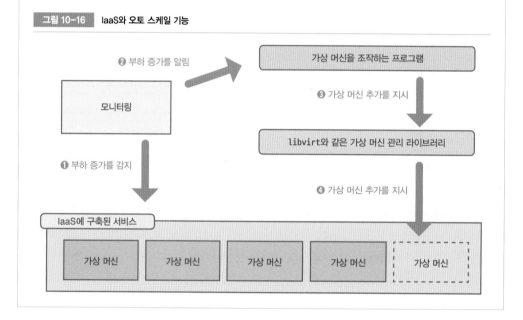

가상화 환경과 프로세스 스케줄링

이 절에서는 가상화 환경과 프로세스 스케줄링을 설명합니다.

3장에서 소개한 **sched.py** 프로그램을 가상 머신에서 병렬도 2를 지정해서 실행한 결과를 그래프를 정리하면 [그림 10-17]이 됩니다.

그림 10-17 가상 머신에서 sched.py 프로그램을 동작시킨 결과

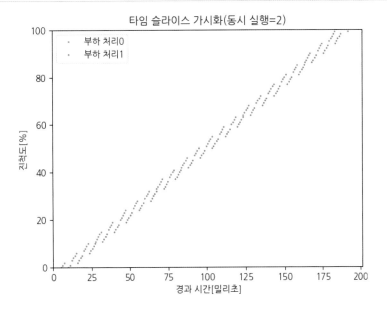

물리 기기에서 실행했을 때와 마찬가지로 두 프로세스가 교대로 동작하는 걸 확인했습니다. 사실은 가상 머신에 있는 각 VCPU는 가상 머신에 대응하는 qemu−system−x86 프로세스의 스레드(커널 스레드)가 됩니다. qemu−system−x86 프로세스에는 그외에도 다양한 역할을 담당하는 스레드가 있는데 자세한 설명은 생략합니다. 적어도 VCPU마다 하나 이상의 스레드가 있다는 점만 이해하면 됩니다.

sched.py 프로그램을 가상 머신에서 실행할 때 PCPU0와 VCPU0 동작이 [그림 10−18]입니다.

그림 10-18 VCPU0 동작

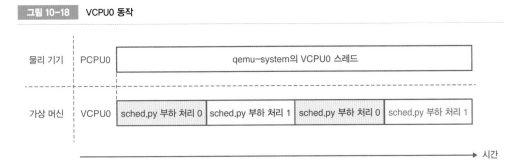

물리 기기에서 프로세스가 동작하는 경우

[그림 10-18]을 보면 PCPU0에서는 VCPU0 스레드 외에는 동작하는 게 없습니다. 그러면 PCPU0에서 VCPU0 스레드 이외의 처리가 동작한다면 어떻게 되는지 살펴봅시다.

실험을 위해 1장에서 만들어 본 inf-loop.py 프로그램을 PCPU0에서 실행한 상태로 가상 머신에서 sched.py 프로그램을 기동합니다.

다만, 단순히 sched.py 프로그램을 실행하면 안됩니다. 그 이유는 sched.py 프로그램은 실행 시작할 때 1밀리초 CPU 시간을 사용하는 데 필요한 스루풋을 측정하는데, inf-loop.py 프로그램을 실행한 상태라면 inf-loop.py 프로그램 영향으로 잘못된 측정값이 나오기 때문입니다. 따라서 필요 스루풋 측정 후에 사용자에게서 엔터 키 입력을 받아서 프로그램을 시작하도록 sched.py를 수정한 sched-virt 프로그램(코드 10-02)을 사용합니다. sched-virt.py 프로그램은 내부적으로 plot_sched_virt.py 프로그램(코드 10-03)을 실행해서 그래프를 그립니다. sched-virt.py 프로그램을 실행할 때는 plot_sched_virt.py 프로그램도 동일한 디렉터리에 두기 바랍니다.

코드 10-02 sched-virt.py

```python
#!/usr/bin/python3

import sys
import time
import os
import plot_sched_virt

def usage():
  print("""사용법:: {} <동시 실행>
    * 논리 CPU0에서 <동시 실행>만큼 동시에 100밀리초 정도 CPU 자원을 소비하는
부하 처리를 실행한 후에 모든 프로세스 종료를 기다립니다.
    * "sched-<처리번호(0~(동시 실행-1)>.jpg" 파일에 실행 결과 그래프를 저장합
니다.
    * 그래프 x축은 프로세스 시작부터 경과 시간[밀리초], y축은 진척도[%]""".
format(progname, file=sys.stderr))
  sys.exit(1)
```

```python
# 실험에 알맞는 부하 정도를 찾기 위한 전처리에 걸리는 부하
# 너무 시간이 걸리면 더 작은 값을 사용
# 너무 빨리 끝나면 더 큰 값을 사용
NLOOP_FOR_ESTIMATION=100000000
nloop_per_msec = None
progname = sys.argv[0]

def estimate_loops_per_msec():
  before = time.perf_counter()
  for _ in range(NLOOP_FOR_ESTIMATION):
    pass
  after = time.perf_counter()
  return int(NLOOP_FOR_ESTIMATION/(after-before)/1000)

def child_fn(n):
  progress = 100*[None]
  for i in range(100):
    for _ in range(nloop_per_msec):
      pass
    progress[i] = time.perf_counter()
  f = open("{}.data".format(n),"w")
  for i in range(100):
    f.write("{}\t{}\n".format((progress[i]-start)*1000,i))
  f.close()
  exit(0)

if len(sys.argv) < 2:
    usage()

concurrency = int(sys.argv[1])

if concurrency < 1:
    print("<동시 실행>은 1이상의 정수를 사용합니다: {}".format(concurrency))
    usage()
```

317

```python
# 강제로 논리 CPU0에서 실행
os.sched_setaffinity(0, {0})

nloop_per_msec = estimate_loops_per_msec()

input("작업 준비가 끝났습니다. ENTER를 누르세요: ")

start = time.perf_counter()

for i in range(concurrency):
    pid = os.fork()
    if (pid < 0):
        exit(1)
    elif pid == 0:
        child_fn(i)

for i in range(concurrency):
    os.wait()

plot_sched_virt.plot_sched(concurrency)
```

코드 10-03 plot_sched_virt.py

```python
#!/usr/bin/python3

import numpy as np
from PIL import Image
import matplotlib
import os

matplotlib.use('Agg')

import matplotlib.pyplot as plt

plt.rcParams['font.family'] = "NanumGothic"
```

```
plt.rcParams['axes.unicode_minus'] = False


def plot_sched(concurrency):
  fig = plt.figure()
  ax = fig.add_subplot(1,1,1)
  for i in range(concurrency):
    x, y = np.loadtxt("{}.data".format(i), unpack=True)
    ax.scatter(x,y,s=1)
  ax.set_title("타임 슬라이스 가시화(동시 실행={})".format(concurrency))
  ax.set_xlabel("경과 시간[밀리초]")
  ax.set_xlim(0)
  ax.set_ylabel("진척도[%]")
  ax.set_ylim([0,100])
  legend = []
  for i in range(concurrency):
    legend.append("부하 처리"+str(i))
  ax.legend(legend)

  # Ubuntu 20.04의 matplotlib 버그를 회피하기 위해 일단 png 파일로 저장한 후에
jpg로 변환
  # https://bugs.launchpad.net/ubuntu/+source/matplotlib/+bug/1897283?comments
=all
  pngfilename = "sched-{}.png".format(concurrency)
  jpgfilename = "sched-{}.jpg".format(concurrency)
  fig.savefig(pngfilename)
  Image.open(pngfilename).convert("RGB").save(jpgfilename)
  os.remove(pngfilename)
```

```
$ ./sched-virt.py 2
작업 준비가 끝났습니다. ENTER를 누르세요:
```
> PCPU0에서 `taskset -c 0 ./inf-loop.py` 실행한 후에 엔터 키 누름

실행 결과가 [그림 10-19]입니다.

그림 10-19 PCPU0에서 inf-loop.py가 동작 중인 상태로 가상 머신에서 sched-virt.py를 실행한 결과

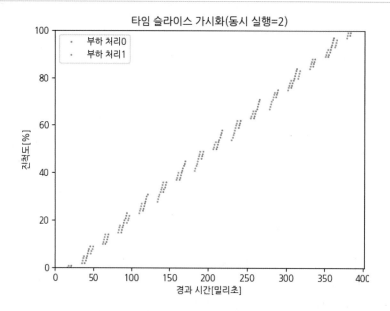

측정 정밀도 문제 때문에 그래프를 알아보기가 조금 어렵지만, 실행에 걸린 시간이 [그림 10-17]에 비해 두 배 정도로 늘어난 점과 프로세스 0과 프로세스 1 어느 쪽도 진척이 없는 시간이 있다는 걸 그래프에서 확인할 수 있습니다.

이때 PCPU0과 그 위에 있는 VCPU0이 어떻게 동작하는지 표시한 그림이 [그림 10-20]입니다.

그림 10-20 VCPU0과 PCPU0 동작

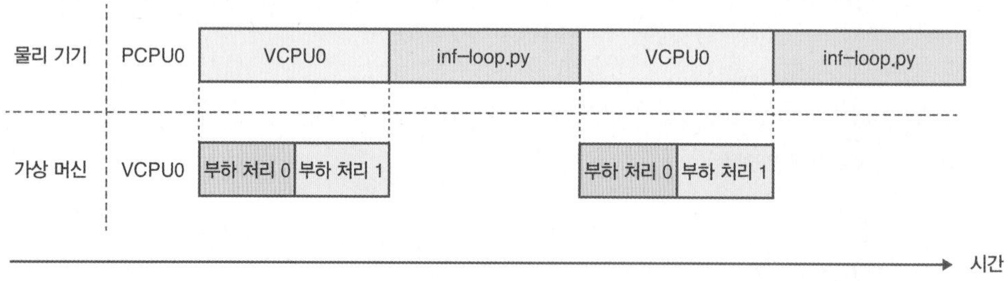

물리 기기	PCPU0	VCPU0	inf-loop.py	VCPU0	inf-loop.py

가상 머신	VCPU0	부하 처리 0	부하 처리 1		부하 처리 0	부하 처리 1

→ 시간

즉, [그림 10-20]에서 프로세스 0과 프로세스 1 어느 쪽도 진척이 없는 시간은 호스트 OS의 inf-loop.py 프로그램이 동작했다는 뜻입니다.

통계 정보

가상 머신에 프로세스가 동작할 때, 물리 기기에서 **sar** 명령어 등으로 CPU 통계 정보를 얻어서 물리 기기 및 가상 머신에서는 각각 어떻게 보이는지 확인해 봅시다.

우선 다음과 같은 경우를 확인합니다.

- VCPU0에서는 inf-loop.py 프로그램이 동작 중입니다.
- PCPU0에서는 동작 중인 다른 처리가 없습니다.

이 상태로 물리 기기에서 **sar**를 실행해 봅시다.

```
$ sar -P 0 1
(중략)
11:56:54 AM    CPU    %user    %nice    %system    %iowait    %steal    %idle
11:56:55 AM    0      100.00   0.00     0.00       0.00       0.00      0.00
11:56:56 AM    0      100.00   0.00     0.00       0.00       0.00      0.00
11:56:57 AM    0      100.00   0.00     0.00       0.00       0.00      0.00
```

이어서 **top** 명령어 실행 결과를 봅시다.

```
$ top
(중략)
  PID   USER       PR  NI  VIRT     RES     SHR    S  %CPU   %MEM  TIME+    COMMAND
 22565 libvirt+   20   0  9854812  883472  22016  S  106.7  5.8   7:29.03  qemu-
system-x86
(중략)
```

이걸로 CPU를 사용하는 건 qemu-system-x86(정확하게는 그 안에 있는 VCPU0 스레드)라는 걸 알 수 있습니다. 이어서 가상 머신에서 **sar** 명령어를 실행해 봅시다.

```
$ sar -P 0 1
(중략)
11:57:22 AM  CPU    %user   %nice  %system  %iowait   %steal    %idle
11:57:23 AM   0     100.00   0.00    0.00     0.00      0.00     0.00
11:57:24 AM   0      98.02   0.00    0.99     0.00      0.99     0.00
11:57:25 AM   0     100.00   0.00    0.00     0.00      0.00     0.00
```

사용자 프로그램이 CPU를 거의 다 사용하는 걸 알 수 있습니다. 11:57:24에 **%steal**이라는 알 수 없는 필드 값이 **0.99**가 되었는데 이 값이 무엇인지 나중에 설명합니다.

이어서 **top** 명령어로 어떤 프로그램이 CPU를 사용하는지 확인합니다.

```
$ top
(중략)
  PID  USER  PR  NI  VIRT   RES   SHR  S  %CPU  %MEM  TIME+   COMMAND
 2076  sat   20   0  18420  9092  5788 R  99.9  0.1   5:37.83 inf-loop.py
(중략)
```

이렇게 해서 CPU를 사용하던 건 inf-loop.py 프로그램이라고 알 수 있습니다. 이것은 가상 머신이 존재하지 않는 상황에서 물리 기기에서 inf-loop.py 프로그램을 실행했을 때와 같은 결과입니다.

이런 결과를 보면 가상 머신이 동작할 때 성능 측정을 한다면 물리 기기와 가상 머신에서 확인 방법이 다르다는 점에 주의해야 합니다. 가상 머신에 해당하는 qemu-system-x86 프로세스의 CPU 사용률이 높은 걸 확인했더라도, 구체적으로 가상 머신의 어떤 프로세스가 원인인지는 가상 머신에서 통계 정보를 확인할 때까지 알 수 없습니다.

이어서 다음과 같은 경우를 확인해 봅시다.

- VCPU0에서 **inf-loop.py** 프로그램이 동작합니다.
- PCPU0에서도 **inf-loop.py** 프로그램이 동작합니다.(호스트 OS에서 **taskset -c 0 ./inf-loop.py** 실행)

물리 기기에서 **sar**를 실행하면 다음처럼 출력됩니다. PCPU0를 전부 사용합니다.

```
$ sar -P 0 1 1
(중략)
11:59:25 AM    CPU    %user    %nice    %system    %iowait    %steal    %idle
11:59:26 AM      0   100.00     0.00       0.00       0.00      0.00     0.00
(중략)
```

top 명령어도 실행해 봅시다.

```
$ top
(중략)
  PID    USER       PR  NI   VIRT      RES      SHR   S  %CPU  %MEM   TIME+    COMMAND
 22565  libvirt+   20   0  9854812  883344    22016  S  50.2   5.8  13:03.88  qemu-
system-x86
 26719  sat        20   0    19256    9368     6000  R  50.2   0.1   2:06.19  inf-
loop.py
(중략)
```

가상 머신(qemu-system-x86)과 **inf-loop.py**가 CPU 사용 시간을 거의 반반으로 나눠 쓰고 있습니다.

이어서 가상 머신에서 **sar**를 실행해 봅시다.

```
$ sar -P 0 1
(중략)
12:02:08 AM    CPU    %user    %nice    %system    %iowait    %steal    %idle
12:02:09 AM      0    50.50     0.00      0.0        0.00     49.50     0.00
12:02:10 AM      0    49.00     0.00      0.9        0.00     51.00     0.00
(중략)
```

VCPU0이 동작하는 PCPU0에는 **inf-loop.py**가 실행되고 있으므로 **%user**는 50 정도입니다. 여기서 주목할 것은 **%steal**도 약 50이라는 점입니다. 이 값은 가상 머신에게만 의미가 있고 VCPU가 동작 중인 PCPU에서 VCPU 이외의 프로세스가 동작하는 비율을 뜻합니다. 지금은 호스트에서 동작하는 **inf-loop.py** 때문에 **%steal**이 이런 값이 되었습니다. 실험에서는 직접 **inf-loop.py**를 실행했으므로 그 이유를 알고 있지만, 보통은 **%steal**이 무엇 때문인지 알아보려면 물리 기기에서 통계 정보를 확인해 봐야 합니다.

PCPU0과 VCPU0에서 동작하는 처리와 **%steal** 관계가 [그림 10-21]입니다.

그림 10-21 물리 기기에서 프로세스가 동작할 때 %steal 의미

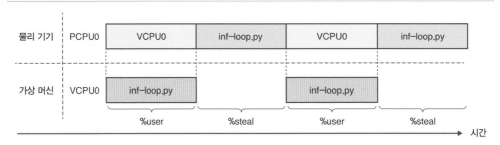

이어서 가상 머신에서 **top**을 실행합니다.

```
$ top
(중략)
  PID USER  PR NI  VIRT   RES  SHR S %CPU %MEM  TIME+  COMMAND
 2076 sat   20  0 18420  9092 5788 R 83.3  0.1 22:36.24 inf-loop.py
```

재미있게도 여기에서는 inf-loop.py가 CPU를 점유하는 것처럼 보입니다. **sar**에서 본 **%steal**
값이 **top**에서는 가상 머신의 inf-loop.py가 CPU를 사용하는 것처럼 보인다는 뜻입니다. 이건
구현 방식 때문인데 자세한 내용은 생략합니다.

마지막으로 호스트 OS와 게스트 OS에서 inf-loop.py를 전부 종료합시다.

가상 머신과 메모리 관리

물리 기기의 메모리와 가상 머신의 메모리는 [그림 10-22]처럼 대응합니다.

그림 10-22 물리 기기의 메모리와 가상 머신의 메모리 관계

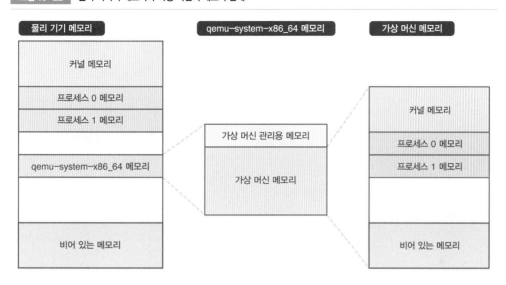

물리 기기의 메모리는 커널 메모리나 프로세스 메모리가 공존합니다. 가상 머신 메모리도 그중 하나입니다.

구체적으로는 qemu-system-x86_64 프로세스의 메모리가 됩니다. 이 프로세스 메모리는 다시, 가상 머신 관리용 메모리와 가상 머신 그 자체에 할당된 메모리로 나뉩니다. 가상 머신 관리용 메모리는 하드웨어 에뮬레이션 처리용 코드나 데이터 등에 쓰입니다. 가상 머신에 할당된 메모리는 가상 머신 내부에 있는 커널이나 프로세스 메모리에 쓰입니다.

가상 머신이 사용하는 메모리

가상 머신 실행에 따른 메모리 사용량 변화를 간략하게 그려보면 [그림 10-23]처럼 됩니다.

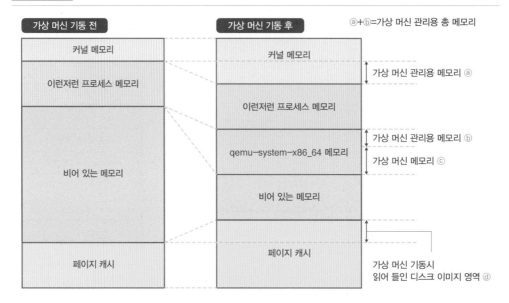

그림 10-23 가상 머신 기동 전후의 메모리량

[그림 10-23]을 보면 가상 머신을 실행하니 ⓐ-ⓓ 네 종류의 메모리를 새롭게 소비하는 걸 알 수 있습니다.

그러면 구체적으로 각 메모리 소비량이 얼마나 되는지 실습으로 확인해 봅시다. 다만 시스템이 사용하는 메모리량은 호스트 OS나 게스트 OS의 실습과 관계없는 프로세스 동작 때문에 매번 변하므로, 실습에서 계산한 값은 대략적인 수치라는 점에 주의합니다.

할 일은 무척 단순합니다. 가상 머신 정지 및 페이지 캐시 삭제 상태(**/proc/sys/vm/drop_caches**에 3을 쓴 직후의 상태)로 다음과 같은 처리를 실행합니다.

❶ 호스트 OS에서 **free** 명령어로 호스트 OS 메모리 사용 상황을 확인합니다.

❷ 가상 머신을 실행하고 게스트 OS 로그인 프롬프트가 출력될 때까지 기다립니다.

❸ 호스트 OS에서 **free** 명령어로 게스트 OS 메모리 사용 상황을 확인합니다.

❹ 호스트 OS에서 **ps** 명령어로 가상 머신에 대응하는 qemu-system-x86_64 프로세스 가 사용하는 메모리를 확인합니다.

❺ 게스트 OS에서 **free** 명령어로 게스트 OS 메모리 사용 상황을 확인합니다.

우선 호스트 OS에서 **free** 명령어를 실행한 결과입니다.

```
$ free
            total       used        free        shared      buff/cache      available
Mem:        15359360    395648      14725912    1628        237800          14690944
Swap:       0           0           0
```

이제 가상 머신을 기동합니다. 그런 다음 호스트 OS에서 **free** 명령어를 실행한 결과를 봅시다.

```
$ free
            total       used        free        shared      buff/cache      available
Mem:        15359360    1180680     13425156    1680        653524          13905104
Swap:       0           0           0
```

이어서 호스트 OS에서 **ps -eo pid,comm,rss** 명령어를 실행해서 qemu-system-x86_64 프로세스가 사용하는 물리 메모리량을 확인합니다. 이 명령어는 시스템에 동작 중인 모든 프로세스의 **pid**, 명령어명, 사용 물리 메모리량을 표시합니다.

```
$ ps -eo pid,comm,rss
  PID COMMAND           RSS
(중략)
  5439 qemu-system-x86 763312
(중략)
```

마지막으로 가상 머신에서 **free** 명령어를 실행한 결과를 봅시다.

```
$ free
            total       used        free        shared      buff/cache      available
Mem:        8153372     110056      7839124     768         204192          7805376
Swap:       1190340     0           1190340
```

그러면 이런 결과를 가지고 [그림 10-23]에 대응하는 데이터가 무엇인지 확인해 봅시다. 호스트 OS의 **used**는 766MiB 정도 늘어났습니다. 이건 [그림 10-23]에서 ⓐ + ⓑ + ⓒ에 해

327

당합니다. **buff/cache**가 405MiB 정도 늘어났는데 이건 [그림 10-23]에서 ⓓ에 해당합니다.[5] qemu-system-x86_64는 745MiB 정도 물리 메모리를 사용하고 [그림 10-23]에서 ⓑ + ⓒ 에 해당합니다. 즉, ⓐ는 21MiB 정도가 됩니다. 게스트 OS는 110MiB 정도 메모리를 사용합니다(**used** + **buff/cache**). 이미 알고 있는 qemu-system-x86_64 프로세스의 메모리 사용량 745MiB에서 이 값을 뺀 635MiB가 [그림 10-23]의 ⓑ에 해당합니다.

이런 실험 결과에서 중요한 점이 하나 더 있습니다. 가상 머신에는 메모리를 8GiB 할당했는데, 기동 직후 qemu-system-x86은 모든 메모리를 확보하지 않습니다. 이건 4장에서 설명했던 Demand paging때문입니다. 게스트 OS의 물리 메모리를 할당할 때 처음으로 그에 대응하는 호스트 OS의 qemu-system-x86 메모리 사용량이 늘어납니다.

가상 머신의 부하가 갑자기 늘어서 qemu-system-x86 메모리 사용량이 급작스럽게 치솟는 경우는 종종 발생합니다. 이때 무엇 때문에 이렇게 메모리를 사용하는지 알고 싶다면 게스트 OS에서 조사해야 합니다.

가상 머신과 저장 장치

가상 머신의 저장 장치는 물리 기기의 파일 또는 저장 장치와 관련이 있습니다. 여기서는 파일 관련 내용을 설명합니다. 이때 가상 머신의 저장 장치와 물리 기기의 관계는 [그림 10-24]와 같 습니다.

그림 10-24 가상 머신 저장 장치와 물리 기기의 관계

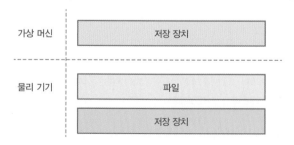

libvirt 설정 파일을 보면 이런 관계를 알 수 있습니다. 필자가 사용하는 환경은 다음과 같습니다.

---

[5] 정확하게는 시스템 시작 이후 처음으로 VM을 기동했으면 qemu-system-x86_64 실행 파일도 포함되지만 단순한 설명 을 위해 생략합니다.

```
$ virsh dumpxml ubuntu2004
(중략)
  <disk type='file' device='disk'>
    <driver name='qemu' type='qcow2'/>
    <source file='/var/lib/libvirt/images/ubuntu2004.qcow2'/>
(중략)
```

설정 파일에서 **/var/lib/libvirt/images/ubuntu2004.qcow2**가 가상 디스크를 저장하는 파일명입니다. 이런 파일을 **디스크 이미지**^{disk image}라고 부릅니다.

가상 머신과 저장소 입출력

물리 기기의 **저장소 입출력**^{storage I/O} 흐름은 [그림 10-25]와 같습니다.

그림 10-25 물리 기기에서 쓰기 처리

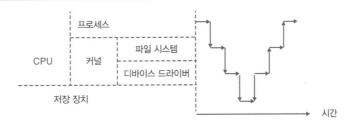

[그림 10-25]는 단순한 설명을 위해 페이지 캐시 존재를 무시하고 데이터는 동기화 쓰기를 하는 상황을 가정합니다. 또한 저장 장치에 쓰기 요청을 하는 동안 CPU는 아무 것도 하지 않는 것처럼 보이지만, 실제로는 그 사이에 다른 프로세스 처리 같은 별도의 작업이 가능합니다.

이번에는 가상 머신의 경우입니다. 실습에서는 디스크 이미지를 추가해서 가상 머신의 추가 디스크로 사용합니다. CUI에서는 **qemu-img** 명령어로 디스크 이미지를 만들고 이렇게 만든 이미지를 사용하도록 설정을 변경합니다. 가상 머신을 정지한 상태에서 설정을 변경하기 바랍니다.

```
$ qemu-img create -f qcow2 scratch.img 5G
$ virsh edit ubuntu2004
```

설정 파일에 [코드 10-04] 내용처럼 항목을 추가합니다.

코드 10-04 **XML 파일에 추가할 내용**

```
<disk type='file' device='disk'>
    <driver name='qemu' type='qcow2'/>
    <source file='/home/sat/scratch.img'/>
    <target dev='sda' bus='scsi'/>
    <address type='drive' controller='0' bus='0' target='0' unit='0'/>
</disk>
```

이제 정지 상태인 가상 머신을 다시 기동하면 호스트 OS에서 작성한 새로운 디스크 이미지를 **/dev/sda**로 인식합니다.

성능 측정용으로 이 디스크에 ext4 파일 시스템을 만들고 마운트합니다.

```
# mkfs.ext4 /dev/sda
# mount /dev/sda /mnt
```

작성한 파일 시스템에 있는 파일에 쓰기 처리를 하는 모습이 [그림 10-26]입니다. [그림 10-25]와 비교해 보면 엄청나게 복잡하군요.

그림 10-26 **가상 머신에서 쓰기 처리 흐름**

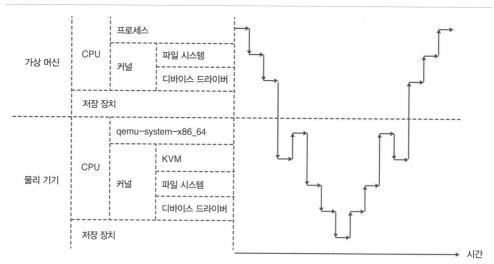

그림을 비교해 보고 '이러면 물리 기기에 비해서 저장소 입출력 성능이 나빠지는 건 아닐까?'라고 예리하게 추측하신 분도 계실텐데 그 말처럼 성능은 대폭 떨어집니다.

그러면 실제로 성능을 비교해 봅시다.

```
dd if=/dev/zero of=/mnt/<테스트용 파일명> bs=1G count=1 oflag=direct,sync
```

페이지 캐시를 사용하지 않고 동기적으로 1GiB 파일을 만들어서 스루풋 성능을 측정합니다. 실행하기 전에 호스트 OS, 게스트 OS 모두 루트 권한으로 `echo 3 > /proc/sys/vm/drop_caches`를 실행합니다. 그 이유는 호스트 OS와 게스트 OS의 저장소 입출력 성능 역전 현상을 다루는 컬럼에서 설명합니다.

[표 10-04]가 실험 결과입니다.

표 10-04 호스트 OS와 게스트 OS의 저장소 입출력 성능 비교

환경	스루풋[MiB/s]
호스트 OS	1100
게스트 OS	350

보다시피 수십% 정도 성능이 떨어집니다. 뿐만 아니라 파일 순차 읽기, 무작위 읽기, 무작위 쓰기 모두 무시할 수 없을 정도로 성능이 떨어지므로 흥미가 있으신 분은 9장 measure.sh 프로그램 등을 참고해서 스스로 다른 성능 지표도 측정해 보기 바랍니다.

이렇게 성능이 떨어지면 큰 문제이므로, KVM에는 **반가상화**^Para virtualization 기술을 사용해서 저장소 입출력 속도를 향상시키는 기능이 있습니다. 이 기능은 나중에 다시 설명합니다.

가상 머신의 입출력 성능에 관련해서 하나 더 말하자면, 물리 기기에 있는 가상 디스크 이미지는 다른 파일과 파일 시스템을 공유한다는 점입니다(그림 10-27).

그림 10-27 파일 시스템과 가상 저장 장치에 대응하는 파일 관계

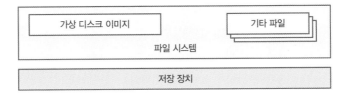

따라서 게스트 OS의 저장소 입출력 성능은 디스크 이미지가 존재하는 파일 시스템의 입출력에

영향을 받습니다. 또한 실제로 어떤 영향을 받는지 원인을 알려면 호스트 OS에서 조사가 필요합니다. 이런 문제 때문에 파일을 사용하는 대신에 저장 장치 하나를 통째로 가상 디스크 이미지로 사용하는 경우가 자주 있습니다.

저장 장치 쓰기와 페이지 캐시

앞에서는 단순한 설명을 위해서 페이지 캐시를 생략했습니다. 페이지 캐시를 고려하면 몇 가지 의문점이 생깁니다. 가상 머신의 저장 장치에 데이터를 기록할 때 물리 기기의 qemu-system-x86_64 프로세스는 가상 디스크 이미지에 어떤 식으로 기록할까요? 쓰기 작업은 동기화될까요? 페이지 캐시 사용 여부와 직접 입출력 여부는 어떻게 될까요?

사실 이건 libvirt 설정에 따라 달라집니다. 이런 설정은 장치별로 존재하는 `<driver>` 태그에 있는 캐시 속성으로 지정합니다. 캐시 속성은 페이지 캐시와 혼동하기 쉬우므로 책에서는 **입출력 캐시 옵션**이라고 부르겠습니다.

필자의 경우, writeback 기본 입출력 캐시 옵션을 사용하는데 이 옵션은 쓰기 작업은 비동기적으로 이루어지고 페이지 캐시를 사용합니다. 바꿔 말하면, 가상 머신에서 데이터를 저장 장치에 동기화 쓰기를 하더라도 물리 기기의 저장 장치에서는 동시에 기록되지 않는다는 뜻입니다. 이런 점이 싫어서 쓰기 작업이 동기화이고 페이지 캐시를 사용하는 writethrough 입출력 캐시 옵션을 사용하는 경우도 많습니다.

반가상화 장치와 virtio-blk

게스트 OS의 저장소 입출력이 느려지는 문제를 극복하기 위해서 **반가상화** 기술을 사용합니다. 반가상화는 가상 머신에서 하드웨어를 완전히 에뮬레이션하는 대신에 가상화 소프트웨어와 가상 머신이 특별한 인터페이스로 접속해서 성능을 개선하는 기술입니다. 이 기술을 사용하는 저장 장치를 **반가상화 장치**, 그런 디바이스 드라이버를 **반가상화 드라이버**라고 부릅니다.

반가상화 드라이버를 사용한 디스크 접근은 지금까지 설명한 호스트 OS와 게스트 OS에서 이루어진 블록 장치 조작과 전혀 다릅니다(그림 10-28).

그림 10-28 완전 가상화 장치와 반가상화 장치 비교

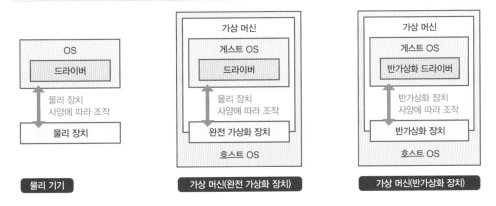

수많은 반가상화 드라이버가 있지만 책에서는 **virtio**[6] 동작 구조를 따르는 **virtio-blk 드라이버**를 설명합니다(그림 10-29).

그림 10-29 virtio와 vrtio-blk

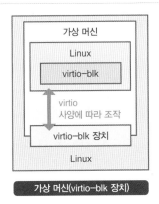

물리 기기의 저장 장치와 완전 가상화 장치는 보통 **/dev/sd<x>**가 파일명이지만, virtio-blk 장치는 **/dev/vd<x>**가 됩니다.

---

6 virtio를 이용한 반가상화 장치는 그외에도 SCSI 장치용 virtio-scsi, 네트워크 장치용 virtio-net 등 많지만 설명은 생략합니다.

호스트 OS와 게스트 OS의 저장소 입출력 성능 역전 현상 Column

앞에서 설명했듯이 가상 머신의 저장소 입출력 성능은 물리 기기보다 낮은 게 보통이지만, 반대 현상이 일어나기도 합니다. 그런 현상 대부분은 입출력 캐시 옵션 때문에 발생합니다. 예를 들어 다음과 같은 처리를 생각해 봅시다.

❶ 직접 입출력을 사용해서 1GiB 파일을 작성합니다.

❷ 직접 입출력을 사용해서 만든 파일 전체를 읽습니다.

이런 처리를 물리 기기에서 실행하면 다음과 같습니다.

```
# dd if=/dev/zero of=testfile bs=1G count=1 oflag=direct,sync
(중략)
1073741824 bytes (1.1 GB, 1.0 GiB) copied, 0.987409 s, 1.1 GB/s
# dd if=testfile of=/dev/null bs=1G count=1
(중략)
1073741824 bytes (1.1 GB, 1.0 GiB) copied, 5.30275 s, 202 MB/s
```

같은 처리를 가상 머신에서 실행하면 다음과 같습니다.

```
# dd if=/dev/zero of=testfile bs=1G count=1 oflag=direct,sync
(중략)
1073741824 bytes (1.1 GB, 1.0 GiB) copied, 3.00345 s, 358 MB/s
# dd if=testfile of=/dev/null bs=1G count=1
(중략)
1073741824 bytes (1.1 GB, 1.0 GiB) copied, 1.16457 s, 922 MB/s
```

처리 ❶의 성능은 물리 기기 쪽이 수십%정도 높습니다. 하지만 처리 ❷의 성능은 가상 머신 쪽이 몇 배 더 높습니다. 왜 이렇게 되었을까요?

물리 기기에서 처리 ❷는 저장 장치에서 직접 데이터를 읽어야 합니다. 반면에 필자가 사용한 가상 머신, 즉 입출력 캐시 옵션이 writeback인 경우는 그렇지 않습니다.

처리 ❶때문에 호스트 OS의 파일 데이터는 호스트 OS의 페이지 캐시에 남아 있습니다. 따라서 처리 ❷는 물리 저장 장치에 접근할 필요 없이 호스트 OS 페이지 캐시에서 데이터를 읽어 오면 됩니다.

가상 머신과 저장소 입출력 실습을 할 때 호스트 OS와 게스트 OS에서 echo 3 > /proc/sys/vm/drop_caches를 실행한 이유가 이런 문제를 피하고 싶기 때문입니다.

virtio-blk 구조

virtio-blk는 간단히 말하면, 호스트 OS와 게스트 OS가 공유하는 캐시를 사용해서 다음과 같은 방식으로 virtio 장치에 접근해서 입출력 속도를 향상시킵니다.

❶ 게스트 OS의 virtio-blk 드라이버 큐에 명령어를 삽입합니다.

❷ virtio-blk 드라이버에서 호스트 OS에 제어를 넘깁니다.

❸ 호스트 OS의 가상화 소프트웨어가 큐에서 명령어를 꺼내서 처리합니다.

❹ 가상화 소프트웨어가 가상 머신에 제어를 넘깁니다.

❺ virtio-blk 장치는 명령어 실행 결과를 받습니다.

이것만 보면 완전 가상화 장치와 큰 차이가 없어 보이지만, 처리 ❶에서 다수의 명령어를 삽입할 수 있다는 큰 차이점이 있습니다. 이런 특징 때문에 virtio 장치는 완전 가상화 장치보다 빠르게 동작할 수 있습니다.

저장 장치에 쓰기 작업은 물리 기기 장치 및 완전 가상화 장치에서는 다음처럼 장치에 세 번 접근해야 한다고 가정합시다.

❶ 메모리의 어느 곳에 위치한 데이터를 어떤 크기로 쓰기 작업해야 하는지 장치에 지시합니다.

❷ 장치의 어느 위치에 쓰기를 할지 장치에 지시합니다.

❸ 처리 ❶과 처리 ❷에서 지정한대로 메모리에서 장치로 데이터를 기록하도록 장치에 지시합니다.

이때 장치에 접근할 때마다 CPU는 VMX-nonroot 모드 → VMX-root 모드 → VMX-nonroot 모드를 전환합니다(그림 10-30).

그림 10-30 완전 가상화 장치에 쓰기 작업

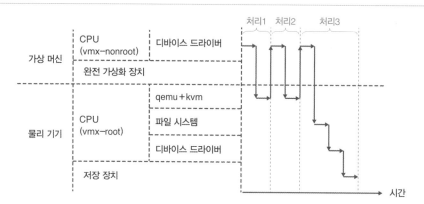

그림에서 커널 모드와 사용자 모드는 단순한 설명을 위해 생략합니다.

이에 비해 virtio-blk 장치는 다수의 명령어를 한꺼번에 호출할 수 있으므로 장치 접근 횟수와 모드 전환이 한 번으로 줄어듭니다(그림 10-31).

그림 10-31 반가상화 장치에 쓰기 작업

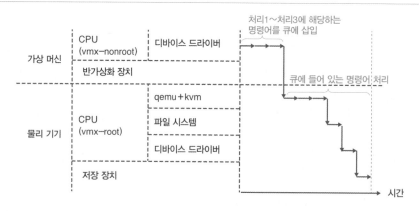

반가상화 장치를 구현하려면 게스트 OS와 호스트 OS 양쪽에 처리를 추가해야 하지만 얻을 수 있는 효과가 더 큽니다.

이전 절에서 측정했던 성능을 반가상화 장치에서도 측정해 봅시다.

```
dd if=/dev/zero of=<테스트용 파일명> bs=1G count=1 oflag=direct,sync
```

게스트 OS의 루트 디렉터리에 마운트된 파일 시스템은 처음부터 virtio-blk 장치이므로 여기 서 명령어를 실행합시다.

결과를 [표 10-05]에 정리했습니다.

표 10-05   호스트 OS와 게스트 OS의 저장소 입출력 성능 비교(반가상화)

환경	스루풋[MiB/s]
호스트 OS	1100
게스트 OS(완전 가상화 장치)	350
게스트 OS(virtio-blk 장치)	663

호스트 OS와 비슷한 수준은 못되어도 게스트 OS의 완전 가상화 장치보다 훨씬 뛰어난 성능을 보입니다.

PCI 패스스루

이번 장에서는 가상 머신 저장소 입출력 성능 향상을 위한 두 가지 방식을 소개했습니다. 하나는 가상 머신이 사용하는 디스크 이미지를 파일이 아니라 블록 장치에 배치해서 다른 입출력 영향을 받지 않도록 하는 방식이고, 또 다른 하나는 반가상화 장치 virtio-blk를 사용하는 방식입니다. 이외에도 **PCI 패스스루**(PCI passthrough) 기술도 존재합니다.

지금까지 살펴 본 방법은 어디까지나 가상 머신에서는 가상적인 장치에 접근하는 방식으로 가상화 소프트웨어를 경유해서 물리 기기에 있는 실제 장치에 접근했습니다. 하지만 PCI 패스스루는 PCI 장치를 가상 머신에서 직접 다룰 수 있습니다(그림 10-32).

그림 10-32   PCI 패스스루

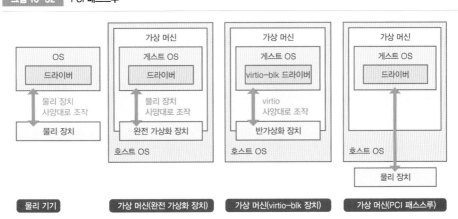

PCI 패스스루를 사용하면 게스트 OS에서 호스트 입출력과 다름없는 입출력 성능을 얻을 수 있습니다. 흥미가 있으신 분은 인터넷에서 검색해 보기 바랍니다.

제 **11** 장

컨테이너

11장에서는 리눅스 **컨테이너**^{container} 기술을 설명합니다. 컨테이너 기술을 사용한 소프트웨어라고 하면, 컨테이너 애플리케이션을 관리하는 **도커**^{Docker1}, 도커 등을 활용한 컨테이너 오케스트레이션 시스템인 **쿠버네티스**^{Kubernetes2}가 유명합니다. 컨테이너는 도커가 등장한 이후 대유행한 기술이라 어디선가 들어본 적이 있는 분도 많을 겁니다.

컨테이너는 단순히 사용하는 건 무척 간단하지만, 컨테이너에 문제가 생겼을 때 조사하거나 조사에 필요한 컨테이너 구조를 이해하는 건 꽤나 어렵습니다. 이런 어려운 부분을 지금까지 배운 지식을 총동원해서 이해해 봅시다.

컨테이너라고 하면, 가상 머신과 비교한 개념도가 유명합니다(그림 11-01).

그림 11-01 **가상 머신과 컨테이너**

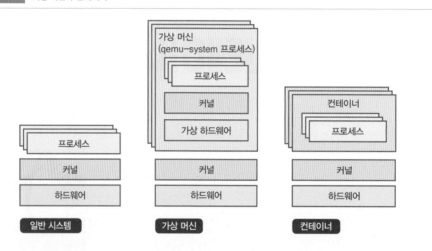

컨테이너를 소개하는 책이나 기사에서 이런 그림을 본 적이 많으리라 생각합니다. 그리고 컨테이너가 가상 머신에 비해 소프트웨어 계층이 적다는 건 알지만 그 이상은 모르겠다 하는 분도 많이 계실 겁니다. 그런 분을 위해 이 절은 [그림 11-01]의 진짜 의미가 무엇인지 이해할 수 있도록 돕는 것이 목적입니다.

---

1 https://www.docker.com

2 https://kubernetes.io

가상 머신과 차이점

가상 머신과 컨테이너의 차이점을 각자 환경에서 우분투 20.04을 실행하는 예로 설명합니다. 양쪽 다 각각 독립된 프로세스 실행 환경을 제공하는 점은 같습니다. 하지만 프로세스 아래에 있는 커널 이하 계층에서 커다란 차이점이 있습니다.

가상 머신은 각 가상 머신 전용의 가상 하드웨어와 커널을 사용하는 반면에, 컨테이너는 컨테이너가 동작하는 호스트 OS와 모든 컨테이너가 하나의 커널을 공유합니다. 따라서 가상 머신은 윈도에서 리눅스를 실행하는 등 완전히 다른 호스트 OS를 쓸 수 있지만, 리눅스 컨테이너는 리눅스 커널에서만 동작하는 시스템(우분투, 레드햇 엔터프라이즈 리눅스 등)만 사용할 수 있습니다.

가상 머신과 컨테이너가 실행되는 모습을 살펴봅시다. 가상 머신에서 우분투 20.04의 각종 서비스가 실행될 때까지 흐름은 다음과 같습니다.

❶ 호스트 OS의 가상화 소프트웨어가 가상 머신을 기동합니다. ❷부터는 가상 머신에서 일어나는 처리입니다.

❷ GRUB 같은 부트 로더가 기동합니다.

❸ 부트 로더가 커널을 기동합니다.

❹ 커널이 init 프로그램을 기동합니다.

❺ init(대부분 `systemd`) 프로세스가 각종 서비스를 시작합니다.

반면에 컨테이너에서 우분투 20.04 환경을 만든다면 **컨테이너 런타임**^{container runtime} 프로세스가 컨테이너를 작성하고 최초 프로세스를 기동할 뿐입니다. 최초 프로세스로 무엇을 선택할지는 컨테이너 종류에서 설명합니다.

이러한 차이점 때문에 컨테이너는 가상 머신에 비해 처리가 가볍습니다.

* 기동 속도: 컨테이너는 가상 머신에서 필요한 ❶에서 ❸까지 처리가 전부 생략 가능합니다.

* 하드웨어 접근 속도: 가상 머신은 10장에서 설명한 것처럼 하드웨어 접근에 의해 물리 기기에 제어를 넘겨야 하는 반면에, 컨테이너는 그럴 필요가 없습니다.

가상 머신과 컨테이너가 기동할 때 필요한 시간을 비교해 봅시다. 각각을 다음과 같은 방법으로 측정합니다.

- 가상 머신: 우분투 20.04 시스템을 기동해서 콘솔에 로그인 프롬프트가 출력될 때까지. `virsh start --console ubuntu2004`를 명령줄에서 실행합니다.
- 컨테이너: 우분투 20.04 컨테이너(https://hub.docker.com/_/ubuntu/tags?page= 1&name=20.04)를 기동해서 종료할 때까지[3]. `time docker run ubuntu:20.04`를 명령줄에서 실행합니다.

측정 조건은 다음과 같습니다.

- 컨테이너 이미지는 미리 **docker pull** 명령어를 실행해서 시스템에 저장된 상태입니다.
- 페이지 캐시 영향을 받지 않도록 가상 머신과 컨테이너는 두 번씩 기동해서 두 번째 소요 시간으로 측정합니다.

표 11-01 가상 머신과 컨테이너의 기동 시간 비교

환경	기동시간[초]
가상 머신	14.0
컨테이너	0.670

이렇게 가상 머신과 컨테이너는 기동 시간에 큰 차이가 있는 걸 알 수 있습니다.

컨테이너 종류

다같은 컨테이너라고 부르지만 그 안에는 다양한 종류가 있습니다. 대표적으로 **시스템 컨테이너**와 **애플리케이션 컨테이너**가 있습니다. 널리 알려진 용어는 아니지만 이 책에서는 설명을 위해 편의상 이런 용어를 사용합니다.

시스템 컨테이너는 일반 리눅스 환경처럼 다양한 애플리케이션을 실행하기 위한 컨테이너입니다. 시스템 컨테이너는 최초 프로세스로 init 프로세스[4]를 실행하고 init가 각종 서비스를 실행해서 다양한 애플리케이션이 동작하는 환경을 만듭니다. 이후에는 가상 머신과 다를 바 없는 느낌으로 사용합니다.

---

3 기동한 후 곧바로 종료하므로 기동해서 종료할 때까지 소요 시간을 기동에 걸린 시간으로 봅니다.

4 init으로 systemd보다 더 가벼운 프로그램을 선택하는 경우가 많습니다.

도커가 등장하기 전에는 컨테이너라고 하면 시스템 컨테이너를 뜻하는 게 보통이었습니다. 시스템 컨테이너 실행 환경은 LXD[5] 등이 있습니다.

애플리케이션 컨테이너는 일반적으로 컨테이너에서 하나의 애플리케이션만 동작하는 컨테이너입니다. 하나의 애플리케이션이 동작할 환경만 포함하므로 시스템 컨테이너보다 가볍습니다. 애플리케이션 컨테이너는 애플리케이션 프로세스를 최초 프로세스로 직접 실행하는 경우가 많습니다.

애플리케이션 컨테이너는 도커가 등장하면서 순식간에 보급되었습니다. 지금은 컨테이너라고 하면 다들 애플리케이션 컨테이너를 뜻할 정도로 도커 등장이 가져온 충격은 큽니다.

시스템 컨테이너와 애플리케이션 컨테이너 차이점을 정리하면 [그림 11-02]가 됩니다.

그림 11-02 시스템 컨테이너와 애플리케이션 컨테이너

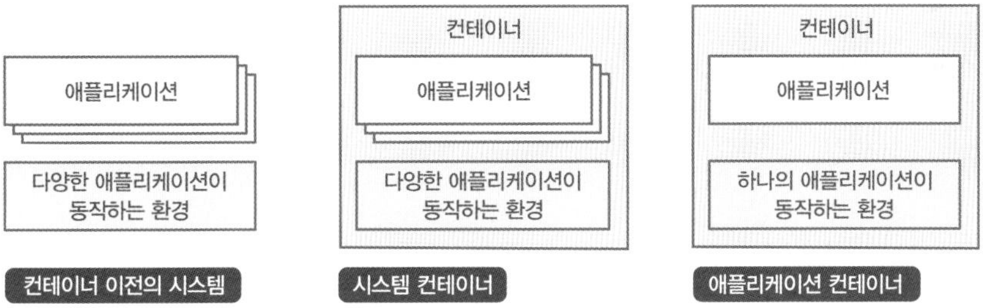

지금부터는 현재 널리 사용하는 도커를 가지고 애플리케이션 컨테이너를 전제로 하여 컨테이너에 대해 설명합니다. 그리고 이 책은 리눅스, 특히나 커널이 중심인 책이므로 도커에 관련된 자세한 설명은 생략하겠습니다.

네임스페이스

이 절은 컨테이너를 구현하는 기능으로, 커널의 **네임스페이스**namespace 기능을 다룹니다. 커널의 컨테이너 기능이 아니라서 의문이 생기신 분도 있겠지만 사실 커널에는 컨테이너라고 부르는 기능이 없습니다. 컨테이너는 네임스페이스 기능을 잘 활용하여 구현합니다.

네임스페이스는 시스템에 있는 다양한 종류의 자원에 사용할 수 있는데, 모두가 이런 자원을 공유하는 것이 아니라 소속된 프로세스에 독립된 자원인 것처럼 만들어 주는 기능입니다. 네임스

---

5 https://github.com/lxc/lxd

페이스에는 다음과 같은 종류가 있습니다.

- **프로세스ID 네임스페이스**(pid namespace): 독립된 pid 이름 공간을 제공합니다.
- **사용자 네임스페이스**(user namespace): 독립된 uid, gid를 제공합니다.
- **마운트 네임스페이스**(mount namespace): 독립된 파일 시스템 마운트를 제공합니다.

너무 추상적이라서 이해하기 어려우므로 다음 절에서 구체적인 예를 살펴봅시다.

프로세스ID 네임스페이스

이 절에서는 프로세스ID 네임스페이스 예제로 네임스페이스를 구체적으로 설명합니다. 시스템을 기동하면 모든 프로세스가 소속된 **루트 프로세스ID 네임스페이스**가 존재합니다. 시스템에 프로세스 A, B, C가 존재하면 [그림 11-03]처럼 됩니다.

그림 11-03 　 루트 프로세스ID 네임스페이스

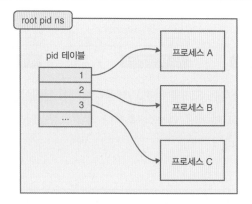

이때 프로세스 A에서 보면 프로세스 B와 C는 pid 2, 3으로 식별할 수 있습니다. 여기까지는 당연한 이야기입니다. 그런데 루트 프로세스ID 네임스페이스와 서로 다른 프로세스ID 네임스페이스를 가진 foo를 작성해서(작성 방법은 나중에 설명) 프로세스 B, C를 해당 프로세스ID 네임스페이스에서 실행하면 [그림 11-04]가 됩니다.

그림 11-04 프로세스ID 네임스페이스

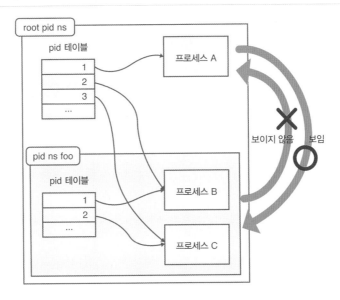

위의 그림에서 살펴본 것처럼 프로세스ID 네임스페이스 foo는 루트 프로세스ID 네임스페이스 내부에 존재합니다. 리눅스 커널 사양에 따르면 어떤 프로세스ID 네임스페이스는 다른 프로세스ID 네임스페이스(보통은 [그림 11-04]처럼 루트 프로세스ID 네임스페이스)의 자식이 됩니다. 그러면 다음처럼 됩니다.

- 루트 프로세스ID 네임스페이스에서는 자식 프로세스ID 네임스페이스(그림에서 foo)의 프로세스가 보입니다.
- 자식 프로세스ID 네임스페이스(foo)에서는 부모 프로세스ID 네임스페이스의 프로세스가 보이지 않습니다.

이런 내용을 실습으로 확인해 봅시다. 우선 프로세스가 소속된 프로세스ID 네임스페이스를 확인하는 방법을 소개합니다. `ls -l /proc/<pid>/ns/pid`를 실행하면 알 수 있습니다.

```
$ ls -l /proc/$$/ns/pid
lrwxrwxrwx 1 sat sat 0 Jan  3 10:30 /proc/7730/ns/pid -> 'pid: [4026531836]'
```

이 명령어를 실행한 **bash**는 4026531836가 ID인 프로세스ID 네임스페이스 소속입니다. 이 네임스페이스는 루트 프로세스ID의 네임스페이스입니다. 별도로 지정하지 않는 한 init를 비롯한 모든 프로세스는 루트 프로세스ID의 네임스페이스에 소속됩니다.

새로운 프로세스ID의 네임스페이스를 작성해서 거기에서 프로그램을 실행해 봅시다. **unshare** 명령어를 사용합니다. 이 명령어는 인수로 지정한 프로그램을 새로운 네임스페이스에서 실행합니다.

--pid 옵션을 지정하면 새로운 프로세스ID의 네임스페이스를 만들어서 해당 프로세스를 새로 만든 프로세스ID의 네임스페이스에서 실행합니다. 그외에도 **--fork** 옵션과 **--mount-proc** 옵션도 추가로 필요합니다. 이런 옵션은 지금은 자세히 알지 못해도 괜찮습니다. 그럼에도 신경 쓰이는 분은 **unshare** 명령어의 **man** 도움말을 확인해 보기 바랍니다.

다음 명령어로 **bash**를 독자적인 프로세스ID의 네임스페이스에서 실행합니다.

```
$ sudo unshare --fork --pid --mount-proc bash
```

이 프로세스는 새로운 프로세스ID의 네임스페이스에서는 pid가 1이 됩니다.

```
# echo $$
1
```

프로세스ID의 네임스페이스를 확인해 보면 루트 프로세스ID의 네임스페이스와 ID가 다른 걸 알 수 있습니다.

```
# ls -l /proc/1/ns/pid
lrwxrwxrwx 1 root root 0 Jan  3 10:43 /proc/1/ns/pid -> 'pid: [4026532814]'
```

이때 프로세스 목록을 확인해 보면 **bash**와 **ps**만 나옵니다.

```
# ps ax
  PID TTY      STAT   TIME COMMAND
    1 pts/1    S      0:00 bash
    9 pts/1    R+     0:00 ps ax
```

그 이유는 **bash**와 **bash**에서 실행한 **ps**가 루트 프로세스ID의 네임스페이스(ID=4026531836)와 다른 독자적인 프로세스ID의 네임스페이스(ID=4026532814)에 소속되어 있기 때문입니다.

루트 프로세스ID의 네임스페이스에서 이런 **bash**가 보이는지 확인해 봅시다. 호스트 OS에서 따로 단말을 열어서 해당하는 **bash**를 특정하는 데 **pstree -p** 명령어를 이용합니다.

```
$ pstree -p ¦ grep unshare
     ¦    ¦-sshd(14126)---sshd(14192)---bash(14193)---sudo(14382)---
unshare(14384)---bash(14385)
```

ushare의 자식인 **bash**(pid=14385)가 새로운 프로세스ID의 네임스페이스에서 동작하고 있는 **bash**입니다. 호스트 OS에서 이 프로세스가 속한 프로세스ID의 네임스페이스를 확인해 봅시다.

```
$ sudo ls -l /proc/14385/ns/pid
lrwxrwxrwx 1 root root 0 Jan  3 10:46 /proc/14385/ns/pid -> 'pid: [4026532814]'
```

bash(PID=14385)에서 봤던 프로세스ID의 네임스페이스의 ID라는 걸 알 수 있습니다. 여기서 주목할 점은 루트 프로세스ID의 네임스페이스에서 보는 **pid**(PID=14385)와 새로운 프로세스ID의 네임스페이스에서 보는 **pid**(PID=1)가 서로 다른 부분입니다. 지금까지 내용을 정리하면 [그림 11-05]가 됩니다.

그림 11-05 루트이외의 프로세스ID의 네임스페이스

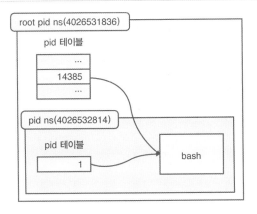

또 다른 프로세스ID의 네임스페이스인 bar를 만들고 거기서 프로세스 D, E를 실행하는 경우를 생각해 봅시다. 이때 프로세스ID의 네임스페이스 foo와 bar는 서로를 볼 수 없습니다(그림 11-06).

347

그림 11-06   프로세스ID의 네임스페이스 관계

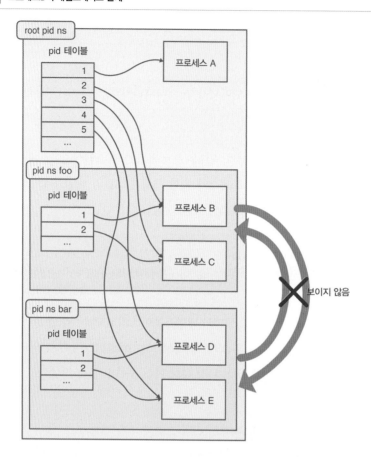

이런 내용도 실습으로 확인해 봅시다. 별도로 단말을 열고 **unshare** 명령어로 또 다른 프로세스
ID의 네임스페이스와 거기서 동작하는 **bash**를 작성합니다.

```
$ sudo unshare --fork --pid --mount-proc bash
# ls -l /proc/1/ns/pid
lrwxrwxrwx 1 root root 0 Jan  3 10:44 /proc/1/ns/pid -> 'pid: [4026532816]'
# ps ax
  PID TTY      STAT   TIME COMMAND
   1  pts/2    S      0:00 bash
  11  pts/2    R+     0:00 ps ax
```

호스트 OS의 다른 단말에서 루트 프로세스ID의 네임스페이스에서 보는 새로운 프로세스ID의 네임스페이스 내부의 **bash** 정보를 확인합니다.

```
$ pstree -p ¦ grep unshare
     ¦     ¦-sshd(14126)---sshd(14192)---bash(14193)---sudo(14382)---
unshare(14384)---bash(14385)
     ¦     ¦-sshd(14255)---sshd(14320)---bash(14321)---sudo(14396)---
unshare(14398)---bash(14399)
$ sudo ls -l /proc/14399/ns/pid
lrwxrwxrwx 1 root root 0 Jan  3 10:46 /proc/14399/ns/pid -> 'pid: [4026532816]'
```

이런 결과에서 다음을 알 수 있습니다(그림 11-07).

- 4026532816이 ID인 새로운 프로세스ID의 네임스페이스(bar)가 만들어졌습니다.
- 새로운 프로세스ID 네임스페이스(bar)에서는 루트 프로세스ID의 네임스페이스뿐만 아니라 앞에서 만든 프로세스ID의 네임스페이스(foo)에 소속된 프로세스를 참조할 수 없습니다.

그림 11-07 루트 이외의 여러 프로세스ID의 네임스페이스

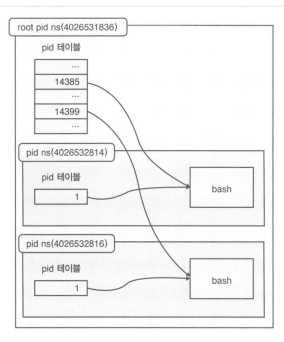

실습이 끝났으면 **unshare**에서 실행했던 **bash**를 모두 종료합니다.

```
# exit
```

컨테이너 정체

그러면 드디어 컨테이너가 무엇인지 정체를 밝혀 봅시다. '독립된 네임스페이스를 가지고 다른 프로세스와 실행 환경이 나뉘는 하나 또는 여러 프로세스', 이것이 **컨테이너**입니다. 예를 들어 [그림 11-08]에는 독립된 프로세스ID 네임스페이스, 사용자 네임스페이스, 마운트 네임스페이스를 가진 컨테이너 A, B가 있습니다.

그림 11-08 **컨테이너와 네임스페이스**

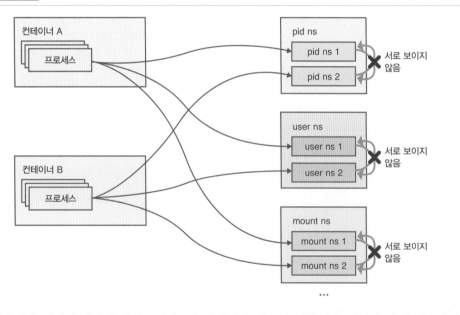

컨테이너가 되려면 어떻게 네임스페이스를 분리해야 하는지 명확하게 정해져 있지 않습니다. 그건 각각의 컨테이너 런타임 제작자 또는 사용자가 구현하고 싶어하는 내용에 따라 달라지기 때문입니다. 게다가 리눅스 커널에는 책을 집필하던 시점인 2022년 1월 이후에도 계속해서 새로운 네임스페이스가 생기고 있습니다. 따라서 컨테이너 종류는 계속 늘어나기만 합니다.

컨테이너 정체가 확실해진 지금 또 하나 중요한 점은 호스트 OS나 다른 컨테이너에서 발생한 문제가 있을 때 컨테이너 내부에서는 그런 원인을 알 수 없다는 점입니다.

예를 들어 독자적인 프로세스ID의 네임스페이스를 가진 컨테이너 내부에서 **top**을 실행했을 때 CPU 부하가 높은 걸 발견했습니다. 이 컨테이너에서는 동일한 컨테이너에 있는 프로세스밖에 보이지 않으므로, CPU 부하 원인이 호스트 OS 또는 다른 컨테이너의 프로세스라면 손 쓸 방법이 없습니다.

보안 위험성

물리 기기에서 여러 리눅스 OS를 가동하려면 가상 머신 대신에 컨테이너만 있으면 될 것 같겠지만, 그렇게 단순하지 않습니다. 컨테이너는 일반적으로 가상 머신에 비해 보안 위험성이 크다는 단점이 있습니다.

컨테이너는 호스트 시스템 및 모든 컨테이너가 커널을 공유합니다. 따라서 커널에 취약점이 있으면 악의를 품은 컨테이너 사용자로 인해 호스트 OS 또는 다른 컨테이너의 정보가 누출될 위험이 있습니다. 반면에 가상 머신은 대부분의 경우[6], 그 영향은 가상 머신의 하드웨어 수준에 끝납니다(그림 11-09).

그림 11-09 **가상 머신과 컨테이너의 보안 위험성**

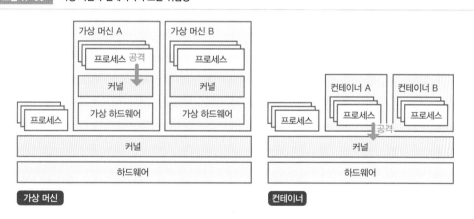

이런 문제점 때문에 지금은 다양한 종류의 컨테이너 런타임이 생겨났습니다. 그중에 몇 가지를 간단히 소개합니다(표 11-02).

---

6   반가상화 기술을 사용하는 등 몇몇 예외가 있습니다.

표 11-02 다양한 컨테이너 런타임

이름	특징
Kata Containers https://katacontainers.io	각 컨테이너가 경량 VM에서 동작합니다.
gVisor https://gvisor.dev	각 컨테이너가 호출하는 시스템 콜은 사용자 공간에서 구현한 커널에서 처리합니다.

도커가 기본으로 사용하는 컨테이너 런타임인 **runC**와 여기서 소개한 컨테이너 런타임의 차이점을 시스템 콜 호출 흐름에 주목해서 정리한 그림이 [그림 11-10]입니다.

그림 11-10 다양한 컨테이너 런타임

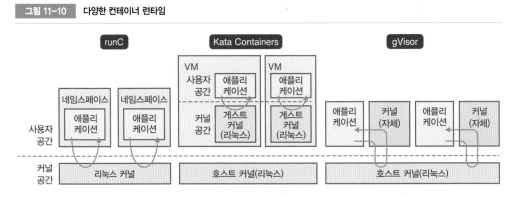

그외에도 다양한 종류의 컨테이너 런타임이 있으니 흥미가 생기신 분은 인터넷에서 검색해 보시기 바랍니다.

제 12 장

---

cgroup

cgroup은 시스템 메모리나 CPU 같은 자원을 어떤 프로세스에 얼마나 제공할지 세밀하게 제어하는 기능입니다.[1]

프로세스를 그룹group으로 나눠서 각종 자원을 제어하는control 개념에서 cgroup이라는 명칭이 붙었습니다.

이 절에서는 cgroup이 왜 필요한지, 구체적으로 어떤 자원을 어떻게 제어하는지 설명합니다. cgroup에는 **cgroup v1**, **cgroup v2** 두 종류 버전이 있는데 이 책에서는 현재 널리 쓰이는 cgroup v1을 다룹니다.

시스템을 안정적으로 운용하기 위해서 특정 프로세스 또는 사용자가 자원을 독점하지 못하게 제어하고 싶을 때가 있습니다. 특히 시스템을 여러 사용자가 공유하는 렌탈 서버 사업자, IaaS 같은 클라우드 서비스 제공자 입장에서는 무척 중요한 기능입니다.

예를 들어, 여러분이 IaaS 사업자로부터 컨테이너나 가상 머신을 빌렸다고 합시다. 이때 다른 사용자가 시스템 자원을 지나치게 사용하는 바람에 같은 요금을 지불하는 여러분이 피해를 본다면 참을 수 없는 일이겠지요(그림 12-01). 이런 문제를 피하기 위해 IaaS 사업자는 사용자에게 주어지는 각종 자원을 어떻게든 제어하고 싶을 겁니다.[2]

그림 12-01　가상 머신의 메모리 사용량을 제어하고 싶은 경우

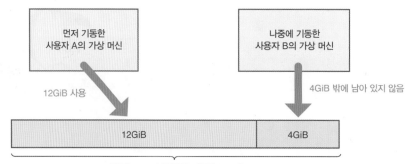

이런 경우뿐만 아니라 백그라운드 동작 중인 데이터 백업 처리 때문에 일반 업무 처리의 데이터베이스 접속에 문제가 생겨서 처리가 늦어지는 상황을 피하고 싶은 경우도 있습니다(그림 12-02).

1　리눅스를 포함한 유닉스 계통 OS에는 예전부터 `setrlimit()` 시스템 콜로 자원을 제어하는 방식이 있지만 원시적인 기능 밖에 제공하지 않습니다.

2　저가의 클라우드 서비스 중에는 이런 관리를 전혀 하지 않는 곳도 있습니다.

그림 12-02 저장소 입출력 대역폭 제어를 하고 싶은 경우

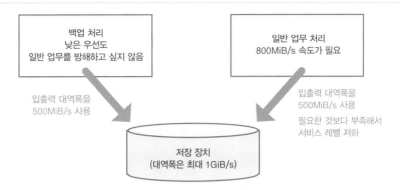

이런 문제는 cgroup을 사용하면 해결할 수 있습니다.

cgroup으로 제어 가능한 자원

cgroup은 자원마다 **컨트롤러**라고 하는 커널 내부 프로그램을 통해 자원을 제어합니다(표 12-01).

표 12-01 cgroup 컨트롤러

컨트롤러명	제어하는 자원	설명
cpu 컨트롤러	CPU	단위 시간당 CPU 사용 시간 등
메모리 컨트롤러	메모리	메모리 사용량이나 OOM Killer 영향 범위 등[3]
blkio 컨트롤러	블록 입출력	저장소 입출력 대역폭 등. [그림 12-02]이라면 백업 처리에 대역폭을 100MiB/s만 제공하는 제어가 가능
네트워크 컨트롤러	네트워크 입출력	네트워크 입출력 대역폭[4] 등

각종 자원은 프로세스 그룹(이후 그룹으로 표기) 단위로 제어할 수 있습니다. 그룹 아래에 프로세스뿐만 아니라 또 다른 그룹이 소속된 계층 구조도 가능하지만 이 책에서는 설명하지 않습니다. 각 컨트롤러는 **cgroupfs**라고 하는 특별한 파일 시스템을 사용합니다. 이 파일 시스템은 컨트롤

---

3 어떤 프로세스가 메모리를 전부 사용해서 OOM Killer(4장 참고)가 동작해서 해당 프로세스와 관계없는 중요한 프로세스가 강제 종료되는 사태를 막습니다.

4 정확하게는 네트워크 제어는 tc와 같은 외부 명령어와 조합해서 대역폭 제어 등을 구현합니다.

러별로 고유한 값이 되고, 우분투 20.04라면 **/sys/fs/cgroup/** 디렉터리 아래에 컨트롤러에 대응하는 cgroup 파일 시스템이 마운트됩니다. 파일 시스템은 저장 장치에 존재하는 것이 아니라 메모리에만 존재하고, 접근하면 커널의 cgroup 기능을 사용할 수 있는 구조입니다. 접근은 루트 사용자에게만 권한이 있습니다.

```
$ ls /sys/fs/cgroup/
blkio  cpuacct  cpuset  freezer memory  net_cls  net_prio  pids  systemd
cpu  cpu,cpuacct  devices  hugetlb  misc  net_cls,net_prio  perf_event  rdma
unified
```

이런 컨트롤러를 자세히 알고 싶으신 분은 **man 7 cgroups** 명령어를 실행해서 'Cgroups version 1 controllers'의 설명을 참고하기 바랍니다.

사용 예: CPU 사용 시간 제어

이 절에서는 CPU 컨트롤러로 CPU 사용 시간을 제어하는 예제를 살펴봅니다. CPU 컨트롤러를 사용한 CPU 사용 시간 제어는 다음 두 종류가 있습니다.

- 어떤 그룹이 일정 기간 동안 사용할 수 있는 CPU 시간을 제어합니다.
- 어떤 그룹이 사용할 수 있는 CPU 시간 비율을 다른 그룹보다 높게 또는 낮게 제어합니다.

여기서는 첫 번째 제어법을 설명합니다. CPU 컨트롤러를 사용하려면 **/sys/fs/cgroup/cpu/** 디렉터리 아래에 있는 파일을 조작합니다. 이 디렉터리 바로 아래에는 수많은 파일이 존재하는데, 이런 파일은 모든 프로세스가 속하는 기본 그룹에 설정하는 값입니다.

기본 그룹용 디렉터리 밑에 다시 디렉터리를 만들면 새로운 그룹을 만들 수 있습니다. 그러면 루트 사용자 권한으로 test라는 그룹을 만들어 봅시다.

```
# mkdir /sys/fs/cgroup/cpu/test    test라는 이름으로 그룹을 작성함
```

이렇게 하면 리눅스 커널은 CPU 컨트롤러로 test 그룹을 제어하기 위한 다양한 파일을 test 디렉터리 아래에 자동으로 작성합니다.

```
# ls /sys/fs/cgroup/cpu/test/
... cpu.cfs_period_us cpu.cfs_quota_us ... tasks
```

이렇게 만들어진 파일 중에서 **tasks** 파일에 **pid**를 쓰면 대응하는 프로세스가 test 그룹에 소속됩니다.

cpu.cfs_period_us 파일 및 **cpu.cfs_quota_us** 파일을 조작하면 test 그룹에 할당하는 CPU 시간을 제어할 수 있습니다. 이런 기능을 **CPU 대역폭 컨트롤러**^{CPU bandwidth controller}라고 합니다.

cpu.cfs_period_us 파일은 동작을 제어할 기간 간격(마이크로초)을 지정하고, 제어 대상이 되는 그룹 프로세스는 기간 간격마다 **cpu.cfs_quota_us** 파일에 지정한 마이크로초 시간 동안만 동작할 수 있습니다. 우선 기본값을 살펴봅시다.

```
# cat /sys/fs/cgroup/cpu/test/cpu.cfs_period_us
100000
# cat /sys/fs/cgroup/cpu/test/cpu.cfs_quota_us
-1
```

출력 결과를 보면 test 그룹에 속한 프로세스는 100,000마이크로초 즉 100밀리초 동안 CPU 시간을 무제한(−1은 무제한을 뜻함)으로 사용할 수 있다는 뜻입니다. 기본값은 아무런 제한이 없습니다.

이 상태로 inf−loop.py 프로그램을 실행해서 test 그룹에 소속시키면 아무런 제약이 없으므로 CPU를 100% 사용할 수 있는 걸 알 수 있습니다.

```
# ./inf-loop.py &
[1] 14603
# echo 14603 > /sys/fs/cgroup/cpu/test/tasks
# cat /sys/fs/cgroup/cpu/test/tasks
14603
# top -b -n 1 | head
(중략)
  PID   USER   PR  NI  VIRT   RES   SHR  S  %CPU   %MEM   TIME+   COMMAND
 14603 root    20   0  19256  9380  6012 R  100.0  0.1    1:02.17 inf-loop.py
```

그러면 100밀리초 중에 그 반만큼만, 즉 50밀리초만 동작하도록 제어해 봅시다.

```
# echo 50000 > /sys/fs/cgroup/cpu/test/cpu.cfs_quota_us
# top -b -n 1 ¦ head
(중략)
  PID   USER   PR  NI   VIRT   RES   SHR  S  %CPU  %MEM   TIME+ COMMAND
 14603 root   20   0   19256  9380  6012 R  50.0  0.1   2:51.45 inf-loop.py
```

이번에는 inf-loop.py 프로세스가 CPU를 50%만 사용하는 걸 알 수 있습니다. 이것이 CPU 대역폭 컨트롤러 기능입니다(그림 12-03).

그림 12-03 CPU 대역폭 컨트롤러

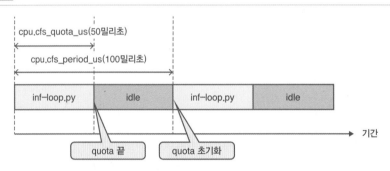

여러분도 직접 그룹을 만들거나 파일 내용을 변경해서 결과를 확인해 보기 바랍니다.

끝으로 inf-loop.py 프로세스를 종료하고 **/sys/fs/cgroup/cpu/test/** 디렉터리를 삭제해서 test 그룹을 정리합시다.

```
# kill 14603
[1]  + 14603 terminated  ./inf-loop.py
# rmdir /sys/fs/cgroup/cpu/test
```

메인프레임이나 엔터프라이즈 유닉스 서버 등 이른바 미션 크리티컬한 용도로 사용하는 서버 OS는 cgroup에 해당하는 자원 제어 기능이 예전부터 당연하게 존재했습니다. 이런 시스템을 제공하는 벤더는 기존 시스템을 리눅스로 전환할 목적으로 자원 제어 기능을 제공하려고 오랫동안 노력했습니다. 하지만 다음과 같은 이유로 그 과정은 쉽지 않았습니다.

- 기능 특성 때문에 기존 코드에 큰 변경점이 발생
- 오버헤드 문제 발생
- 당시 대다수 리눅스 사용자에게는 그다지 중요하지 않은 기능

리눅스 커널에 자원 관리 기능을 독자적으로 구현한 제품을 제공하는 회사도 있었습니다.

이런 분위기가 바뀌게 된 건 대표적으로 클라우드 서비스 제공자 같은 비교적 새로운 사용자층이 등장한 이후입니다. 기존 서버 벤더뿐만 아니라 클라우드 사업자도 가세해서 드디어 자원 관리 기능이 cgroup 형태로 리눅스 커널에 포함되었습니다.

응용 예

이전 절에서는 파일 시스템을 경유해서 cgroup을 조작했지만, 실제로는 이렇게 그대로 cgroup을 사용하는 건 드물고 다음처럼 간접적으로 사용하는 경우가 많습니다.

- **systemd**를 사용하는 경우: 서비스별, 사용자별로 자동으로 그룹을 만듭니다. 각 그룹명은 **system.slice**와 **user.slice**입니다.
- 도커나 쿠버네티스로 컨테이너를 관리하는 경우: 쿠버네티스 매니페스트에 자원 정보를 작성하거나 **docker** 명령어 인수에 컨테이너에 할당할 자원을 지정합니다.
- libvirt를 이용해서 가상 머신을 관리하는 경우: virt-manager로 설정하거나 가상 머신 설정 파일을 변경합니다.

여러분은 이런 서비스에서 자원을 제어하는 데 내부적으로 커널의 cgroup을 사용한다는 건 대부분 모르셨을 겁니다. 커널 기능은 이렇듯 사용자가 의식하지 않아도 쓰이고 숨어서 힘을 발휘하는 편입니다.

cgroup v2

cgroup v1은 유연성이 풍부하지만 각 컨트롤러 구현이 독립적이라 서로를 연계하는 처리를 구현하기 어렵다는 문제가 있습니다. 예를 들어 블록 입출력 대역폭 제어는 직접 입출력을 사용할 때만 적용된다는 점이 큰 문제입니다.

이런 문제를 해결하기 위해서 각 컨트롤러를 연계해서 모든 컨트롤러에 공통인 계층을 하나만 가진 **cgroup v2**가 나왔습니다. cgroup v2는 앞에서 본 블록 입출력 문제도 해결했지만 cgroup v2에 대응하는 소프트웨어는 아직 cgroup v1에 비하면 적습니다. 필자는 당분간은 병행하면서 사용하다가 서서히 cgroup v2를 사용하는 쪽으로 바뀌지 않을까라고 생각합니다.

제 13 장

이 책에서 배운
내용과 활용법

이 책을 통해서 여러분이 배운 내용을 정리하면 [그림 13-01]과 같습니다.

그림 13-01 이 책에서 배운 내용

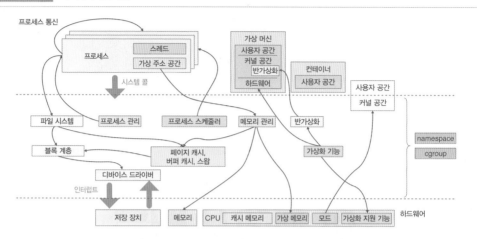

꽤나 장관입니다. 리눅스 커널의 핵심 서브 시스템은 대충이나마 전부 다루었습니다. 여러분은 이 책을 읽기 전에는 [그림 13-01] 속 단어를 알고 있더라도 이해하지 못한 경우가 많았을 겁니다. 개요 수준이라도 커널 및 하드웨어와 관련해서 이만큼 지식을 갖춘 사람은 소프트웨어 추상화가 진행된 요즘은 많지 않습니다.

이제 여러분은 이전보다 넓은 시야로 컴퓨터 시스템을 보다 깊이 바라볼 수 있습니다. 적어도 '아, 이건 커널 계층인가. 못 본 척하자' 이런 반응은 보이지 않겠지요. 그뿐만 아니라 지금까지 원인 불명으로 덮어 두던 문제가 사실은 커널 또는 하드웨어 계층에 원인이 있다는 걸 알아차리는 경우도 늘었을 것입니다.

리눅스 커널을 보다 자세히 알고 싶으신 분을 위해서 리눅스 커널의 깊은 바닥을 살짝 살펴봅시다. 필자가 금방 떠올릴 수 있는 리눅스 커널의 서브 시스템만 해도 [그림 13-02]처럼 수많은 가지가 뻗어 있습니다.

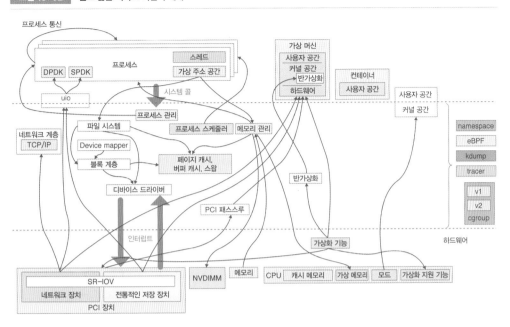

너무 복잡해 보여서 좌절할 것 같겠지만 모든 내용을 전부 이해할 필요는 없습니다. 그때 그때 필요한 만큼 흥미가 생겼을 때 배우면 됩니다. 필자도 리눅스 커널 전문가 입장에서 이 책을 썼지만, 네트워크 관련 부분은 아직 여러분에게 제대로 설명할 수준의 지식은 안됩니다. 누구라도 잘하고 못하는 점이 있기 마련입니다.[1]

초반에 등장한 [그림 13-03]을 기억하고 계신가요?

그림 13-03 커널을 잘 아는 사람과 그렇지 않은 사람 사이의 의사소통 문제

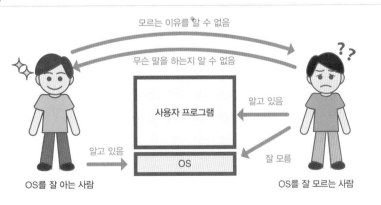

---

1   물론 가끔 괴물처럼 모든 부분에서 뛰어난 사람도 있긴 합니다.

예전부터 이런 상황이 IT 업계의 큰 문제점이라고 생각해서 이 책을 집필하게 되었습니다. 이 책을 통해서 여러분이 리눅스 커널을 잘 아는 사람과 [그림 13-04]처럼 어느 정도 의사소통이 가능하다면 필자로서 무척 기쁠 것입니다.

그림 13-04 커널을 잘 아는 사람과 지금 여러분 사이의 원만한 의사소통

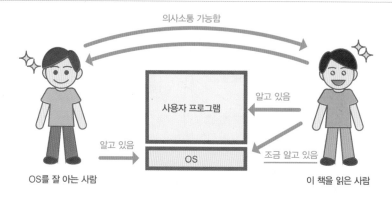

하지만 커널 전문가는 이야기가 통하는 상대가 드물어서 뭔가 이야기가 통한다 싶으면 속사포로 전문적인 이야기를 쏟아내는 경향이 있습니다. 그럴 땐 반쯤 흘려 듣기 바랍니다.[2]

이 책에서 배운 지식을 앞으로 어떻게 사용할지 생각해 보면 필자는 다음 세 종류로 나뉘지 않을까 싶습니다.

- 시스템 운용에 활용
- 보다 나은 프로그래밍에 활용
- 본격적인 커널 개발 시작

이런 방향별로 참고가 될만한 책과 사이트를 소개합니다.

시스템을 운용한다면 **sar** 등을 사용한 지표 모니터링 및 측정 데이터의 의미 분석, 문제 예방과 발생시 대처가 빠질 수 없습니다.

이런 지식을 원하시는 분은 『시스템 성능 분석과 최적화』(위키북스, 2015)와 『BPF 성능 분석 도구』(인사이트, 2021)를 읽어 보면 좋습니다. 아주 자세한 내용이 담겨 있어 읽기 조금 벅찰 수 있지만 책을 끝까지 읽고 실전을 거치면 여러분의 운용 능력은 비약적으로 향상될 것입니다.

커널과 하드웨어 동작을 고려한 프로그래밍이 하고 싶거나 장애 분석을 하다가 시스템 콜 계층도 확인해야 할 때 읽을 책으로 『모두를 위한 리눅스 프로그래밍』(제이펍, 2018)과 『Go라면 알

---

2 필자가 바로 그런 사람 중 하나입니다.

수 있는 시스템 프로그래밍』(람다노트, 2020)를 추천합니다.

더욱 자세히 알고 싶으신 분이라면 리처드 스티븐스, 스티븐 레이고의『UNIX 고급 프로그래밍』(대웅출판사, 2009)와『리눅스 API의 모든 것』(에이콘, 2012)을 추천합니다. 이 책은 천 페이지가 넘어 읽기도 전에 질려 버릴지도 모르겠지만, 앞장부터 순서대로 읽는 것보다 여러분이 코드를 작성하는데 특정 시스템 콜을 조사해야 할 때 그때 그때 찾아 보면서 읽기 좋은 책입니다.

이 책을 읽다가 커널 개발을 해보고 싶은 욕구가 생기신 분은 우선 'Linux Kernel Newbies' (https://kernelnewbies.org) 사이트를 보는 걸 추천합니다. 이 사이트에는 리눅스 커널 개발을 시작한 사람이 무엇을 해야 하는지 풍부한 정보가 담겨 있습니다. 메일링 리스트에 질문이나 논의도 가능합니다.

리눅스 커널 업스트림Upstream[3]에 기여하고 싶으신 분은 리눅스 커널 소스에 포함된 **Documentation/SubmittingPatches** 파일을 확인하면 수정 작성부터 코드를 보내는 방법까지 배울 수 있습니다.

그외에도 커널 개발에 도움이 될 책을 몇 가지 소개합니다(표 13-01).

표 13-01 커널 개발을 해보고 싶으신 분에게 추천하는 책

도서명	특징
『Operating Systems: Design and Implementation』 (Pearson, 2006)	리누스 토르발스와의 설전으로 유명한 앤드루 타넨바움 교수가 집필한 책입니다. 리눅스 커널에 한정되지 않은 OS 커널 일반 지식을 배울 수 있습니다.
『리눅스 커널 심층 분석』(에이콘, 2012)	리눅스 커널 기초 지식을 배울 수 있습니다.
『리눅스 커널의 이해』 (한빛미디어, 2006)	이전 버전의 리눅스 커널을 자세히 설명합니다. 구현 방법을 자세히 서술한 내용이 중심입니다.

소개한 리눅스 커널 관련 책은 두 권 모두 꽤 오래 전에 출판된 책이므로 현재 커널과 맞지 않는 부분도 많습니다. 하지만 이런 고전 명서를 보고 얻은 지식은 새로운 커널 코드를 읽을 때에도 큰 도움이 됩니다.

리눅스 커널보다 더 하위에 있는 하드웨어 관련 지식을 배우고 싶으신 분은 [표 13-02]의 책을 추천합니다.

---

3 역자주_ 업스트림과 다운스트림은 리눅스나 오픈 소스에서 사용하는 용어로 프로젝트 간의 관계를 설명하는 데 사용합니다. 업스트림은 원본 소스 코드를 개발하고 관리하는 프로젝트를 의미하고, 다운스트림은 업스트림에서 가져온 코드를 자신의 목적에 맞게 수정, 추가한 프로젝트를 뜻합니다.

표 13-02 하드웨어 관련 지식을 얻고 싶은 분에게 추천하는 책

도서명	특징
『컴퓨터 구조 및 설계』 (비제이퍼블릭, 2010)	컴퓨터 시스템을 구성하는 하드웨어 구조에 관한 고전 명서입니다.
『What Every Programmer Should Know About Memory』 (Dorset House, 2007)	하드웨어로서 메모리를 포괄적으로 설명하는 논문입니다. 이 책의 컨셉인 '지식이란 알고 있는 것을 실습으로 확인하는 것'은 이 논문에서 얻은 발상입니다. 저자 홈페이지[4]에서 다운로드 가능합니다.
『GREAT CODE』 (에이콘, 2019)	하드웨어와 소프트웨어 경계선 부분에 관련된 폭넓고 깊은 지식을 얻을 수 있습니다.

어느 책도 만만하지 않지만 이 책에서 배운 지식을 잘 이용해서 끈기있게 도전한다면 지금의 여러분이 충분히 이해할 수 있는 내용입니다. 모두 다 읽을 필요 없이 흥미에 맞는 부분을 보는 것이 질리지 않는 방법입니다. 이런 책을 이해하고 나면 컴퓨터 시스템과 관련해서 완전 다른 세계가 열리는 걸 느낄 수 있을 겁니다. 적어도 필자는 그랬습니다.

지금까지 설명에서 사용한 참고 문헌이나 홈페이지는 대부분 영어로 적혀 있지만 고급 정보, 최신 정보를 얻으려면 영어가 필수이므로 원래 그런 거라고 받아들입시다.

마지막으로 이 책을 읽어 주신 독자 여러분에게 감사드립니다. 정말로 고맙습니다.

---

4 https://people.freebsd.org/~lstewart/articles/cpumemory.pdf

INDEX